Alfred Rosenberg

El rastro del judío
a través de los tiempos

Traducido con una introducción y notas

por Alexander Jacob

ALFRED ROSENBERG
(1893-1946)

Alfred Rosenberg (1893-1946) fue una figura importante de la Alemania nazi, conocido por su papel en el desarrollo de la ideología racial y antisemita del partido. Fue uno de los primeros miembros del Partido Nazi y autor de *"El mito del siglo XX"*, que describía sus creencias en la superioridad aria y el antisemitismo. Rosenberg ocupó el cargo de Ministro del Reich para los Territorios Orientales Ocupados durante la Segunda Guerra Mundial, supervisando las políticas en la Unión Soviética. Tras la guerra, fue juzgado en los Juicios de Nuremberg, condenado por crímenes de guerra y ejecutado en 1946.

El rastro del judío a través de los tiempos

Die Spur des Juden im Wandel der Zeiten

Deutscher Volksverlag, München 1920

Publicado por
Omnia Veritas Limited

www.omnia-veritas.com

© Omnia Veritas Ltd - 2024

Reservados todos los derechos. Ninguna parte de esta publicación puede ser reproducida, distribuida o transmitida en forma alguna ni por ningún medio, incluidos el fotocopiado, la grabación u otros medios electrónicos o mecánicos, sin el permiso previo por escrito del editor, excepto en el caso de citas breves en reseñas críticas y otros usos no comerciales permitidos por la legislación sobre derechos de autor.

INTRODUCCIÓN	9
PRÓLOGO	29
I. CUESTIONES GENERALES	**31**
Diáspora	31
Comercio y usura	33
Leyes morales judías	54
Intolerancia religiosa	61
El gueto	80
Quema del Talmud	84
II. PANORAMA HISTÓRICO	**102**
Los judíos en Portugal	104
Los judíos en Francia	110
Judíos y política	134
El judío y el alemán	141
Los judíos de la Entente	146
Los judíos y la masonería	149
Sionismo	185
La revolución judeo-rusa	194
III. LA MENTE JUDÍA	**206**
El Talmud	206
La mente técnica	216
El siglo 19	230
El carácter judío - La energía judía	243
La regla mundial judía	248
Consecuencias	261
OTROS TÍTULOS	**267**

Introducción

Por Alexander Jacob

Alfred Rosenberg nació en 1893 en Reval[1], en el Imperio ruso, y estudió arquitectura en el Instituto Politécnico de Riga, donde obtuvo su diploma en 1917. En su juventud leyó con ávido interés las obras de Kant y los idealistas alemanes, así como a Schopenhauer, Nietzsche, Wagner y Houston Stewart Chamberlain. Pero fue su descubrimiento de la filosofía india lo que constituyó la inspiración espiritual más profunda de su vida. Como él mismo comenta sobre la primacía de la vida contemplativa en el pensamiento indio,

> "Qué lejos estamos aquí de toda codicia de poder y dinero, de toda rapacidad e intolerancia, de toda mezquindad y arrogancia".[2]

En 1918, Rosenberg emigró a Alemania, primero a Berlín y luego a Múnich, donde conoció a Dietrich Eckart y colaboró en su revista *Auf gut Deutsch*. Fue a través de Eckart como Rosenberg conoció a Hitler. Rosenberg ya se había unido al NSDAP en enero de 1919, es decir, antes que Hitler, que no lo hizo hasta octubre de ese año. Sin embargo, Rosenberg no estaba muy cerca de Hitler como ayudante político, y estaba más o menos restringido a la

---

[1] Hoy Tallin, capital de Estonia

[2] Todas las referencias se refieren a la presente edición.

redacción del periódico *Völkischer Beobachter* (Observador Nacionalista), al que contribuyó con varios artículos. El *Völkischer Beobachter* fue el nombre que recibió el *Münchener Beobachter* cuando este último fue adquirido por la Sociedad Thule en agosto de 1919. En diciembre de 1920, el periódico fue comprado por el NSDAP y editado por Dietrich Eckart hasta su muerte en 1923, momento en que Rosenberg asumió el cargo de editor.

Influido tanto por su lectura de autores antisemitas como por su experiencia de primera mano de la participación de los judíos en la Revolución Rusa, Rosenberg se centró en la cuestión judía ya al final de la Primera Guerra Mundial. En 1919 compuso el actual estudio clásico sobre los judíos.[3] En 1929 fundó una "Kampfbund für deutsche Kultur" (Liga Militante por la Cultura Alemana) que duró hasta 1934. Entre los miembros y partidarios de esta sociedad se encontraban los editores Hugo Bruckmann y Julius Lehmann y dirigentes de la Sociedad Wagner como Winifred Wagner, la viuda de Houston Stewart Chamberlain, Eva, y el amigo de Richard Wagner, el barón Hans von Wolzogen. El principal objetivo de la sociedad era combatir el modernismo en sus múltiples formas, como el arte expresionista, la arquitectura Bauhaus y la música atonal. En 1930, Rosenberg se convirtió en diputado nacionalsocialista y publicó su historia cultural *Mythus des zwanzigsten Jahrhunderts*, que concibió como una continuación de *Die Grundlagen des neunzehnten Jahrhunderts* (1899) de Chamberlain. En 1933, tras la llegada de Hitler al poder, Rosenberg fue nombrado jefe del departamento de política exterior del NSDAP, pero no ejerció mucha influencia en este

---

[3] La primera edición de Die Spur des Juden im Wandel der Zeiten fue publicada en 1920 en Munich por Boepple (Deutscher Volksverlag). He utilizado para mi traducción la edición ligeramente mejorada de Rosenberg de 1937, publicada por la Zentralverlag der NSDAP, Franz Eher Publishers, Múnich.

cargo. En 1934 fue nombrado responsable de la educación intelectual y filosófica del NSDAP.

Durante la guerra, en julio de 1940, se creó el Einsatzstab Reichsleiter Rosenberg (el Grupo de Trabajo Rosenberg), responsable de la recogida de materiales artísticos que se consideraba que pertenecían legítimamente al Reich europeo de Alemania. En 1941, tras la invasión de la URSS, Rosenberg obtuvo un nombramiento ministerial, como Ministro para los Territorios Orientales Ocupados, aunque tuvo conflictos regulares con el brutal Gauleiter Erich Koch, que fue nombrado Reichskommissar de Ucrania.[4] Al final de la guerra, en mayo de 1945, Rosenberg fue capturado por las tropas aliadas y juzgado en Nuremberg. A diferencia de Albert Speer, no se declaró culpable y se negó a distanciarse del propio nacionalsocialismo, a pesar de que se había opuesto claramente a muchas de sus principales personalidades, especialmente Goebbels, Bormann y Himmler, que habían tenido mayor influencia sobre Hitler y, en consecuencia, mayor poder ejecutivo en el Reich. Rosenberg fue declarado culpable por el Tribunal de Nuremberg y ahorcado el 16 de octubre de 1946.

En sus memorias *tituladas Letzte Aufzeichnungen* (Notas finales), escritas durante su encarcelamiento entre 1945 y 1946, Rosenberg describió todo el movimiento nacionalsocialista como una respuesta a la cuestión judía:

> El nacionalsocialismo era la respuesta europea a una cuestión centenaria. Era la más noble de las ideas a la que un alemán podía entregar todas sus fuerzas. Hizo de la nación alemana un don de unidad, dio al Reich alemán un nuevo contenido. Era una

---

[4] Al final de la guerra, Koch pasó a la clandestinidad y no fue encontrado por las fuerzas aliadas hasta mayo de 1949. Fue juzgado y condenado a muerte en 1959, aunque su pena fue conmutada por cadena perpetua, quizá porque los rusos creyeron que podría tener información sobre el arte confiscado por los nacionalsocialistas en el Palacio Tsarskoe.

filosofía social y un ideal de limpieza cultural condicionado por la sangre. El nacionalsocialismo fue mal utilizado, y al final desmoralizado, por los hombres a los que su creador había dado su confianza de forma más fatídica. El hundimiento del Reich está históricamente ligado a ello. Pero la idea en sí era acción y vida, y eso no puede olvidarse ni se olvidará. Al igual que otras grandes ideas conocieron alturas y profundidades, también el nacionalsocialismo renacerá algún día en una nueva generación acorazada por el dolor, y creará en una nueva forma un nuevo Reich para los alemanes. Madurado históricamente, habrá fusionado el poder de la fe con la prudencia política. En su suelo campesino crecerá a partir de raíces sanas hasta convertirse en un árbol fuerte que dará frutos sanos. El nacionalsocialismo fue el contenido de mi vida activa. Lo serví fielmente, aunque con algunas torpezas e insuficiencias humanas. Permaneceré fiel a él mientras viva.[5]

En cuanto a la cuestión judía en sí, explicó que:

La guerra contra los judíos se produjo porque un pueblo extranjero se arrogó en suelo alemán el liderazgo político y espiritual del país y, creyéndose triunfante, hizo alarde de ello descaradamente. Hoy, sin embargo, la mera protesta contra tal fenómeno pone bajo tanta sospecha a cualquiera que exija una diferenciación tajante entre estos campos opuestos que nadie se atreve a plantear la cuestión sin ser acusado de estar preparando otro Auschwitz. Y sin embargo, la historia no se detiene. Las fuerzas de la vida y de la sangre existen y serán eficaces.

La profundidad de la comprensión de Rosenberg sobre los peligros de un dominio judío de la sociedad europea es evidente ya en su primera obra importante sobre los judíos, *The Track of the Jew through the Ages*. Centrándose en los defectos de la propia mente judía como fuente de estos peligros, Rosenberg

---

[5] Véase *Memoirs of Alfred Rosenberg*, tr. Eric Posselt, Chicago: Ziff-Davis, 1949.

esboza, en la primera parte de esta obra,[6] la formación de la mente judía desde los primeros tiempos hasta la actualidad. En la segunda parte, repasa la historia de la participación judía en la política europea, especialmente en Portugal, Francia, Alemania y Rusia, y examina también la contribución de las sociedades masónicas, a partir del siglo XVIII, a los movimientos revolucionarios que propiciaron la fatídica emancipación de los judíos europeos. En la última parte, analiza más detenidamente las características especiales y las limitaciones del intelecto judío y propone su propia solución a la cuestión judía.

Rosenberg comienza señalando que la diáspora judía es anterior al exilio babilónico del siglo 6 a.C. Los judíos, marcados esencialmente por talentos y ambiciones financieras, habían sido tentados por las posibilidades comerciales para dispersarse por el Mediterráneo y el norte de África mucho antes de que comenzaran a desplazarse hacia el este tras el exilio. Lo significativo de sus primeras actividades comerciales es que estaban marcadas invariablemente por la usura y el engaño, mientras que en la España y el Portugal medievales florecieron también con el comercio de esclavos. Al prestar dinero a los príncipes para sus aventuras militares, así como para sus lujos privados, los judíos adquirieron un importante poder en las cortes que se tradujo en la adquisición de derechos y privilegios preferentes. Fue el auge de este mal ganado poder judío lo que empujó a las poblaciones locales a las agitaciones y persecuciones antisemitas que finalmente estallaron en muchos países europeos. Los gremios de artesanos que hasta los siglos XIII y XIV estaban abiertos a los judíos empezaron a cerrar sus puertas y éstos pronto se vieron obligados a vivir en guetos por su propia seguridad para evitar los periódicos estallidos de violencia antisemita. Los intentos de los gobiernos por prohibir la usura y obligar a los

---

[6] En mi edición he dividido el texto en tres partes para facilitar su lectura y comprensión.

judíos a realizar trabajos manuales resultaron inútiles, ya que los judíos siempre encontraban la manera de eludir estas leyes.

Rosenberg revela que la razón principal por la que el judío tenía tanto éxito en sus empresas comerciales era el hecho de que las leyes morales judías permitían descaradamente la deshonestidad en las transacciones con los no judíos. Esto es, de hecho, lo que obligó al filósofo alemán Fichte a exclamar:

> "Que los judíos sigan sin creer en Jesucristo, que no crean en ningún dios, mientras no crean en dos leyes morales diferentes y en un dios hostil a la humanidad".

A esta ambivalencia moral de los judíos se une su intolerancia hacia cualquier religión distinta de la suya. Esta intolerancia se extendía incluso a apóstatas judíos como Uriel d'Acosta y Spinoza. Rosenberg señala perspicazmente la similitud esencial entre la intolerancia del judaísmo talmúdico y la rigidez dogmática del sistema marxista que "da respuesta a todas las preguntas y excluye los debates". Como él dice:

> Este espíritu que dirige las tropas de la anarquía diplomática y brutalmente al mismo tiempo, consciente de su objetivo, es el espíritu religioso, económico, político y nacional de la intolerancia fundamental que se ha desarrollado a partir de una base racial; sólo conoce el universalismo de la religión (es decir, el gobierno del dios judío), el comunismo (es decir, los estados esclavistas), la revolución mundial (la guerra civil en todas sus formas) y el internacionalismo de todos los judíos (es decir, su gobierno mundial). Ese es el espíritu de la rapacidad desenfrenada y sin escrúpulos: la Internacional negra, roja y dorada son los sueños de los "filósofos" judíos desde Esdras, Ezequiel y Nehemías hasta Marx, Rothschild y Trotsky.

Esto contrasta notablemente con la tolerancia de los antiguos indios y alemanes. De hecho, es a la tolerancia de los gobernantes persas aqueménidas a la que los judíos deben su existencia actual, ya que fue Darío I quien permitió a los judíos regresar a su patria tras su exilio en Babilonia.

Por otra parte, el propio judaísmo que cristalizó en este periodo estuvo marcado por lo que el historiador Eduard Meyer denomina "la arrogante denigración por la que todos los demás pueblos, en comparación con el pueblo elegido por el Dios gobernante del mundo, se convirtieron en paganos destinados a la destrucción". Así concluye Meyer:

> El códice sacerdotal es la base del judaísmo que existe sin cambios desde la introducción de la Ley por Esdras y Nehemías en el 445 a.C. hasta nuestros días, con todos los crímenes y monstruosidades, pero también con la energía despiadada y orientada a objetivos que le ha sido inherente desde el principio y que produjo, junto con el judaísmo, su complemento, el odio a los judíos.

El gueto que llegó a caracterizar la existencia judía en épocas posteriores se formó, de hecho, originalmente por el deseo de los propios judíos de separarse culturalmente de sus pueblos de acogida. Más tarde, cuando el resentimiento de la población local se volvió violento, el gueto sirvió también como protección contra las injurias. Poco a poco, la creación de guetos y diversas limitaciones a la propiedad y la inmigración se consideraron necesarias para proteger a la propia población local de la influencia judía. Como señala Rosenberg

> Los hombres de entonces trataban sobre la base de amargas experiencias y no se dejaban llevar por eslóganes evidentemente estúpidos y por una efusiva falta de crítica como nuestro actual público "civilizado" de Europa se deja llevar sin resistencia. Sólo las leyes de inmigración pueden salvarnos también a nosotros del actual dominio judío o debemos decidirnos a ser más eficientes y carentes de escrúpulos que el judío. (El Estado nacionalsocialista, por supuesto, lo ha hecho por primera vez).

Uno de los signos más característicos y significativos de la hostilidad de los judíos hacia los europeos es su odio al cristianismo. Rosenberg da muestras de este odio a partir del Talmud, así como de la obra llamada Toledot Yeshu, que pretende dar cuenta de la vida de Jesús. De hecho, no es de extrañar que la Iglesia proscribiera cada vez más las obras judías:

Imaginemos la situación: en los Estados cristianos vive un pueblo extranjero que vitupera amargamente al fundador de la religión del Estado en sus libros, que durante toda la semana en la sinagoga pronuncia la maldición de su dios sobre los cristianos y que de otras maneras tampoco oculta su odio. Incluso una Iglesia menos consciente de sí misma que la romana habría tenido que tomar medidas masivas para poner fin a esta situación.

Es interesante que las quemas de libros judíos que comenzaron en el siglo XIII fueran iniciadas de hecho por los propios judíos que se oponían a los escritos "heréticos" de Moisés Maimónides. Del mismo modo, las quemas del Talmud que siguieron fueron instigadas principalmente por judíos conversos, que mostraron la misma intolerancia en su nuevo catolicismo que en su judaísmo anterior. Rosenberg llega incluso a atribuir las persecuciones anticientíficas de la Iglesia Católica Romana contra pensadores como Galilei y Bruno a la adopción de una intolerancia judía dentro de su propio sistema eclesiástico. De hecho, durante la Inquisición, los perseguidores más temidos, incluido Torquemada, eran judíos conversos:

> "El simbolismo de la fe católica lo dejaron de lado naturalmente, pero la alegría en las persecuciones religiosas encontró en los judíos conversos a sus representantes más típicos."

La segunda parte de la obra considera la historia de los judíos en Europa y estudia los casos especialmente de los judíos en Portugal, Francia, Alemania y Rusia. Al hacerlo, también señala la importancia de la participación de los judíos en el desarrollo del movimiento masónico en Europa. Rosenberg comienza señalando la similitud de las experiencias en los diferentes estados europeos donde los judíos fueron admitidos. Al principio son aceptados por sus naciones de acogida con pocas reservas, luego comienzan sus innatos negocios usureros de explotación para tener bajo su control a príncipes y populacho y finalmente sufren persecuciones antisemitas o expulsiones. En Portugal, la historia judía comienza ya en el siglo 11 y se ve a los judíos sacar grandes beneficios del creciente comercio de esclavos y prestar estos beneficios a la población local a intereses cada vez más altos hasta que finalmente estallan las revueltas populares en el siglo 16 . En Francia, la presencia de los judíos en el país puede detectarse ya en el siglo VI, pero fue especialmente bajo Carlomagno y los carolingios cuando alcanzaron un alto estatus en Francia como agentes comerciales. Como en la mayoría de los países, sus ambiciones mundanas no tenían límites y, en el siglo IX, el obispo Agoberto de Lyon emprendió una larga y ardua campaña oficial contra su astucia comercial y su arrogante maltrato de los esclavos cristianos. Pero descubrió que los judíos gozaban de protección en las altas esferas y sus esfuerzos dieron escasos frutos. Hubo que esperar hasta principios del siglo XIV para que las agitaciones populares consiguieran expulsarlos de Lyon. En el centro de Francia, la situación económica tras las Cruzadas era muy favorable para la actividad usurera de los judíos, que la explotaron al máximo hasta que fueron expulsados a finales del siglo XIV.

Sólo en Pamiers, al pie de los Pirineos, la conducta judía era más tolerable, ya que los rabinos imponían estrictas normas de moderación entre su pueblo. Como resultado, apenas hubo persecución de los judíos en esta región. Sin embargo, durante la Revolución Francesa, los judíos trabajaron fervientemente por su emancipación a través de agentes como Herz Cerfbeer en Alsacia y Moses Mendelssohn en Berlín. Y las barreras que separaban su existencia usurera de la de los gentiles empezaron a eliminarse gradualmente.

Aunque los judíos formaron desde muy antiguo una red internacional que ayudaba a los judíos de distintos países a través de contactos mutuos, el auge de la masonería a principios del siglo 18 les ayudó a operar de forma más eficaz y clandestina a través de las distintas logias de Europa. Al principio, los judíos no eran aceptados en las logias masónicas debido a la aversión imperante hacia ellos. Pero, gradualmente, movimientos como el Martinista en el siglo 18 empezaron a aceptar judíos en gran número y también se empezaron a establecer logias que eran principalmente judías.

Los objetivos antirrealistas y anticlericales de los masones quedan claros en el papel que desempeñaron en la Revolución Francesa. Rosenberg señala en particular el papel del judío Cagliostro en el inicio de la calamidad. Más tarde, cuando el Ejército Revolucionario decidió expandir sus ideas en otras partes de Europa a través de expediciones militares, se vio ayudado por el hecho de que también había masones entre los generales alemanes que permitieron a los franceses conquistar territorio alemán con poca dificultad. Rosenberg explica que las conquistas de Napoleón también se debieron en gran medida al apoyo masónico, un apoyo que le fue retirado cuando decidió utilizar a la masonería para sus fines en lugar de dejar que ésta le utilizara a él para los suyos.

En el siglo XIX, el desarrollo de las logias judías avanzó sin cesar hasta que la masonería se hizo idéntica a las ideas judías de revolución. Como señaló acertadamente Gotthold Salomon, de la logia "Amanecer Naciente" de Frankfurt:

> ¿Por qué tampoco hay rastro en todo el ritual masónico del cristianismo eclesiástico? ¿Por qué los masones no hablan del nacimiento de Cristo sino, como los judíos, de la creación del mundo? ¿Por qué no hay ningún símbolo cristiano en la masonería? ¿Por qué el círculo, la escuadra y la balanza? ¿Por qué no la cruz y otros instrumentos de tortura? ¿Por qué no, en lugar de la Sabiduría, la Fuerza y la Belleza, el trío cristiano: ¿Fe, Caridad, Esperanza?

Pronto surgieron movimientos nacionalistas revolucionarios en toda Europa, como la Joven Alemania, la Joven Italia y la Joven Europa. Los subversivos objetivos antieuropeos de las revoluciones del siglo 19 se revelan en un mensaje escrito por el judío PiccoloTigre:

> Lo más importante es aislar al hombre de su familia y hacerlo inmoral... Cuando hayáis inculcado la aversión a la familia y a la religión en un cierto número de mentes, entonces dejad caer algunas palabras excitando el deseo de entrar en las logias. La vanidad de la burguesía de identificarse con la masonería tiene algo tan banal y universal que siempre me alegro de la estupidez humana. Me maravilla que el mundo entero no llame a las puertas de los más eminentes y les pida ser un obrero más en la reconstrucción del templo de Salomón.

Después de la Comuna de París de 1871, los movimientos revolucionarios fomentados por la masonería se transformaron gradualmente en socialistas y comunistas. Marx y sus colegas se encargaron de que el movimiento socialista no fuera un movimiento puramente obrero, sino uno dirigido siempre por intelectuales judíos como Trotsky, Kuhn y Levine. Al mismo tiempo, el núcleo de la conspiración antieuropea cristalizó en sociedades exclusivamente judías como la Orden B'nai B'rith fundada en Nueva York en 1843 y las propias sinagogas. El rabino jefe de Fráncfort, Isidor, por ejemplo, declaró en 1868:

> Ya los pueblos, dirigidos por las sociedades para la regeneración del progreso y la ilustración (es decir, los francmasones), comienzan a inclinarse ante Israel. Que la humanidad entera, obediente a la filosofía de la Alianza Universal Israelita, siga al judío, que gobierna la intelectualidad de las naciones progresistas. La humanidad vuelve su mirada hacia la capital del mundo renovado; que no es Londres, ni París, ni Roma, sino Jerusalén, que se ha levantado de sus ruinas, que es a la vez la ciudad del pasado y del futuro.

El sionismo fue la culminación de esta ambición judía y alcanzó su gran victoria en 1917, cuando Gran Bretaña conquistó Jerusalén a los turcos. En cuanto a la relación de los judíos con los alemanes y el Imperio alemán, Rosenberg tiene cuidado de destacar en primer lugar la incompatibilidad esencial de la mente judía, con su aborrecimiento de la religión mística y de todo lo que cae fuera del ámbito del cálculo racional, con la alemana, por "no hay en Europa quizá ninguna nación que haya explorado y explicado el misterio interior del hombre como la alemana...".

Rosenberg observa perspicazmente que la "profundidad de sentimientos y ternura" que Schiller alababa en Goethe constituye, de hecho, la esencia misma del alma europea. Esta es la razón por la que, mientras que los judíos eran capaces de vivir bastante cómodamente con franceses e ingleses, odiaban positivamente a los alemanes, al igual que a los rusos, cuyas inclinaciones espirituales se oponían frontalmente a la existencia judía. No es de extrañar entonces que, cuando los judíos se dieron cuenta de que el Imperio Británico servía al sueño internacionalista sionista con más eficacia que el Imperio Alemán, decidieran apoyar a los ingleses contra los alemanes en la Primera Guerra Mundial. Organizados a través de la "Alliance israélite universelle", los judíos se embarcaron en la empresa de destruir Alemania. Es cierto que había algunos judíos antisionistas en Alemania que temían que el reconocimiento de los judíos como nación significara que ya no podrían esconderse como "ciudadanos del Estado" cuando se les acusara de traición comercial o política en sus naciones de adopción. Pero la solidaridad entre los judíos a escala internacional era primordial y los temores iniciales de Fichte en sus *Discursos a la nación alemana* (1808) se cumplieron:

> ¿No os asalta el pensamiento evidente de que, si dais a los judíos, que son, independientemente de vosotros, ciudadanos de un estado que es más fuerte y poderoso que todos los vuestros, también la ciudadanía en vuestros estados, vuestros otros ciudadanos estarán totalmente bajo sus pies?

El horror de un dominio judio total sobre la sociedad europea se hizo realidad por primera vez en la Revolucion Rusa, cuando los bolcheviques judíos tomaron las riendas del gobierno de manos de elementos mas moderados y establecieron un gobierno ruso judio. De hecho, Rosenberg fue testigo directo del control judio del estado sovietico cuando viajo en 1917 y principios de 1918 desde San Petersburgo a Crimea. Como él mismo revela:

En nombre de la fraternidad y la paz, los bolcheviques atrajeron hacia sí a hordas irreflexivas y se pusieron a trabajar inmediatamente con un odio furibundo contra todo lo "burgués" y pronto con una matanza sistemática y una guerra civil, si es que esta masacre unilateral puede llamarse así. Toda la intelectualidad rusa, que durante décadas había luchado por el pueblo ruso y había ido a la horca o se había exiliado por su bienestar, fue sencillamente asesinada dondequiera que se pudiera echar mano de ella... Los obreros y los soldados fueron empujados hasta tal punto que ya no había vuelta atrás para ellos, se convirtieron en criaturas sin voluntad del tenaz dominio judío que había quemado todos los puentes a sus espaldas.

El problema con cualquier dominio judío del mundo es la cualidad defectuosa y peligrosa de la propia mente judía. Esto es lo que Rosenberg explora en la última parte de la presente obra.[7] Al principio se centra en el Talmud como ejemplo del intelecto judío y señala la falta total de cualquier valor metafísico o religioso en él. Más bien, todo está cortado y secado: "El mundo ha sido creado de la nada por el dios de los judíos, el pueblo que debe gobernar el mundo y al que pertenece por derecho toda cosa creada". En torno a esta premisa fundamental se teje un vasto tejido de argucias sofísticas y casuística moral que a veces resulta incomprensible y otras obsceno. El otro defecto básico de la mente judía, su tendencia técnica, se ejemplifica en las diversas manifestaciones del propio modernismo. Como señala Rosenberg:

> Hoy en día, los ferrocarriles y la poesía, los aviones y la filosofía, la calefacción por agua caliente y la filosofía pertenecen a la

---

[7] Estas observaciones de Rosenberg deberían hacer que los debates contemporáneos sobre el CI judío (véase, por ejemplo, G. Cochran, J. Hardy, H. Harpending, "Natural history of Ashkenazi intelligence", Journal of Biosocial Science 38 (5), 2006, pp. 659-693, y Richard Lynn, The Chosen People: A Study of Jewish Intelligence and Achievement, Washington Summit Publishers, 2011) más bien carecen de valor, salvo como ejercicios académicos.

cultura; aquí es necesaria una diferenciación metódica. Con la palabra "cultura" se deben designar únicamente las expresiones del hombre que son el producto (ya sea sentido o pensado) de una concepción del mundo. A ella pertenecen la religión, la filosofía, la moral, el arte y la ciencia en la medida en que no sean puramente técnicas. El resto es el comercio, la economía y la industria, que me gustaría designar como la técnica de la vida. Ahora bien, me parece una visión importante de la esencia de la mente judía cuando la denomino mente predominantemente técnica. En todos los campos que he considerado como pertenecientes a la técnica de la vida, ha estado siempre activa, como hemos visto, con una energía tenaz y con gran éxito. Pero incluso allí, de donde brota la cultura, sólo ha dejado su impronta o ha poseído el aspecto técnico externo en sus diferentes formas.

Lo mismo ocurre con la obsesión judía por las leyes. Como explica Rosenberg:

> Cuanto más clara y definitivamente esté arraigado en un pueblo el sentimiento de justicia e injusticia, menos requerirá una complicada técnica jurídica, y tanta más cultura espiritual poseerá. Así pues, es un juicio totalmente engañoso ver en la minuciosa enumeración de las actividades permitidas y prohibidas de la vida cotidiana una expresión derivada de un ethos superior.
>
> Todo lo contrario: es una señal de que el foco principal de la moralidad no reside en el interior del hombre, sino que ésta se determina meramente en el exterior, donde la recompensa y el castigo por su observación son decisivos. Y aquí es característico de la mente judía que la simple moralidad del bien y del mal haya dado lugar a una maraña de leyes y a un comentario sobre las mismas que ha durado cientos de años.

Esto contrasta con la quintaesencia de la mente indoeuropea:

> el conocimiento de los indios surgió del anhelo de la interconexión del universo y condujo a un conocimiento purificado y simbólico, que así este conocimiento sirvió sólo como medio para una meta que iba más allá del mismo. El judío ha mostrado a lo largo de su historia una búsqueda del

conocimiento en sí mismo, evitaba toda metafísica como una enfermedad infecciosa, e instintivamente perseguía a las pocas excepciones que coqueteaban con la filosofía. El conocimiento de la Ley era para el judío una meta en sí misma.

Por eso, señala Rosenberg, la enseñanza de Cristo de un reino "dentro de nosotros" es esencialmente repugnante para el judío.

Todos los mitos que los judíos aprendieron de los acadios sumerios y, más tarde, de los persas, los convirtieron en hechos históricos que justificaban su único objetivo político de gobernar a los demás. Así, cuando los judíos oyeron hablar de la inmortalidad del alma humana por primera vez a los persas, cuando oyeron hablar de un mesías, un Saoshyant, que liberaría al mundo del poder del principio maligno para establecer un reino celestial en el que entrarían no sólo los santos sino también, tras un severo castigo, todos los innumerables pecadores penitentes, entendieron de este principio de un amor liberador del mundo sólo la idea de un mesías gobernante del mundo.

Esos mitos y símbolos adoptados por los judíos en la obra cabalística aparentemente mística, el Zohar, se han convertido en "la magia más seca".

La tendencia técnica de la mente judía se muestra por igual en el *Moreh Nebukim* de Moisés Maimónides y en las obras de Spinoza, que como auténtico técnico judío... logró la proeza de llevar a estos opuestos [Descartes y Giordano Bruno] a un denominador común y combinarlos en un ingenioso 'sistema'. Que pudiera hacerlo demuestra que no entendía a ninguno de los dos.

Lo mismo ocurre en la ciencia:

Ahora no es difícil delinear la esfera de la mente judía con total rigor. Siempre ha dominado ese campo de la ciencia que sólo se posee a través del entendimiento. La falta de imaginación y búsqueda interior, que condenó al judío a la esterilidad en la religión y la filosofía, emerge también en la ciencia. Ni una sola idea científica creativa surgió de una mente judía, en ninguna parte ha señalado nuevos caminos.

Rosenberg resume así la peligrosa influencia de la mente judía en la sociedad tecnológica moderna:

> Si, gracias a los esfuerzos de hombres abnegados, la ciencia había sido llevada tan lejos como para estar sobre la pista de las leyes fundamentales del cosmos, ahora surgía un factor que no podía ser fácilmente anterior: el tratamiento técnico de los conocimientos recogidos que promueve la utilidad inmediata. El hombre comenzó a convertirse cada vez más en esclavo de su creación, de la máquina, la técnica de la vida se estableció cada vez más. ¡Y eso significó la brecha por la que el judío se precipitó en nuestra cultura!

En cuanto a su contribución a las artes, los judíos sólo pueden producir virtuosos que sustituyen la calidad por la cantidad de interpretación, compositores como Mahler que buscan efectos especiales técnicos y empresarios como Reinhardt que producen todo tipo de circos de entretenimiento. Los críticos de arte judíos abjuran de la forma por la técnica y favorecen el bolchevismo artístico[8] y el futurismo, y sin embargo se atreven a hablar al mismo tiempo del "alma" y de "experiencias interiores inexpresables". En el ámbito literario, Rosenberg señala el caso de Heinrich Heine, quien, a pesar de su barniz de cultura europea, era típicamente judío en su odio al cristianismo. El intento de Kant de demostrar que la fe está más allá de la razón resultaba especialmente molesto para la mente razonadora de Heine. De hecho, al final de su vida, Heine renunció a todo intento de emular la filosofía europea y dijo en su lecho de muerte: "No necesito volver al judaísmo, ya que nunca lo he abandonado". Por último, el inveterado odio judío al cristianismo ha aparecido bajo una nueva apariencia política en la doctrina de Marx, que predicaba

---

[8] Hoy llamado marxismo cultural. Cf. *Pandemia Roja: El culto marxista mundial*, Omnia Veritas Ltd, www.omnia-veritas.com.

el ateísmo materialista para deshacerse de todas las religiones y el internacionalismo para deshacerse de todas las naciones, de modo que el mundo pudiera ser gobernado más fácilmente por los judíos.

En última instancia, la característica esencial de los judíos es una pura versión nacionalista de la voluntad de vivir schopenhaueriana, concepto que Nietzsche reinterpretó como voluntad de poder.[9] Así, "la base del carácter [del judío] es el instinto desenfrenado, su meta la dominación del mundo, sus medios el astuto sentido utilitario y la energía". Incapaz del amor y del instinto creativo que lo acompaña, ha consagrado toda su existencia a la adquisición de los medios para dominar el mundo, simbolizados en las óperas del *Anillo* de Wagner por el oro del Rin.[10] A diferencia de otros conquistadores del mundo, como los romanos o Napoleón, los judíos se caracterizan por una esterilidad cultural total tras el fanatismo religioso que les obliga a representarse a sí mismos como "el pueblo elegido". Pero, como el esclavo que quiere jugar a ser el señor, el judío sólo conseguirá cabalgar hasta la muerte el caballo de su amo.

La solución al problema de la influencia intelectual judía en la sociedad europea y su control sólo puede lograrse revocando la emancipación de los judíos:

> La mente alemana, abandonada a sí misma, pronto habría establecido su propio equilibrio, pero el poder judío en la prensa, el teatro, el comercio y la ciencia se lo hizo casi imposible. Nosotros mismos tuvimos la culpa, pues no debimos emancipar a los judíos, sino crear leyes excepcionales insuperables para el judío, como Goethe, Fichte y Herder habían exigido en vano.

---

[9] Rosenberg detecta la misma característica también entre sus compañeros semitas, los árabes islámicos.

[10] De hecho, tanto Alberich en el Anillo de Wagner como Klingsor en Parsifal son vívidos retratos del judío eterno.

Uno no deja el veneno a la vista de todos, no le da la misma importancia que a los antídotos, sino que lo conserva cuidadosamente en armarios negros. Eso es lo que ha ocurrido finalmente -después de 2000 años- en el Reich nacionalsocialista.

La alarmante expansión del poder judío sólo puede frenarse mediante el cese inmediato de la tolerancia, ya que todo europeo debe tomar conciencia de que se trata de todo lo que nuestra mente, nuestro carácter nos ha legado como una tradición heredada que hay que fomentar y administrar y que aquí la tolerancia humanitaria frente a la hostilidad agresiva significa un simple suicidio.

Un paso de crucial importancia en esta dirección fue sugerido ya por Fichte en el siglo 18 :

Deben tener derechos humanos, aunque éstos no les pertenezcan como a nosotros... pero para darles derechos civiles no veo otro medio, al menos, que cortarles una noche todas las cabezas y colocarles otras en las que no haya ni una sola idea judía. Para protegernos de ellos no veo otro medio que conquistarles su ensalzada tierra y enviarlos a todos allí.

Siguiendo a Fichte, Rosenberg sugiere su propio plan para reducir el poder judío en Alemania, que garantizaría que

➢ Los judíos son reconocidos como una nación que vive en Alemania. La fe religiosa o la falta de ella no desempeñan ningún papel.
➢ Judío es aquel cuyos padres, padre o madre, son judíos según esta nacionalidad; judío es en adelante aquel que tiene un cónyuge judío.
➢ Los judíos no tienen derecho a participar en la política alemana de palabra, por escrito o con acciones.
➢ Los judíos no tienen derecho a ocupar cargos estatales ni a servir en el ejército como soldados u oficiales. En este caso, su rendimiento laboral queda en entredicho.
➢ Los judíos no tienen derecho a dirigir instituciones culturales estatales y comunales (teatros, galerías, etc.) ni a ocupar puestos

de catedráticos y profesores en las escuelas y universidades alemanas.

➢ Los judíos no tienen derecho a trabajar en las comisiones estatales o comunales de pruebas, control, censura, etc.; tampoco tienen derecho a estar representados en las direcciones de los bancos estatales y las instituciones de crédito comunales.

➢ Los judíos extranjeros no tienen derecho a establecerse permanentemente en Alemania. La aceptación en la federación estatal alemana debe prohibírseles bajo cualquier circunstancia.

➢ Hay que apoyar activamente el sionismo para transportar anualmente a Palestina o, en general, a través de las fronteras, a un cierto número de judíos alemanes. (p. 189)

Aunque estas restricciones legales sólo pueden proporcionar las condiciones para el desarrollo natural de la cultura alemana, hay que procurar fomentar al mismo tiempo la cultura alemana. En este sentido, será necesario cultivar un cristianismo que esté igualmente libre de la nociva influencia judía del Antiguo Testamento:

> "Hay que separar el espíritu cristiano del espíritu 'sucio judío'; con un corte afilado hay que dividir la Biblia en cristiana y anticristiana".

En lugar de considerar a los antiguos hebreos como los antepasados de los europeos cristianos, sería mucho más apropiado y gratificante estudiar, y absorber, los logros espirituales de los antiguos indoeuropeos, indios, persas, griegos y alemanes.

Aunque los objetivos del nacionalismo europeo de Rosenberg pueden parecer hoy -tras la derrota militar de los nacionalsocialistas- insuperablemente difíciles ante la creciente globalización judeo-estadounidense del mundo, se puede obtener cierto aliento de la siguiente observación hecha por Rosenberg en relación con la campaña de los nacionalsocialistas para acabar con la esclavitud financiera del judío internacional:

"Si esto pudiera lograrse aunque sólo fuera parcialmente, el hacha habría sido clavada en el árbol de la vida del judío". (p. 189)

PRÓLOGO

La pista del judío fue mi primera obra; escrita en 1919, apareció en 1920. Como, más tarde, en la batalla, las discusiones contemporáneas encontraron un interés inmediato, no fue, después de la venta de la primera edición, publicada de nuevo. Pero hoy, puesto que todas las cuestiones de educación y escolarización requieren un estudio profundo, esta obra escrita hace 18 años aportará su granito de arena a la comprensión del judío y de su huella a través de los tiempos, ya que se basa en gran parte en fuentes judías desconocidas hasta entonces por el antijudaísmo. No he necesitado hacer correcciones -aparte de una revisión estilística-, ya que casi todo fue preparado por mí. En los últimos capítulos fue posible suavizar algunos ataques personales contra políticos y acortar algunos extractos de tipo histórico intelectual.

Así que espero que la nueva edición sea de utilidad para la comprensión de la inmutabilidad de la naturaleza judía. Para el futuro, todo depende de que las generaciones venideras comprendan la profunda necesidad de la batalla de nuestra época, para que no se vuelvan cansadas y débiles, como las que nos precedieron.

Berlín, marzo de 1937. A.R.

El rastro del judío a través de los tiempos

Alfred Rosenberg

* * * * *

La idea judía es la idea de la especulación.
Dostoievski

El judío no nos perdonará.
Goethe

Uno debe examinar sólo la naturaleza innata de cada ser, no sus otras características; porque la Naturaleza está por encima de todas las características y, estando por encima, gobierna a estas últimas.
Dicho indio

I. CUESTIONES GENERALES

Diáspora

Gastar palabras sobre la naturaleza de la cuestión judía incluso hoy en día sería realmente superfluo, pero las frases que arraigan parecen Lo que poseen un poder y una vitalidad invencibles. Todavía se cree, incluso entre las personas que han tomado posición sobre la cuestión judía, que los judíos habían sido obligados a abandonar su patria, que primero fueron desplazados a Babilonia y más tarde a Roma. Estos dos casos son completamente correctos, pero son los únicos que lo son. Porque, ya mucho antes de la destrucción de Jerusalén y mucho antes del nacimiento de Cristo, vemos a los judíos viviendo dispersos por todas las tierras conocidas en aquella época. (Ya antes del Exilio, por ejemplo, se detectan casas bancarias judías en Mesopotamia). Desde Babilonia vagaron por iniciativa propia cada vez más lejos hacia el reparto; al mismo tiempo ya vivían en las islas Jónicas, en Asia Menor y, si se cree al profeta,[11] en España, adonde llegaron junto con los fenicios.

Pero los informes de esta época son, sin embargo, escasos; en épocas posteriores, sin embargo, varios informes muestran que los judíos preferían abandonar, por millares, su tierra natal donde tenían que ocuparse de alguna manera de la labranza y la viticultura y dedicarse a oficios más ligeros y rentables. Sobre esto más adelante; aquí sólo cabe decir que los judíos fundaron primero entre los fenicios colonias duraderas, es decir, en Tiro y Sidón. Y se extendieron por el resto de Siria y vivieron

---

[11] Isa 66:19

especialmente en número en Antioquía, Seleucia, Laodicea y Damasco. Fueron atraídos más lejos, a Asia Menor, donde buscaron alojamiento en las rutas de las caravanas, así como en las ciudades costeras de la península. Así vivieron en Capadocia, en Frigia, en Tarso, Tralles. En Jonia [12] eran especialmente numerosos en Esmirna, Éfeso, Mileto, así como en Halicarnaso y Knidos. Sus colonias se extendían también por Chipre, Rodas, Delos, Paras, Creta, Salónica, Corinto, Esparta y el Ática.[13]

En Italia es Roma de donde poseemos los primeros informes ciertos, del año 139 a.C. Incluso aquí los judíos debieron establecerse mucho tiempo antes para poder fundar una comunidad tan grande como la que ya existía en aquella época. Los judíos también vivían en gran número en las ciudades del norte de África, especialmente de Egipto. Aquí se trasladaron principalmente a Alejandría, y pronto formaron una fuerte minoría de toda la población. Gracias al tolerante gobierno de Ptolomeo Lagides,[14] se concedió el asentamiento a los judíos en todas partes, y de este modo se cerró el anillo de asentamientos judíos alrededor de todo el Mediterráneo. Las colonias se mantenían en comunicación activa entre sí, atraían a nuevos colonos de Palestina, avanzaban cada vez más también hacia las rutas del mercado, de modo que Estrabón[15] tenía razón cuando

---

[12][Ionia es la región costera occidental de Anatolia que gira en torno a Esmirna (Izmir)]. [N.B. Todas las notas entre corchetes son del traductor].

[13] Herzfeld, *Handelsgeschichte der Juden im Altertum*, Braunschweig, 1879. [Levi Herzfeld, (1810-1884) fue un rabino e historiador alemán].

[14] [Ptolomeo I Soter ("el Salvador") o Lagides (ca. 367 a.C.-ca. 283 a.C.) fue un general macedonio a las órdenes de Alejandro Magno que se convirtió en gobernante de Egipto (323 a.C.-283 a.C.) y fundador de la dinastía ptolemaica].

[15] [Estrabón (ca. 64 a.C.-24 d.C.) fue un geógrafo e historiador griego famoso por su Geographica en 17 volúmenes].

afirmaba que, en la época del nacimiento de Cristo, ya no había ningún lugar que no estuviera poblado -y gobernado- por judíos.

Estas breves indicaciones, que pueden multiplicarse a voluntad, deberían demostrar 1. que la emigración judía de Palestina, iniciada ya en la antigüedad, fue cada vez más numerosa, y 2. que esta emigración fue voluntaria. Ningún pueblo había pedido, y mucho menos obligado, a los judíos a establecerse entre ellos; no, como poseídos por un impulso demoníaco, los judíos se trasladaron de un país a otro, y "después de algunos siglos", como informa el historiador judío Herzfeld, "y en general sin ninguna compulsión visible del exterior, los judíos se establecieron en todos los terrenos desde Media hasta Roma, desde el Ponto hasta el Golfo Pérsico, desde Macedonia hasta Etiopía, y en esta enorme gama de países no había ciudad comercial importante en la que los judíos no estuvieran representados".[16]

Comercio y usura

El espacio disponible no nos permite examinar con mayor detalle -en casos individuales y en el pasado más remoto, donde ya era manifiesto- el impulso al comercio en la historia de la mente judía. Sólo cabe señalar que esta disposición no fue el resultado de la exclusión de los judíos por parte de las naciones, sino que siempre fue un factor impulsor invariable de la vida judía. En sí misma no se le puede hacer ninguna crítica, ya que el comercio y el intercambio son elementos indispensables de nuestra vida, pero sí se le puede objetar mucho a la forma del espíritu comercial judío, de la que se hablará más adelante.

El hecho es que, ya en la época de Salomón, y quizás ya bastante antes, transitaban concurridas rutas de caravanas que iban de Palestina a Babilonia, que Salomón recibía tributos de los mercaderes de paso, que estableció bazares en Damasco y otros

---

[16] Op. cit., p.274.

lugares, que ya en su época el comercio a caballo con Egipto había adquirido un gran alcance y, por último, que, junto con los fenicios, se emprendió el famoso viaje a la misteriosa Ofir, la tierra dorada en el lejano oriente,[17] .[18] Junto con la alta carretera que iba de Damasco lo la meseta de Yisrael hasta el golfo de Acco, había también otras rutas comerciales muy transitadas. Una de ellas conducía de Escitópolis a Siehem, la otra a través de Genaea hasta Sichem y de allí a Jerusalén. Entre esta ciudad y el puerto de Eilat existía un comercio directo y floreciente; otra vía conducía a la ciudad costera de Jaffa. En estas arterias comerciales los judíos realizaban desde la antigüedad un animado negocio de intermediación, pero al parecer muchos de ellos tenían que ocuparse también de otra manera para poder vivir en el campo.

Cuando fueron conducidos al exilio, se abrieron nuevas posibilidades al espíritu comercial judío. En poco tiempo 111any de ellos adquirieron grandes riquezas especialmente bajo los tolerantes y orientados a la agricultura persas. Y cuando por fin se agotaron las lamentaciones por la patria perdida, en realidad no todo el pueblo regresó a Palestina, sino sólo los pobres y los "santos", que se vieron obligados a hacerlo y constituyeron la menor parte de los exiliados. Los que se quedaron atrás impulsaron sus empresas comerciales y bancarias cada vez más hacia el este y todos permanecieron en el extranjero.

Los que regresaron encontraron ante sí un país escasamente poblado que esperaba un cultivo enérgico. Ahora bien, aunque los judíos se vieran obligados por la necesidad a ir allí, no fue según

---

[17] [Ophir es una tierra mencionada en la Biblia que se supone era abundantemente rica en oro].

[18] Véase K.E. v. Baer, Reden und Aufsätze, Vol.2. [Karl Ernst von Baer, Reden und kleinere Auftätze, 2 vols., San Petersburgo, 1864]. [Baer (1792-1896) fue un biólogo, antropólogo y geólogo que realizó expediciones científicas a la costa septentrional de Rusia y Escandinavia].

su inclinación, de lo cual la mejor prueba la proporciona la emigración masiva que pronto comenzó hacia los países mencionados.

La gran mentira de la que se nos alimenta constantemente consiste en la opinión de que, debido a la dispersión y a las leyes restrictivas, el judío había sido excluido de todas las demás actividades excepto el comercio y, por lo tanto, obligado por la necesidad, tuvo que dedicarse al préstamo de dinero. Todo lo contrario: el judío emigró porque esperaba encontrar en el extranjero el mejor terreno para este servicio. Así pues, no es casualidad que fueran precisamente los grandes centros comerciales donde existieron las florecientes colonias judías, pues, si el corazón del judío hubiera anhelado trabajo, se habría trasladado a un país con suelo fértil y no a islas pedregosas y estrechos muelles. Ejemplos de este hecho de la antigüedad se pueden derivar de todas las épocas y países en gran número.

En las tierras vascas de España, por ejemplo, aún había pocas ciudades. Con la intención de estimular el comercio en estas provincias, Sancho el Sabio (1189) elevó la antigua Gasteiz[19] a la categoría de ciudad y promulgó un edicto según el cual cualquier extranjero que vendiera sus mercancías podría vivir allí libre de toda carga. El resultado fue que inmediatamente se trasladaron numerosos judíos de todos los países para no desaprovechar la favorable oportunidad.[20] En Persia, cuando Abbas Sophir[21] quiso levantar económicamente su país destruido por la guerra, concedió a los comerciantes extranjeros considerables privilegios. Incluso aquí el resultado fue que de todas partes, junto

---

[19] [Ahora llamada Vitoria-Gasteiz.]

[20] Keyserling, Die Juden in Navarra, p.114. [Meyer Keyserling, Die Juden in Navarra, den Baskenlaendern und auf den Balearen, Berlin, J. Springer, 1861. Keyserling (1829-1905) fue un rabino e historiador alemán].

[21] [El sha Abbas I (1571-1629) fue uno de los más grandes gobernantes de la dinastía safávida de Persia].

a otros pueblos, afluyeron en gran número principalmente judíos.[22] Precisamente así ocurrió en Polonia, Bohemia y otros estados. El judío no tenía ningún sentimiento patriótico y no podía adquirirlo en ninguna parte y tampoco lo anhelaba, y, como un eterno errante, se trasladaba a cualquier lugar donde el comercio intermediario y la usura pudieran florecer.

Aquí hay una innegable cualidad característica que se hizo cada vez más rígida con el tiempo, pero que no fue en absoluto impuesta al judío por hombres malvados.

Mientras el anglosajón, el escandinavo y el alemán se trasladaban a tierras extranjeras para cultivar tierras vacías, mientras construían sus granjas y edificaban su vida con el arado en la mano (sus hermanos con una naturaleza diferente investigaban mientras tanto la tierra y el cosmos), el judío se trasladaba irresistiblemente a la variopinta multitud de ciudades portuarias, quioscos de intercambio y ferias.

Los judíos, como ya se ha mencionado, participaron activamente en el comercio babilónico, que transportaba productos chinos e indios a Occidente y proporcionaba sus propias mercancías preciosas a los mercados del mar Mediterráneo.

Sin embargo, los numerosos jefes comerciales que se nombran son los que gozan de peor reputación. Tres ciudades de Babilonia son especialmente notorias y esto fue a causa de la actividad comercial judía.[23]

Los judíos colaboraron con entusiasmo con los fenicios, pero a menudo cayeron en los más amargos conflictos con sus

---

[22] Schudt, *Jüdische Merkwürdigkeiten*, Vol. I, p.27. [J.J. Schudt, Jüdische Merkwürdigkeiten, 4 vols., 1714-1717. Johann Jakob Schudt (1664-1722) fue un historiador y orientalista alemán marcadamente antijudío].

[23] Herzfeld, op.cit., p.219.

hermanastros raciales. En Alejandría pronto ascendieron mediante astutos negocios comerciales y financieros a reyes financieros del país, se convirtieron en recaudadores de impuestos, prestaron su dinero en casos de emergencia incluso a los reyes (así, por ejemplo, emitieron una letra de cambio a Agripa) y obtuvieron los puestos más influyentes de la corte.

Debido a este poder judío surgieron muchas revueltas populares, especialmente en 116 fueron maltratados; pero con la mayor tenacidad volvieron a poner en marcha sus negocios y pronto alcanzaron de nuevo su antiguo nivel de influencia.[24] Y, al igual que en Alejandría, los judíos vivían de un animado comercio intermediario en Cirene, Etiopía (donde al parecer un judío era el tesorero de la reina *Candace-Hch* 8:27), en Arabia, alrededor del Mar Negro y en las islas griegas, donde pasaron a primer plano sobre todo en el comercio de esclavos.

En resumen, los judíos siguieron desde tiempos históricos la sentencia clásica del Talmud, tratado Jebamot, fol.66a:

> "Gana 100 florines en el comercio para que puedas disfrutar de carne y vino a diario, pero gana 100 florines en la agricultura y apenas habrá sal y verduras".

Y cuando Rabí Eleazar vio un campo en el que se plantaban coles en una parcela a lo largo de su anchura, dijo: "Aunque uno quisiera plantar coles a lo largo, el comercio es mejor que tú". Cuando Rab caminó una vez entre espigas de maíz y vio que se balanceaban de un lado a otro, dijo: "Sigue balanceándote, el comercio es preferible a ti".

La usura y el engaño estuvieron desde el principio a la orden del día; se lee con interés a los Profetas que no se cansaron de

---

[24] Jost, *Jüdische Geschichte*, Vol.4, p.230. [Isaak Markus Jost (1793-1860) fue un historiador judío alemán].

quejarse de estas características. Incluso las repetidas exhortaciones a la honradez del Talmud hacen ciertamente honor al predicador, pero muestran claramente que no fueron escuchadas. (Además, sólo se refieren a los judíos entre sí). Y cuando se exige que no se hagan las pesas de metal, ya que éste se desgasta, sino de piedra dura o de vidrio, y no se pueden hacer de sal,[25] porque allí se puede comer, estos mandatos no están desprovistos de cierto humor y concuerdan con Oseas cuando dice: "Canaán tiene en su mano balanzas engañosas; le gusta engañar" (12:7).[26]

Ahora bien, si uno retoma las descripciones de viajes de diferentes épocas, se encuentra con el fenómeno siempre repetido de que los habitantes de todos los países donde se encontraron judíos en gran número están llenos de quejas contra el comercio fraudulento y la usura insoportable de los judíos. Y cuando los judíos y los filosemitas ciegos están dispuestos a explicar todo esto como mera envidia, eso es esperar que el lector sea extremadamente infantil. Cuando la aparición de la judería produce en todas partes los mismos resultados debe existir otra razón que la envidia de los habitantes locales.

Pero no necesitamos recurrir a esta intuición teórica, ya que los hechos de todas las épocas están, en su mayoría, tan confirmados y son tan numerosos que para apoyarse en tal intuición se puede abrir cualquier buen libro y entonces uno tendrá más bien que lidiar con el gran número de éstos que buscarlos.

Cuando los judíos, como se ha relatado anteriormente, se trasladaron a las ciudades de las tierras vascas españolas, para impulsar el comercio siguiendo la voluntad de Sancho el Sabio, encontraron allí más cómodo prestar a los campesinos necesitados y a los habitantes de las ciudades dinero para sus

---

[25] Herzfeld, p.138

[26] [Véase Oseas 12:7].

empresas a interés. Como éste era elevado, los vascos tuvieron que empeñar sus posesiones y cayeron en una dependencia cada vez mayor.

Su sentimiento de independencia se vio pronto ultrajado por los inmigrantes extranjeros que sólo pretendían la usura, y el consejo de la ciudad de Viktoria envió una petición de protección al rey, quien anunció entonces un edicto por el que se prohibía a los judíos emitir obligaciones "ya que, de seguir así, se causaría un gran perjuicio a los ciudadanos cristianos, es más, la ciudad quedaría despoblada" (I 332).[27]

En Persia, hacia donde, como vimos, se sentían atraídos muchos extranjeros, "los judíos habían explotado y empobrecido con sus métodos y su alcance a los súbditos nativos hasta tal punto que el clamor llegó a oídos del propio emperador", informa una crónica, y añade:

> "que el ministro de Estado pensó largo y tendido cómo podía librarse de los judíos sin ofender a los demás extranjeros".[28]

En Constantinopla, los judíos se establecieron en gran número, donde también habían obtenido enormes riquezas. "La mayor parte del dinero", informa Tavernier, "está en manos del Emperador y de los judíos; pero me refiero a los judíos que permanecen en Constantinopla. En cuanto a los de las provincias, son gente miserable, y más miserable que los cristianos, ya que no cultivan la tierra, y como no dependen más que de su regateo, no pueden todos ganar lo suficiente con el comercio".[29] Los judíos, según resultó, a menudo adelantaban dinero al Pachá en

---

[27] Keyserling, Geschichte der Juden in Navarra, Berlín, I 861, p.119.

[28] Schudt, op.cit., Vol. 1, p.27.

[29] Beschreibung des Serails, Ch.10. [Jean-Baptiste Tavernier (1605-1689) fue un viajero francés que visitó Constantinopla en 1631. El relato de sus viajes se publicó en 1676 con el título Les six voyages de Jean-Baptiste Tavernier].

monedas falsas, supervisaban las aduanas, "donde mayormente maltrataban a los cristianos", asimismo tenían la recaudación de impuestos en Siria, Palestina y Egipto,[30] y Sargredo da su impresión en el siguiente lenguaje fuerte: "La mezquindad es en Constantinopla como una prostituta común, como cuyos alcahuetes actúan los judíos".[31]

Por lo que respecta a España, los judíos ya eran conocidos allí desde los primeros tiempos como los más inescrupulosos de los traficantes de esclavos, oprimían a los habitantes locales a través de su inmensa riqueza y eran capaces de anular las leyes aprobadas para la protección de los cristianos o impedir su aplicación. Finalmente se recurrió a los rigurosos métodos del bautismo forzoso y la expulsión. El primero, naturalmente, no dio resultado alguno, y durante siglos asistimos a un auge y decadencia de la pugna entre el dinero y los derechos de los ciudadanos, acompañada de fanatismo religioso por ambas partes.[32]

"Desde los tiempos más remotos", informa un historiador judío, "los judíos llevaron a cabo los negocios financieros y de cambio, a los que los cronistas antijudíos dieron el título de usura".[33]

---

[30] Thevenot, Reisebeschreibung, cap. 78, p. 369. [Jean de Thevenot (1633-1667) fue un viajero francés que recorrió Oriente Próximo. En 1 689 se publicó póstumamente una recopilación de sus viajes, Voyages).

[31] Neueroffnete Ottomanische Pforte. [Giovanni Sagredo (tr. Paul Rycaut) Die neu-ero ffnete Ottomanische Pforte, Augsburgo, 1694. Sagredo (1617-1682) fue un diplomático veneciano cuya historia de los otomanos se publicó originalmente en 1673 como Memorie istoriche de'monarchi ottomani].

[32] Para más detalles, véase la excelente y concisa representación de Heman, Die historische Weltste/llung der Juden, Leipz ig, 1882. [Carl Friedrich Heman, Die historische Weltstellung der Juden und die moderne Judenji-age. Heman (1839-1919) nació de padre judío convertido al protestantismo. Fue sacerdote protestante y profesor de filosofía, y escribió sobre filosofía, teología e historia judía].

[33] Keyserling, Die Juden in Navarra, p.43.

Puesto que el mismo historiador admite, al principio de su obra, que los judíos "estaban en pie de igualdad con los demás ciudadanos, y de hecho gozaban de los privilegios de infanzones,[34] así que la usura no surgió como resultado de la hostilidad hacia los judíos sino, como en otras partes también, de la hostilidad de muchos cronistas hacia los judíos como resultado de la usura.

"¿Dónde hubo, durante la Edad Media, un mercado más concurrido que en Tudela?"[35] exclama Keyserling con orgullo, y continúa:

> "La trata de esclavos fue, desde los tiempos más remotos, llevada a cabo por judíos; aquí adquirió en alcance e importancia más que en los otros reinos de la península y se mantuvo también aquí durante más tiempo intacta hasta el asedio total de los moros o, si se quiere, hasta la expulsión de los judíos".[36]

Este comercio de esclavos ayudó entonces a Tudela a alcanzar "el estatus de importante ciudad comercial". Pero especialmente interesante resulta todo el comercio por el hecho de que fueron casi sólo los moros los que se beneficiaron del comercio de esclavos, por tanto, de hecho, los descendientes de los hombres que los judíos habían llamado a traición al país siglos antes. Pero el destino se cumplió, pues, como relata Heman en la obra mencionada, justo cuando el último imperio moro fue derrocado se decidió la expulsión de los judíos.

En Roma, una ciudad que había sido centro de batallas políticas y religiosas a lo largo de todos los siglos, por la que había pasado

---

[34] [En Aragón, los infanzones eran descendientes de cadetes del rey que no heredaban el trono].

[35] [Tudela es una ciudad vasca cercana a Pamplona].

[36] En todos los países de Europa, la trata de esclavos fue abolida en el transcurso del siglo 13.

más de un saqueador y donde las guerras civiles estaban a la orden del día, la vida de los judíos no se formaba, naturalmente, de manera muy visible. Incluso allí, emperadores y papas tuvieron que lidiar constantemente con la cuestión judía. O había que reforzar sus derechos y libertades o, como por ejemplo en el IV Concilio de Letrán de 1215, se adoptaban reglamentos, o se obligaba a los judíos a pagar el diezmo evitado, se les prohibía atacar a los clérigos, se sometían sus estatutos a un tribunal, etc.[37] Los judíos ya eran desde muy pronto ricos propietarios, pero no para trabajar ellos mismos la tierra, sino, como informan Vogelstein-Rieger:

> "El comercio de esclavos se llevaba a cabo con tanto afán (sobre todo se importaban muchos esclavos de territorios galos) para adquirir mano de obra adecuada para las fincas que poseían los judíos".[38]

La cambiante y fatídica historia de los judíos en Roma no puede ser discutida aquí con mayor detalle, estas sugerencias pueden bastar para mostrar que fue similar a la de todos los países.

En otras ciudades italianas, los judíos adquirieron igualmente gran riqueza y poder, de modo que, por ejemplo, en Cesena se temía seriamente que, a través de su capital, se convirtieran en señores de toda la ciudad, lo que no era de extrañar cuando se sabe que el magistrado se alegraba enormemente cuando los "prestamistas hebreos" no se llevaban más del 20 por ciento.[39] En Livorno, los judíos se habían hecho tan poderosos que los

---

[37] Vogelst ein-Rieger, *Geschichte der Juden in Rom*, Berlín 1895-1896, Vol.], p.230. El hecho de que en el concilio se protestara también contra la usura de los cristianos cada vez que aparecía, prueba que los sacerdotes no culpaban en absoluto a los judíos por odio ciego, sino que se dejaban dirigir por razones de hecho.

[38] op.cit., Vol. l, p.147.

[39] Vogelstein-Rieger, tomo I, p. 117.

cristianos tuvieron que celebrar el sábado[40] por su causa, y lo mismo en muchas otras ciudades.[41]

Venecia, Génova y Florencia parecen haber sido, al menos durante un tiempo, una excepción, ya que se dice que los hombres de negocios de estas ciudades no eran inferiores a los judíos en astucia. De hecho, también se plantearon quejas similares contra los judíos con respecto a los lombardos, como, por ejemplo, en Francia, donde se aprobaron leyes contra ellos. Esto demuestra que a veces incluso los europeos podían ser "no cristianos, sino judíos bautizados", como se decía entonces. Pero precisamente el hecho de que hubiera que oponerse a los lombardos igual que a los hebreos demuestra que la usura como tal era un factor extremadamente destacado, que la defensa contra ella se dirigía contra cualquiera que la llevara a cabo y que, en consecuencia, la queja extendida por todo el mundo contra la usura judía y la traición judía -incluso cuando resuena allí donde no siempre hay pruebas escritas similares- tiene su razón bien fundada.

Entre los príncipes los judíos podían hacerse indispensables, y a menudo lo intentaban, en el sentido de que les adelantaban dinero para empresas militares y promovían de la misma manera su fastuosidad y liberalidad, pero extraían altos intereses y privilegios. Por eso los reyes también protegían a los judíos en todas partes y la ira de los pueblos ya debía de haber subido muy alto antes de que cedieran a la presión para la restricción de los derechos preferentes de los judíos. A menudo protegían a los judíos militarmente como, por ejemplo, en Navarra, donde un

---

[40] [Sábado]

[41] Misson, Reise nach Italien, Carta 39, p.1009 [Maximilien Misson (1650(7)-1722) fue un exiliado hugonote que acompañó como tutor a los nietos del duque de Ormond en su Gran Viaje por Holanda, Alemania e Italia. Relató sus viajes en Nouveau Voyage d'Italie (La Haya, 1691), traducido al alemán como Reise nach Italien (Leipzig, 1713)]; Schudt, Jiidische Merkwiirdigkeiten, Vol. I, p..228.

insulto hecho contra un judío era castigado de tal manera como si se hubiera hecho contra un grande de España; donde el judío no podía ser arrestado por asuntos financieros; donde se le liberaba de todos los impuestos que gravaban las mercancías. En Tudela, el rey Sancho adjudicó (1170) la fortaleza a los judíos como domicilio para su mayor seguridad. Además, los judíos no debían pagar contribución del diezmo sobre los bienes que llegaran a su posesión por herencia; si un judío debía algo a un cristiano, éste debía presentar dos testigos "de los cuales uno, sin embargo, debía ser judío".[42] En 1255 Tudela se sublevó, fue pacificada con dificultad y recibió una nueva constitución, hasta que se reinició la vieja estafa.[43]

Los reyes de Navarra también se vieron finalmente empobrecidos; volvían a casa y no encontraban cena, no podían pagar los granos comprados a los judíos, etc. Ahora bien, si se piensa que los judíos habrían tenido la menor consideración por la difícil posición de sus mecenas que, ciertamente, defendían los derechos judíos como si fueran los suyos propios, se está muy equivocado.

Pudieron hacerse aún más "indispensables". "Los intereses suscitados por los judíos, no podemos negarlo, parecen haber alcanzado una altura desmesurada", admite Keyserling con cierta tristeza. "Todo fue entregado como peones: el campesino

---

[42] Keyserling, op.cit., pp.16,18,19.

[43] Las exigencias del consejo de restablecer las antiguas leyes de la ciudad muestran, según Keyserling, "claramente el intento de despojar a los judíos de sus derechos y asumir el poder sobre ellos". Esta frase muestra una vez más que es imposible incluso para un historiador tan importante como Keyserling percibir que era del todo evidente que los extranjeros debían ser clasificados por debajo de los ciudadanos y no exigir arrogantemente un trato especial en todas partes. La codicia judía es una fuerza motriz demoníaca contra la que incluso el "buen" judío es impotente.

renunció a su arado, el caballero a su castillo, los reyes a sus joyas, el alfil a su anillo".

Así ocurrió en todos los países: la frivolidad y la pasión por el esplendor se combinaron con la mezquindad y la usura de los judíos; ambos sólo pudieron separarse mediante la violencia y el pueblo tuvo que pagar los costes. Así Lutero dice con razón: "Oigo decir que los judíos dan grandes sumas de dinero y con ello son útiles a los gobernantes; en verdad, ¿de dónde lo dan? No de los suyos, sino de los bienes de los súbditos y gobernantes que roban y despojan mediante la usura... Los súbditos tienen que dar dinero y ser maltratados por los judíos. ¿No debe el judío reírse secretamente de esto, de que nos permitamos tan vergonzosamente ser convertidos en monos y tontos? Y otro alemán hace la siguiente observación filosófica sobre la usura judía:

> "Cuando uno exprime una esponja húmeda, ésta emite agua, pero previamente había succionado el agua dentro de sí; tales esponjas húmedas son los judíos, ellos ciertamente dan algo al beneficio general, pero previamente han succionado a los cristianos a través de su usura. Las arañas atrapan moscas con sus telas, las acomodan, tejen alrededor de ellas, pero para gran daño de las pobres moscas, pues las succionan de modo que yacen muertas. Tales arañas son los judíos, que ciertamente dan algo de dinero y hacen ver que lo hacen por el bien común, pero succionan a los cristianos con su usura. El dinero judío que se destina al bienestar común son verdaderas telarañas en las que los cristianos permanecen colgados". [44]

El hombre tenía toda la razón para hacer tan melancólicas observaciones, pues Alemania no era una excepción en el ciclo de la cuestión judía y se repetía aquí, en todas las grandes ciudades,

---

[44] D. Müller, Jud. Detekt; Schudt, op.cit., Vol.2, p.205.

algo parecido a lo ocurrido en Tudela, Constantinopla, Persia y, como hemos visto, en Portugal y Francia.

Aún hoy circula el cuento de hadas de que los judíos en Alemania han sido oprimidos y abandonados. No es así en absoluto. Antes podían circular libremente y establecerse en todas partes. Pero no sólo eso, la igualdad de derechos con los habitantes locales llegó tan lejos que los judíos sólo podían ser procesados por sus propios jueces. El documento más antiguo que nos muestra este derecho como un antiguo privilegio y lo confirma una vez más data de 1230.

Además, existe la norma de que ningún cristiano puede mantener una demanda contra un judío si no está en condiciones de presentar por sí mismo al menos un testigo judío. Las reuniones del tribunal judicial judío tenían lugar sobre todo en las sinagogas e incluso los prelados de la Iglesia católica tenían que tomarse la molestia de acudir allí si tenían conflictos legales con judíos.

Pero los judíos fueron capaces de extender estos privilegios a todos los campos con su insolencia heredada de antaño. En el extendido negocio de empeño que llevaban a cabo se consideraba suficiente que un judío declarara sobre un objeto robado que había encontrado que ¡lo había comprado honestamente! Al exigir su posesión, el legítimo propietario estaba obligado a pagar el precio que el judío prestamista decía haber calculado.[45] Los derechos de Goslar[46] concedían al judío, y sólo a él, el privilegio de prestar dinero incluso sobre cosas que sabía que eran robadas. Así,

---

[45] Stobbe, Die Juden in Deutsch/and, Braunschweig, 1866, p.119 [Johann Otto Stobbe (1831-1887) fue un profesor de jurisprudencia e historiador cuya obra sobre los judíos, Die Juden in Deutschland wahrend des Mittelalters in politischer, socialer und rechtlich er Beziehung fue publicada en Braunschweig en 1866].

[46] [Goslar, ciudad de la Baja Sajonia, adquirió derechos municipales y mercantiles independientes en 1219].

mientras que el alemán, si se encontraba en posesión de bienes adquiridos legalmente, estaba obligado a devolverlos al propietario sin ningún daño, ¡el judío podía exigir un precio fijado por él mismo![47]

La mayor libertad de usura fue el objetivo que se persiguió con mayor insistencia y que en la mayoría de los casos también se alcanzó. El tipo de interés legalmente establecido oscilaba entre el 33% y el 120%, pero el que se exigía en realidad era a menudo bastante más alto. Por eso vemos una y otra vez a la nobleza, los ciudadanos y los campesinos en la mayor dependencia de los judíos; un montón de documentos dan prueba de ello.

Un conde, Walram von Zweibrücken, se encontró en manos de 17 usureros judíos; en 1338, en la pequeña ciudad de Oberwesel, figuraban nada menos que 217 deudores a los judíos; el conde de Öttingen empeñó su corona de oro; los landgraves Balthasar, Friedrich y Wilhelm von Thuringen estaban enteramente en manos de cinco judíos de Erfurt. En 1385, un solo judío de Ulm tenía 43 cartas de deudor que mostrar; había 55 obligaciones a dos judíos de Erfurt.

Cuando un judío, Isaak, huyó de Múnich y más tarde fue capturado, se encontraron en su poder joyas de los ciudadanos, de la nobleza e incluso el servicio de plata del rey. Estos informes pueden continuar durante páginas. A través de la usura y los negocios de empeño, el judío era realmente poderoso en la corte de príncipes y prelados, donde a menudo trabajaba como asesor financiero y recaudador de impuestos. Al lado de este judío de la corte se encontraba casi siempre un miembro de la tribu como secretario, que llevaba la contabilidad en hebreo y de esta forma

---

[47] Para más detalles, véase el excelente trabajo de G. Liebe [(I 859-1912)], Das Judentum in der deutschen Vergangenheit, Leipzig, 1903, pp.12-15.

poseía por sí solo una visión de conjunto de la situación de los negocios.

De estas breves sugerencias cabe prever las consecuencias necesarias. El poder de los judíos crecía cada vez más, en consecuencia crecía la ira del pueblo y estallaba una persecución judía. Pero no hay que pensar, como siempre afirman los judíos, que siempre fueron expulsados y maltratados por los alemanes. Al contrario.

El judío podía hasta el siglo 13 ocupar todas las profesiones, todo estaba abierto para él. Pero él mismo no pensaba en trabajar mano a mano con los gentiles, se recluía estrictamente y sólo tenía con los no judíos lo necesario para el comercio. Y no se observa rastro alguno de interés por la vida de la nación anfitriona. Que, de hecho, los ge1manos también se enfriaran a causa de su explotación por parte del inmigrante sin escrúpulos debería ser atribuido por los judíos a ellos mismos. El judío tampoco era, como todavía sostiene el refrán, el paria de la sociedad. Sin duda, judíos y usureros se habían convertido en sinónimos y el desprecio hacia esta profesión estaba justificado.

> Y no te gustan mucho los judíos,
> No confíes en ellos,
> Son los ladrones de tu alma,
> Los violadores de tus mujeres.

dice inocentemente una vieja canción, pero sin embargo no se puede hablar de maltrato constante si el conde palatino Philipp iba con su hijo a la sinagoga, si a un judío se le podía permitir bajo pena de hasta diez florines sacar la lengua a una imagen de María, si en 1327 en Ratisbona un sacerdote huía de dos judíos que querían asesinarlo.

Y cuando la comunidad judía evitaba castigar a los malhechores, la corte cristiana se conformaba con prohibir las relaciones con ellos. Según un cronista de Estrasburgo, las personas que habían insultado a un judío debían esperar un castigo más severo que las que habían herido a un ciudadano corriente.

Los judíos eran ya desde los primeros tiempos los prestamistas del ayuntamiento y del gobierno; el pueblo debió de caer en la desesperación antes de rebelarse violentamente contra su poder. Es un acontecimiento que se repite constantemente: el dominio de los judíos coincide siempre con la caída de la nación alemana, su debilitamiento con su ascenso.

Después de la segunda cruzada y en la época de la peste negra (a mediados del siglo 14), la miseria de Alemania alcanzó dos de sus puntos culminantes. El alemán inclinado a la ley y el orden ya no pudo entonces resistirse a dar expresión a la ira antes reprimida y a liberarse de sus explotadores.

Lo que se narra sobre el "envenenamiento de pozos", etc., por parte de los judíos con la intención de exponer las "razones" de ello son tonterías vacías, difundidas bien por personas incapaces de diferenciar entre la cáscara y el núcleo, bien por judíos que desean representar a los alemanes como fanáticos idiotas (como, por ejemplo, Graetz).

Los alemanes habían sentido amargamente en sí mismos que tenían un enemigo de su pueblo y un explotador sin escrúpulos en el país. Que eran conscientes incluso durante la Peste Negra de lo que se trataba se desprende de una crónica de Erfurt que señala como causa de la misma "el inconmensurable dinero que barones y caballeros, ciudadanos y campesinos debían a los judíos".

Pero los estallidos de desesperación no ayudaron en absoluto. Pocos años después, la situación volvía a ser la misma, el tipo de interés peor que antes. Si el país sufría por la guerra, a fin de cuentas el judío salía ganando. Porque, exactamente igual que hoy, "todos los comisarios eran judíos y todos los judíos comisarios; los judíos tienen una ley y una libertad que consiste en mentir y engañar mientras les reporte beneficios", reza una profunda queja de la Guerra de los Treinta Años.

"La observación", dice Liebe, "es ineludible: los periodos de confusión en la vida pública, que provocaron inmediatamente una paralización de la vida económica y garantizaron a la mentalidad empresarial la posibilidad de una actividad despiadada, no fueron desfavorables para los judíos".[48]

En el caso de todas las persecuciones, no hay que olvidar que se trataba de excepciones que siempre se comentaban como tales, mientras que los informes sobre la vida cotidiana, aunque ésta es sin duda la característica de cualquier época, fluyen naturalmente de forma mucho más escasa. El alboroto que los historiadores judíos arman con las "masacres judías" es muy exagerado; sería bueno, de hecho, investigar cuánta fuerza popular fue saqueada y lentamente drenada, cuánta desesperación no reportada de los hombres alemanes yace entre ellos.

Más tarde, la rabia tan periódicamente desahogada se convirtió en un desprecio general hacia el espíritu judío. Los gremios de artesanos, que hasta los siglos XIII y XIV estaban abiertos a los judíos, aunque éstos no se sentían obligados a aprovechar la oportunidad para dedicarse a un oficio, ahora estaban cerrados a los judíos por principio.

Si antes el judío podía vivir en la ciudad (la mayoría de las veces prefería vivir en su propio barrio), ahora seguía un cerco, el gueto, la situación que existía antes se consideraba ahora como la norma.[49] El judío usurero era tipificado exteriormente por un sombrero puntiagudo, las relaciones con él prohibidas, etc.

---

[48] Op.cit., p.67.

[49] El Dr. Arthur Ruppin admite igualmente en Die Juden in der Gegenwart que la separación de los judíos fue "primero voluntaria" y sólo más tarde "forzada". (Arthur Ruppin (1876-1943) fue un sionista alemán que dirigió la oficina palestina de la Organización Sionista Mundial en Jaffa desde 1908 y ocupó la cátedra del departamento de sociología de la Universidad Hebrea de Jerusalén desde 1926. Para el futuro Estado israelí abogó por una selección eugenésica

Sin embargo, ni siquiera esta exclusión era tan mala, sino que de hecho se hizo obligatoria en aquella época. Que el judío no estaba en lo más bajo de la posición social se ve ya por el título de "modesto" que llevaba incluso el campesino y que relata un relato de Francfort: "Se aconseja que se les interrogue tanto sobre su orden judía como al emperador turco de Constantinopla". El abad Trithemius[50] dio el siguiente veredicto práctico en 1516:

> "Es comprensible que haya arraigado una aversión entre los altos y los bajos, entre los doctos y los ignorantes, contra el judío usurero y concedo todas las medidas legales masivas para la protección del pueblo contra la usura judía. ¿O debería más bien un pueblo extranjero e inmigrante gobernarnos, y de hecho no a través de una mayor fuerza, valor y virtud, sino a través del dinero cuya adquisición parece amar más que nada? Pero no mediante persecuciones violentas y saqueos debe uno liberarse de la molestia judía, sino cortando toda usura y engaño perjudicial de los judíos e instándolos al trabajo útil en el campo y en los talleres". [51]

Pero estos y otros proyectos similares no condujeron, como tampoco en otros lugares, a nada. Si uno hojea las páginas de los Anales de Núremberg y se pregunta qué había movido a los ciudadanos a expulsar a los judíos en 1499, la lacónica respuesta es:

> "Los judíos establecidos en Nuremberg lo tenían muy bien. Se volvieron cada vez más arrogantes y desenfrenados. La usura inmoderada que practicaban, la avaricia insaciable a la que se entregaban, las calumnias de los ch1istianos, el aumento diario de su número, hicieron finalmente fastidioso para el consejo y la

---

de los habitantes y también contribuyó a la fundación del programa de kibbutz. Su libro Die Juden in der Gegenwart se publicó en 1904].

[50] [Johannes Trithemius (1462-1516) fue un abad, historiador y ocultista alemán].

[51] Según Liebe, op.cit., p.32.

ciudadanía alojar entre ellos a tales huéspedes y sanguijuelas perjudiciales para el comercio". [52]

Si ya en épocas anteriores habían estallado diferentes cuestiones económicas y religiosas a causa de las revueltas, se vio que el problema no se iba a resolver con éstas y, en 1499, los judíos fueron conducidos bajo protección militar (para que no les ocurriera nada malo) fuera de la ciudad "en la que habían vivido durante tanto tiempo y en la que habían adquirido tan grandes riquezas mediante una usura devoradora".[53] Que esta queja estaba totalmente justificada se desprende ya del hecho de que, en 1310, el káiser Heinrich VII concedió a los nurembergers un "privilegio" por el que se prohibía a los judíos cobrar a los ciudadanos más del $43^1/3$ por ciento y a los extranjeros más del 55 por ciento de interés semanal. Sin duda un buen privilegio! [54]

En otras ciudades de Alemania sucedió lo mismo, y en todas partes el pueblo lanzó un suspiro de alivio cuando los judíos tuvieron que abandonar la ciudad. El predicador Hartmann Creidius habla así con ocasión de la expulsión de los judíos de Augsburgo:

> "Y es una gran ventaja de la ciudadanía local la que tiene por encima de otras ciudades, ya que los malditos judíos no sólo chupan la sangre de los pobres cristianos mediante crueles usuras y excesos, sino que también les quitan el pan de la boca mediante todo tipo de comercio y negocios, de modo que muchos

---

[52] Würfel, Historische Nachrichten van der Judengemeinde in Nürnberg, Nüremberg, 1775, p.83. [El estudio de Andreas Würfel, Historische Nachrichten van der Juden-Gemeinde, -welche ehehin in der Reichsstadt Nürnberg angericht gewesen, aber Ao. 1499 ausgeschaffet warden, fue publicado en 1755].

[53] Wilrfel, op.cit., p.85.

[54] Zeitschrift für die Geschichte des Oberrheins, X,66, Karlsruhe, 1859; también Würfel, op.cit.

ciudadanos se han visto obligados junto con sus esposas e hijos a la ruina y la mendicidad".[55]

Llevaría demasiado tiempo discutir en detalle la historia de cada ciudad alemana, y además sería superfluo, ya que lo mismo se repite en todas partes. En 1539 se promulgó en toda Alemania un edicto en el que se leía que había que prohibir la usura a los judíos, que había que instarles a realizar trabajos manuales para que aprendieran así a ganarse el pan con el sudor de su frente, como los cristianos. Naturalmente todo eso era inútil.

Si se leen los informes sobre el comercio judío de la Edad Media, recogidos por los cronistas alemanes, se advierte en ellos su asombro recurrente ante las agudezas judías siempre brotadas que tienen que narrar. Falsificaciones de cambio, quiebras fingidas, seducción de jóvenes inexpertos, hijos de padres ricos, a la disipación, cartas de deuda escritas en hebreo aceptadas de buena fe pero que, al ser traducidas más tarde, no contienen más que una burda proposición, cambio de paquetes durante la compra, con lo que el comprador descubre, en lugar de la verdadera mercancía, piedras o paja, etc.

A menudo se añade a todas las quejas una nota humorística del escritor que se burla de la credulidad de los alemanes, a menudo busca imágenes para describir drásticamente las relaciones entre judíos y cristianos, como, por ejemplo, cuando dice:

> "Un príncipe que pone judíos entre sus súbditos actúa como un padre de familia que posee un estanque con alevines y echa un lucio bastante grande que se lo come todo; ¿Quién es en verdad tan tonto como para tener una cabra como jardinero? ¿Quién querría tener un zorro como pastor de gansos o como cuidador de

---

[55] Augsburger Wunderpredigt, p.508 [Hartmann Creidius (1606-1656) fue párroco de la iglesia de Santa Ana en Augsburgo]; Schudt, op.cit., Bk.VI, p.47.

gallinas? Estad seguros, queridas autoridades, si queréis atormentar a los pobres, poned judíos en vuestras tierras".[56]

Excedería el alcance de este libro si quisiera profundizar en todo esto. Que quede constancia de que en todas las épocas y en todos los países donde los judíos vivían en gran número se planteaban las mismas quejas del pueblo contra el fraude judío y la usura judía. A este hecho y a su incontestable justicia se añade otra idea más importante. Aunque también entre los cristianos hubiera elementos malsanos y aunque ciertamente no faltaran ladrones y bribones, al menos todos están unidos en el juicio de sus engaños, mientras que la ley judía marca una marcada diferencia en la conducta de los judíos entre sí y entre los no judíos.

Leyes morales judías

No cabe duda de que es así, aunque naturalmente los judíos hacen todo lo posible por presentarse como ungidos con el aceite de la humanidad. También lo consiguen, ya que todos cometemos el error de analizar el pasado judío desde una visión del mundo y una moral alemanas o cristianas, y nos inclinamos fácilmente a transferirle pensamientos que los judíos estaban lejos de tener.

Cuando, por ejemplo, hablamos de prójimo y con ello entendemos a todo hombre, el judío se refiere con ello sólo al judío. Esos mandamientos que nos parecen tan humanos que encontramos en el Pentateuco, que también yacen enterrados en el Talmud como oasis, y que nosotros, encantados de encontrar algo humano allí, aceptaríamos de buen grado, adquieren un regusto amargo por la diferenciación repetidamente insistida entre judíos y gentiles (no judíos, paganos). En el tratado Baba

---

[56] Jüdischer [abgestreifter] Schlangenbalg, cap. 3, 5,80. [Samuel Friedrich Brenz (finales del siglo XVI) fue un judío convertido al cristianismo que atacó a sus antiguos camaradas religiosos en Jüdischer abgestreifter Schlangenbalg, publicado por entregas entre 1614 y 1715].

Kamma, fol.113b, leemos: *"Deut 22:3* dice: 'con cualquier cosa perdida de tu hermano', lo que significa: debes devolvérsela a tu hermano, pero no necesitas devolvérsela a un pagano". Rabí Janina dijo: "¿Qué significa eso que está escrito en *Lev* 25:17: 'no se debe engañar al prójimo'? Respuesta: a aquel con quien estás vinculado por la Torá y las normas no debes perjudicarlo".[57] En otros lugares se enseña que la prohibición de robar se refiere sólo a los judíos entre sí, es más, que se limita al plagio".[58]

La conversación de Jacob con Raquel que recoge el Talmud puede calificarse de clásica. Jacob dijo a Raquel: "¿Quieres casarte conmigo?". Ella respondió: "Por supuesto, pero mi padre es un embustero y no podrás tratar con él". A lo que Jacob dijo: "Yo soy su hermano en el engaño". Entonces ella preguntó: "¿Está permitido entonces que un hombre justo sea grande en el engaño?". A lo que él dijo: "Al puro te muestras puro, al falso infiel, ver *Sal* 18:27".[59]

Es evidente que los rabinos no encuentran nada repulsivo en estas máximas de su progenitor tribal Jacob, ya que repiten esta narración muchas veces con pleitesía. También en otro contexto no les preocupan los escrúpulos: cuando Amán le dice a Mordejai que uno no debe alegrarse de la caída de un enemigo, éste le responde: "Eso sólo es cierto de un israelita, pero de ti dice *Dt* 33:29: 'Los pisotearás en sus alturas'"[60] La forma completa del concepto judío de justicia, sin embargo,. emerge no sólo en estas expresiones y regulaciones, sino especialmente plásticamente en la narración de un hecho concreto pintado con visible placer. El

---

[57] Bava Metzia, fol.59a. [Este, como los otros tratados mencionados a continuación, es uno de los 63 tratados de la Mishná, o las Leyes Judaicas que constituyen la primera parte del Talmud, siendo la segunda parte la Guemará, que proporciona una elucidación de la Mishná].

[58] Sanedrín, fol.86a.

[59] Tratado de la Meguilá, fol. 12a.

[60] Ibídem, fol.15 a,b.

rabino Shila reprendió a un hombre que había convivido con una mujer egipcia. Ésta se dirigió al rey y lo calumnió con las palabras

> "Es un hombre que juzga entre los judíos sin permiso del rey".

El rey le envió inmediatamente un mensaje. Cuando Rabí Shila llegó, los jueces hablaron: "¿Por qué habéis castigado a este hombre?" - "Porque ha vivido con un asno", fue su respuesta. "¿Tienes testigos?", le preguntaron. -Sí", respondió. Llegó Elías en forma humana y dio testimonio de ello. "Aquel con quien las cosas están así", continuaron los jueces, "está condenado a muerte".

A lo que el rabino: "Desde el día en que fuimos expulsados de nuestro país no tenemos autoridad para matar, pero podéis hacer con él lo que queráis". Mientras los jueces consideraban el asunto, el rabino Shila comenzó a pronunciar el dicho de *Crón* 29:11: "Tuya, oh Eterna, es la grandeza y el poder". Los jueces le preguntaron: "¿Qué has dicho?" Él respondió: "Dije: bendito sea el misericordioso que ha hecho el reino de la tierra así como del cielo, y te ha dado poder y misericordia en la justicia". Los jueces dijeron: "El honor del reino es muy caro", le dieron un bastón y le dijeron: "Puedes dictar sentencia".

Cuando Rabí Shila salió, aquel hombre (al que había castigado) le habló: "¿Hace el misericordioso tal maravilla con los mentirosos?". El rabino: "¡Cobarde! ¿Acaso no se les llama burros? Como está escrito en *Ez* 23,20: 'cuya carne es como la de los asnos'"-Cuando el rabino vio que el hombre se iba a decir a los jueces que los había llamado asnos, pensó: "Este es un perseguidor y la Torá dice: 'adelántate a quien quiera matarte'". Tomó su bastón y lo mató. Después dijo: "Ya que me ha sucedido una maravilla con el versículo de *Crón* 29:11, lo explicaré de esta manera: tuya, oh Eterno, es la grandeza, que se relaciona con la obra de la creación, etc.".

Sigue toda una serie de dichos bíblicos lanzados juntos sin sentido.⁶¹ Esta breve narración debería hablar con palabras claras, sin muchos comentarios; en ella está todo contenido: el increíble desprecio por el no judío, la mentira sancionada por el profeta Elías y el asesinato autorizado por la Torá. Si añadimos las palabras del quinto libro de Moisés 23:20: "Podrás practicar la usura con el extranjero, pero no con tu hermano", ésa es la motivación económica. El sentimiento nacional resuena en la narración del emperador persa que, de forma bastante similar a los europeos de hoy, se dirigió a los judíos y extendió los brazos en señal de tolerancia y dijo: "¡Venid, todos deseamos convertirnos en un solo pueblo!". "Es cierto", respondió Eabbai Tanchum, "nosotros los circuncidados no podíamos ser como vosotros, así que circuncidaros y convertíos en como nosotros".⁶²

Esta separación nacional y esta moral con doble fundamento es un hecho innegable del pasado y del presente judíos, tanto en la teoría como en la práctica. No deseo amontonar aquí tantas citas, mencionemos las palabras de uno de los eruditos más autorizados y, al mismo tiempo, extremadamente filojudío:

> "Es un esquema llamativo por su insolencia cuando rabinos reunidos pretenden persuadir al público cristiano de que los judíos están obligados a la misma conducta moral con respecto a

---

⁶¹ Tratado de Berajot, fol.58a. Es característico que de Rabí Meir, una de las mayores autoridades del Talmud, sus contemporáneos pudieran decir que nunca fue posible descubrir su propia opinión, ya que era capaz, mediante comparaciones, inferencias de otros pasajes, etc., de establecer como un mandamiento real de una ley claramente inequívoca lo contrario. Graetz, Geschichte der Juden, Vol.4, p.178.

⁶² Sanedrín, fol.39a.

todos los hombres y tildan al judaísmo de religión de amor a la humanidad".[63]

Sin embargo, de este hecho se derivan ideas extremadamente importantes.

Si el cristiano, el europeo, puede extraviarse, es más, si a veces puede caer más profundamente que el judío, posee en su doctrina moral absoluta algo que le muestra, incluso en la caída más profunda, el camino hacia arriba. Contra el mandamiento del robo y la traición se alza, escrito y no escrito, el de la sociedad europea. La tendencia del hombre a entregarse a su egoísmo recibe de la moral un contrapeso. Al judío, por el contrario, le viene a su impulso natural una gran fuerza añadida de su doctrina moral que se combina, por así decirlo, con una tenaz energía racial (más detalles al respecto más adelante).

Si el judío ve en la propiedad de un no judío una cosa que por derecho le pertenece, si los bienes de los paganos son similares a los del desierto sin gobernante, y si todo el que se apodera de ellos los ha adquirido honestamente,[64] si no hay adulterio con una no judía: "Para los paganos no hay esposa, no son realmente sus esposas",[65] esto significa un robo legalmente autorizado a todos los pueblos. Toda la usura, todo el fraude practicado a lo largo de los siglos sobre los pueblos del mundo no debe, pues, considerarse como una aberración, sino, al contrario, como el seguimiento de las leyes de los sabios del Sinaí y del Talmud.

Por eso Lutero escribió indignado sobre este asunto, por eso Goethe dijo de los judíos: "Tienen una religión que les permite

---

[63] Bernhard Stade, Geschichte des Volkes Israel, Vol. 1, p.510. [Bernhard Stade (1848-1906) fue un teólogo protestante cuya historia del pueblo judío se publicó en dos volúmenes en 1887-1888].

[64] Bava Batra, fol.54b.

[65] Sanedrín, fol.81a,b.

robar a los extranjeros", por eso Fichte gritó desesperado: "Que los judíos sigan sin creer en Jesucristo, que no crean en ningún dios, mientras no crean en dos leyes morales diferentes y en un dios hostil a la humanidad".[66]

Así pues, cuando se ataca a los judíos no se hace para amordazar la libertad de pensamiento, como ellos sostienen siempre con indignación, sino para lanzar un ataque contra un sistema de leyes que va directamente en contra de las de todos los Estados. Debe establecerse de una vez por todas que una raza con este sentimiento jurídico no puede ser capaz de hacer justicia a la de los europeos y que, en consecuencia, a los judíos se les debe negar para siempre la influencia a través de los cargos públicos ocupados por ellos, ya que un juez judío no puede ni puede actuar de otra manera que para proteger y defender, siempre y en todas partes, sólo a los judíos.

Los ingenuos entusiastas del humanitarismo sostienen ahora que las leyes judías son, en nuestra era progresista, cosas del pasado. A esto hay que responder que casi 9 millones de judíos, es decir, dos tercios de todos los judíos del mundo, siguen siendo los más estrictos seguidores del Talmud. Por eso las leyes de todos los estados siempre han sido para el judío una espina en el ojo y constantemente ha intentado contrarrestarlas o explicarlas con agudeza talmúdica para sus propios objetivos. Por eso vemos también que los judíos rara vez han tratado de ser admitidos como ciudadanos en todas las ocupaciones, sino que siempre han tratado de obtener condiciones y leyes excepcionales para sí mismos. Las leyes de un país, por supuesto, impedían mecánicamente a los judíos el ejercicio de sus prácticas, pero

---

[66] [Johann Gottlieb Fichte (1762-1814) fue uno de los fundadores del idealismo alemán. Esta observación procede del folleto de Fichte de 1793 "Beitrag zur Berichtigung der Urtheile des Publicums über die französische Revolution" (Una contribución a la corrección de la opinión pública sobre la Revolución Francesa"].

donde esta prohibición, por cualquier influencia, se aflojaba, el judío se precipitaba el primero, y con gran energía, en la brecha. Lo vemos ahora en Rusia y lo vimos hasta 1933 en Alemania. Tampoco puede explicarse por el hecho de que los judíos metropolitanos no tengan nada que ver con las leyes talmúdicas. Pues no es el Talmud el que ha hecho a los judíos, sino los judíos quienes lo hicieron. Además, este libro ha regido la vida intelectual judía durante dos mil años, fue inculcado a los niños a partir de los 6 años día tras día y, por lo tanto, ha formado naturalmente el carácter de todos los judíos en la dirección dada, ya sean ahora especuladores bursátiles ateos, fanáticos religiosos o judíos disfrazados de talmúdicos. Además, nuestros judíos metropolitanos proceden directamente de pequeñas aldeas de Galicia[67] o Polonia.

Ahora bien, si admitimos que, con independencia de lo que puedan alegar los bienintencionados amigos de los judíos, hay suficientes especuladores cristianos, no se puede negar que precisamente el sentimiento de justicia ha sido especialmente elevado entre el pueblo alemán.

Un pueblo puede absorber un porcentaje de malos especímenes pero cuando una mente fraudulenta con total falta de moderación, preparada de la manera más experta por la educación más peliaguda para todas las sutilezas y corrupciones jurídicas, se adhiere con increíble tenacidad y es apoyada con enormes riquezas, esto es un peligro para el pueblo. Con frases sobre la humanidad y la igualdad no se puede resolver ningún problema histórico y racial como hoy creen poder hacerlo los amos internacionalistas a través de la propaganda judía. Para eso es necesario un reconocimiento de la dirección de la voluntad de los

---

[67] [Galicia es una región que hoy se extiende a ambos lados de la frontera entre Polonia y Ucrania].

judíos, pero para eso nuestra época, empañada con frases, carece del carácter necesario.

Intolerancia religiosa

Si el judío se separaba conscientemente de todos los demás pueblos en cuestiones morales, jurídicas y nacionales, es comprensible que su pensamiento religioso no fuera una excepción. Como su pueblo era el elegido, su religión era para él, en general, la única religión.

Jehová, cuya influencia se limitaba en la antigüedad únicamente al territorio de Canaán, fue creciendo y desarrollándose en la imaginación del pueblo judío hasta convertirse en una divinidad cada vez más poderosa. Pero eso no impidió que se le rindiera culto además como dios nacional que está para guiar y proteger al pueblo de Israel. Los altos muros que Nehemías hizo construir alrededor de Jerusalén y que debían separar físicamente a los judíos de los paganos eran la expresión de la separación fundamental interna y de la intolerancia religiosa. Dios es dios, y nosotros somos su pueblo, ese es el alfa y omega de la religión judía hasta nuestros días. "El judío es el maestro de toda intolerancia, de todo fanatismo religioso, de todo asesinato por causa de la religión, apela a la tolerancia sólo cuando se siente oprimido, pero nunca la ha ejercido y, según su ley, no podría", dice Chamberlain en sus *Fundamentos del siglo 19*, de cuyo libro sólo las épocas posteriores apreciarán el servicio que ha prestado al pueblo alemán. Estas palabras son totalmente incontestables. Desde los tiempos más antiguos, por ejemplo, fueron los judíos los que persiguieron a los cristianos donde pudieron y ordenaron a los paganos que oprimieran a los mismos; cuando Juliano el Apóstata introdujo de nuevo el culto pagano, los judíos de Siria aprovecharon la oportunidad dada para instituir persecuciones cristianas con doble vigor.

Cuando más tarde los judíos de Chipre se hicieron numerosos, decidieron masacrar a todos los demás habitantes. Esta memorable decisión costó la vida a 240.000 no judíos.[68] Tertuliano relata que en Cartago, en la época de las persecuciones cristianas, los judíos disfrutaban del placer de llevar consigo una imagen pintada que representaba a un hombre con orejas y pezuñas de asno, sosteniendo un libro en la mano y con la inscripción: el dios de los cristianos.

Lo que todavía vive en todas nuestras iglesias del principio de la "única salvación" es el remanente de la influencia del Pentateuco y del profeta Ezequiel. Una fe fuerte sin rencor sangriento es para el judío aún hoy una imposibilidad (desgraciadamente también para muchos cristianos infectados con su mentalidad), por no hablar en absoluto de épocas anteriores. Así lo atestiguan escritores y rabinos judíos, ciertamente de forma más suave que Chamberlain, pero diciendo esencialmente lo mismo.

Cuando, por ejemplo, Napoleón convocó en 1807 el famoso Synedrium judío universal en París[69] y, con el fin de aclarar cuestiones contenciosas, dio a los judíos muchos quebraderos de cabeza, éstos redactaron como respuesta toda una serie de artículos en los que se lavaban la cara como inocentes corderos.

Pero la introducción a estas notas de respuesta dice: "Alabado sea el Señor, el Dios de Israel, que ha colocado en el trono de Francia e Italia a un gobernante según su propio corazón". Y a la pregunta de si los judíos consideraban a todos los franceses como hermanos, los rabinos dieron la respuesta más diplomática: que ellos "según la ley de Moisés consideran a todos los individuos de las naciones como hermanos que reconocen a Dios, creador del cielo y de la tierra, y que viven entre los cuales los judíos

---

[68] Mommsen, Römische Geschichte. [Theodor Mommsen (1817-1903) fue un historiador alemán cuya historia de Roma se publicó por primera vez en tres volúmenes en 1854-1856. La obra de Mommsen fue galardonada con el Premio Nobel de Literatura en 1902].

[69] [Véase p. 86.]

gozan de privilegios o incluso de una simple aceptación amistosa". Aquí por lo tanto el judío no se opone al francés, al italiano e incluso no al cristiano, pero a él se pone la elección de un "hermano" según lo que él entiende por "privilegios" o "aceptación benévola" y lo que él hace de la creencia del mismo en Dios el creador del cielo y de la tierra.

Pero puesto que este Dios, como muestran las primeras palabras, es el Dios de Israel, los diplomáticos del Gran Sanedrín dicen con buenas palabras exactamente lo mismo que el Talmud, que quien no reconoce a Jehová como el Único difícilmente es un hombre, y mucho menos un hermano.[70]

Sin embargo, escritores más recientes piensan precisamente así; por ejemplo, un rabino actual dice:

> "Con la idea de elección va unida naturalmente una cierta exclusividad. Pues reconocer una verdad significa al mismo tiempo: intentar mantenerse lejos del error. Israel ha entendido su religión cada vez más claramente en su oposición a las naciones. La religión de Israel, por tanto, tuvo que empezar por el particularismo".

---

[70] Maimónides dice lo siguiente sobre el mandamiento de Jehová de destruir a todos los idólatras: "Cuatro generaciones bastan, ya que un hombre no puede mirar más allá de cuatro generaciones de sus descendientes. Por lo tanto, uno debe, en una ciudad idólatra, matar a un viejo idólatra y a su familia hasta su bisnieto. [Por lo tanto, también se ha determinado que a los mandamientos de Dios pertenece también el mandamiento de matar a todos los descendientes de los idólatras, incluidos los niños pequeños. Encontramos este mandamiento repetido en todas partes en el Pentateuco (Deut. 12:16)". Y Maimon ides concluye con decisión "Todo esto para destruir sin dejar rastro lo que engendra una corrupción tan grande". Traducción de Munk de Le guide des égarées, París, vol. I, cap. LIV. [Moisés Maimónides (1135-1204) fue un rabino sefardí que codificó la ley talmúdica en su Mishné Torá, de 14 volúmenes, y escribió un tratado filosófico sobre la Mishná, en árabe, bajo la influencia de la filosofía aristotélica arábiga, titulado Delalatul Ha'yreen (Guía de los perplejos)].

Y además,

> "El judaísmo es la religión mundial en la medida en que todas las religiones que tienen el universalismo como objetivo conscientemente fijado han surgido de ella y, en virtud del hecho de haber surgido de ella, se han fijado este objetivo".

En conclusión, sostiene abiertamente que considera que todos los que creen en otras religiones están alejados de la única religión.[71] Incluso el Dr. Arthur Ruppin considera que la fuerza de la religión y la intolerancia van necesariamente unidas cuando dice de los judíos "(La) ortodoxia judía fue desde el principio mucho menos una religión que una organización de combate revestida de ropajes religiosos para el mantenimiento del pueblo judío". "El judío no conoce la tolerancia en cuestiones religiosas; la religión es demasiado importante para él para eso".[72]

El historiador judío Bédarride también cierra su obra con una glorificación de la religión judía, de la raza judía y de la ley judía, que no tendríamos que echarle en cara si no reapareciera el delator desprecio de lo no judío.

Dice:

> "Los judíos son los administradores de una ley que, remontándose a la cuna de la humanidad, está a la altura de la civilización más avanzada. ¿Pueden abandonar esta ley que

---

[71] L. Back, Wesen des Judentums, Berlín, I 905. [Leo Baeck (1873-1956) fue un rabino alemán que representó a los judíos liberales. En 1943 fue enviado al campo de concentración de Theresienstadt pero, en parte debido a su prominencia como intelectual, sobrevivió a la guerra y se trasladó en 1945 a Londres].

[72] Die Juden der Gegenwart, Berlín, 1904, pp.47,152.

consideran con razón que supera a todas las demás, para adoptar otra que a sus ojos no es más que una copia?" [73]

El campo estrictamente ortodoxo habla naturalmente en tonos más altos. Basta con echar un vistazo a los periódicos judíos actuales: según ellos, los judíos están muy por encima de todos los demás pueblos porque fueron los primeros de todos los hombres que reconocieron a Dios. En el programa de la Asociación Juvenil de la "Agudas Israel" se recoge la frase: "Los judíos son los hijos de Dios". ¡Como punto del programa!

Un erudito talmúdico de Polonia (de donde de hecho proceden todos nuestros judíos) habla de la siguiente manera:

> "Los Evangelios no tienen ningún valor de autoridad ni como fuente histórica ni como literatura ética"... "El cristianismo cayó en el establecimiento de sus fundamentos morales en lo opuesto al judaísmo, en la huida del mundo, en la calumnia de toda cultura, de todo progreso", y elogia al rabino Ismael, que dice que los Evangelios siembran la envidia, el odio y los celos entre Israel y su Padre del cielo". [74]

El modo en que el Dr. Lippe imagina lo contrario de la huida del mundo se desprende suficientemente del Talmud, el único libro reconocido por él. Allí, por ejemplo, Isaías dice al rey Chiskia:

> "Morirás porque no te preocupaste de la propagación".[75]

Respecto al valor de la vida dice Rabí Jehuda:

---

[73] Les Juifs en France, en Italie et en Espagne, París, 1861, p.433. [Jassuda Bedarride (18 04-188 2) fue un jurista judío francés].

[74] Dr. K. Lippe, Rabbinisch-wissenschaflliche Vortrage, Drohobycz, 1897. [Karel Lippe (1830-1915) fue médico sionista en Rumanía].

[75] Tratado de Berajot, fol.10a,b.

> "Tres cosas alargan los días y los años del hombre: el que pasa mucho tiempo en la oración, en la mesa y en el lavabo". [76]

Rabí Elieser el Grande dice:

> "Quien en sueños duerme con su madre puede esperar la razón. El que se acuesta con una virgen prometida puede esperar la Torá. El que en sueños duerme con su hermana puede esperar la sabiduría. El que en sueños duerme con la esposa de un hombre puede estar seguro de que es un hijo del mundo futuro. Quien en sueños ve un ganso, puede esperar sabiduría. El que se acuesta con ella se convertirá en un líder escolar. Uno que en sueño se alivia, eso es una buena señal para él. Pero esto es así sólo si no se ha limpiado después, etc." [77]

Y el rabino Ismael respetado por el Dr. Lippe mantiene de los cristianos:

> "Sobre ellos dijo David, *Sal* 139,21: ¿No he de odiar a los que te odian (al dios de Israel) y detestar a los que se rebelan contra ti? Lleno del odio más completo, odio a los que te odian, son enemigos para mí".[78]

Para concluir, citemos también las palabras de un antitalmudista que merecen ser proclamadas. Walther Rubens escribe:

> "El movimiento de reforma iniciado por Mendelssohn, [79] la identificación práctica del judaísmo con la humanidad, esta

---

[76] Ibídem, fol.54b y 55a.

[77] Fol.56b.

[78] Tractate Shabbath, fol.116a.

[79] [Moses Mendelssohn (1729-86) fue una importante figura de la Ilustración alemana que trató de aumentar la aceptación de los judíos en la sociedad culta alemana. Sin embargo, nunca renunció a su sentido de la singularidad de su religión, como se desprende de su principal obra, Jerusalén (1783). Véanse también pp. 84, 103 infra].

> corriente se ha embalsado, de vez en cuando ha vuelto atrás en un movimiento retrógrado..., se alimentan los mismos sentimientos de fanatismo que en tiempos de Spinoza que le clavaron un puñal traicionero, [80] aunque los judíos en la actualidad son lo suficientemente políticos como para ocultar este fanatismo y sólo aquí y allá asoman las garras del lobo por entre la piel de oveja. El Schulchan-Aruch,[81] esa oscura obra del poder, repleta de absurdos de todo tipo y leyes fanáticas, es el códice infalible de esta orientación".[82]

Estos ejemplos pueden ser suficientes. Deberían revelar con qué tipo de mentalidad se trasladaron los judíos a los países de Europa y Asia, cómo estaban dispuestos a ellos en las relaciones morales, nacionales y religiosas y cómo están aún hoy.

Junto a la intolerancia principal con respecto a los no judíos va una persecución no menos aguda de los miembros de la comunidad que se han vuelto infieles a la ley. Se sabe que la apostasía se castigaba con la lapidación, el estrangulamiento, el vertido de metales fluidos en la garganta, para aturdir el alma, y cualquier otra cosa que se hubiera practicado.

Sobre eso se dice, entre otras cosas:

> "Se sumerge a un criminal en estiércol hasta las rodillas; luego se coloca un paño duro en otro blando y se le enrolla alrededor del cuello; un testigo tira de un extremo hacia sí, y el otro tira del otro hacia sí, hasta que el criminal abre la boca. Mientras tanto

---

[80] [El relato de un intento fallido de apuñalar a Spinoza poco antes de su excomunión formal figura en el diccionario biográfico Dictionnaire historique et critique (1697) de Pierre Bayle].

[81] [El Schulchan Aruch es el código legal más autorizado del judaísmo y fue escrito por Yosef Karo en 1563 en Israel].

[82] [W. Rubens,] Das Talmudjudentum, Zúrich, 1893, p.3.

se calienta plomo y se le echa en la boca para que baje hasta las entrañas y se las queme".[83]

A través de las leyes de los pueblos que acogían a los judíos se contrarrestó esta brutalidad, lo que sin embargo no impidió que continuaran los intentos en este sentido hasta la actualidad. Pero especialmente en épocas anteriores los rabinos no tuvieron piedad ni en el caso de personas individuales ni en el de sectas apóstatas. Mediante la excomunión y el boicot económico, los talmudistas fueron capaces de suprimir cualquier otro movimiento intelectual. En este contexto es instructiva la historia de los caraítas (Karnes o Karaims).

Rechazaban las discusiones eruditas de los sabios judíos del Talmud y se aferraban estrictamente a la palabra de la ley del Antiguo Testamento. Dispersos por los países, vivían en amargo conflicto con las demás comunidades judías.

Fueron vilipendiados en todas partes y se compusieron escritos polémicos contra ellos en los que un erudito de Toledo, Abraham Ben Dior,[84] se distinguió particularmente y criticó poderosamente a los caraítas. No contentos con ello, se interrumpió toda comunicación social y humana con ellos y se les apartó de sus empresas en todo momento.

El resultado fue que los caraítas desaparecieron gradualmente de Occidente, de España, por ejemplo, donde habían sido más numerosos ya mucho antes de la expulsión de los judíos de este país. Se desplazaron cada vez más hacia el Este y sólo existían como pequeñas colonias en el sur de Rusia, especialmente en Crimea, y en pequeño número en Palestina. Una enemistad similar existía entre los rabanitas y los saduceos. Dondequiera que el número de una comunidad era mayor que el de la otra, se ejercía

---

[83] Sanedrín, fol.52a.

[84] [Abraham Ben Dior (m.1199) fue un rabino de Toledo].

un terrorismo constante sobre la minoría. Normalmente los rabbanitas, como eran con mucho los más numerosos, eran los vencedores definitivos y presionaban a los saduceos, pero, siempre que era posible, estos últimos no cedían ante ellos.

De este modo, una vez fueron mayoría en Burgos y obligaron a los talmudistas a renunciar a muchas de sus costumbres; por ejemplo, se prohibió terminantemente encender una lámpara para celebrar el Sabbath, como era la costumbre talmúdica. Esta prohibición, naturalmente, amargó mucho a los rabanitas y un rabino, Nehemías, que no podía soportarlo más, encendió la lámpara según la antigua costumbre en sábado.

Esto provocó una salvaje agitación y se habría llegado a un sangriento enfrentamiento si no hubieran intervenido las autoridades españolas a las que se dirigieron los talmudistas. El conflicto se decidió a favor de los rabanitas, los saduceos y también los caraítas fueron suprimidos, proscritos de la sinagoga, y el Talmud con sus seguidores triunfó. [85]

Al igual que con sectas enteras, ocurrió, como se ha dicho, incluso con personas individuales. Se conoce la historia de Spinoza que, a raíz de las quejas de Zophar de la sinagoga de Amsterdam, fue excomulgado; pero especialmente característica es la historia de Uriel d'Acosta.[86]

Nacido de padres judíos, pero convertidos al cristianismo, y educado en esta fe, le surgieron dudas sobre la verdad de esta religión. Estudió con entusiasmo el Antiguo Testamento y, como

---

[85] Depping, Histoire des Juifs dans le Moyen âge, París, 1834, p. 104. [Georgl George-Bernhard Depping (1784-1853) fue un alemán que emigró a Francia. [Georgl George-Bernhard Depping (1784-1853) fue un alemán que emigró a Francia y escribió artículos para revistas francesas y alemanas, así como varios estudios históricos].

[86] [Urie! d'Acosta (1585-1640) fue un filósofo judío portugués].

éste le atraía más que el Nuevo, decidió convertirse al judaísmo, abandonó su ciudad natal, Oporto (Portugal), donde no podía hacerlo abiertamente, y viajó a Amsterdam, donde se circuncidó.

Sin embargo, pronto descubrió que las doctrinas de los rabinos eran distintas de lo que Uriel había imaginado tras su estudio del Pentateuco, sobre el que no dejó de hacer comentarios. Eso molestó a los grandes rabinos y le dieron un ultimátum: o se sometía a todas sus opiniones y estatutos o se consideraba proscrito. No cedió y fue excomulgado. Se ordenó a todos los judíos, sin excluir a sus propios hermanos, que le persiguieran con improperios, que le apedrearan y ensuciaran y que no le permitieran tener paz en su casa. D'Acosta escribió en su defensa un libro en el que negaba la inmortalidad del alma, ya que no encontraba tal creencia en Moisés y sólo se hacía referencia a un futuro corpóreo y temporal.[87] Los rabinos acusaron a Urie de

---

[87] Cabe mencionar aquí que la creencia de los judíos en la resurrección es completamente materialista. No sólo resucitarán sólo los judíos, que es la opinión de todos los maestros, sino que los muertos se arrastrarán por infiernos subterráneos hasta Canaán para resucitar allí. Salomón Jarchi escribe en su comentario sobre Génesis 27:29 que Jacob deseaba ser enterrado en Canaán porque había previsto que el polvo en Egipto se convertiría en piojos o porque los que mueren fuera de Canaán no pueden ser revividos sino a través de un difícil rodar subterráneo. -Y el Targum o la traducción caldeaica del Cant 8,5 dice: "Cuando los muertos vuelvan a vivir, el Monte de los Olivos se partirá y todos los israelitas muertos saldrán de él, incluso los justos que murieron en prisión vendrán por el camino de los infiernos bajo la tierra y saldrán del Monte de los Olivos". Esto es lo que significan las palabras de Dios "He aquí que abriré vuestras tumbas y os sacaré de ellas, pueblo mío, y os traeré a la tierra de Israel (Ez 37, 12-13)" -Estos pensamientos lunáticos se expresan, por ejemplo, en Tractate Kethuboth, fol.111 a: Rabí Ilai: "Los muertos ruedan por la tierra hasta la tierra de Israel y allí vuelven a vivir". Allí Rabí Abba Sala el Grande le preguntó: "¿Pero el rodar causará dolor a los justos?" A lo que Abaii dijo: "Se harán huecos para ellos en la tierra".

[Salomón ben Isaac Jarchi (1I 04-1180) fue un rabino que nació y murió en Francia, aunque viajó mucho y conoció a Maimónides en Egipto. Entre sus numerosos comentarios se encuentran los del Pentateuco, que fueron traducidos al alemán por F. Breithaupt en 1710].

"epicúreo" y de atacar la religión cristiana. En consecuencia, fue encarcelado, pero liberado tras el pago de una multa y la confiscación de sus libros.

Sin embargo, las persecuciones por parte de los judíos no cesaron y, abatido por un tormento de quince años y el aislamiento de sus camaradas de raza, decidió hacer las paces y cedió. Cuando el acuerdo estaba a punto de concluirse, su sobrino le acusó de no seguir escrupulosamente todas las normas alimentarias. Esto suscitó un nuevo y amargo odio en la comunidad, le fueron retenidas sus posesiones, su matrimonio fue bloqueado y, cuando además corrió el rumor de que había disuadido a dos cristianos que querían convertirse al judaísmo, la furia de los judíos no tuvo límites.

Urie! fue convocado a la sinagoga y se le exigió una disculpa pública y un sometimiento incondicional. Se negó, pero se le prohibió la entrada y tuvo que sufrir las mismas persecuciones que antes. Finalmente, ya anciano, declaró que estaba dispuesto a renunciar a sus opiniones y a someterse a los rabinos. Acosta tuvo que confesar desde el púlpito, vestido de funeral y con una vela negra en la mano, que a causa de sus pecados había merecido cien veces la muerte, que se sometía a cualquier castigo y prometía que nunca más se convertiría en apóstata. Luego tuvo que ir a un rincón de la sinagoga y desnudarse hasta la cintura, tras lo cual fue atado a una columna donde, en medio del canto de salmos de toda la comunidad y en presencia de ambos sexos, se le administraron 39 latigazos en la espalda.

Después se revocó la prohibición, pero Uriel fue obligado a tumbarse frente a la salida de la sinagoga, de donde todos los que salían le ponían un pie encima, cosa que ni siquiera sus parientes le perdonaron, al contrario, le pisotearon con la mayor rabia.

[El Targum es una transcripción aramea de la Biblia hebrea que data del periodo del Segundo Templo (516 a.C.-70 d.C.)].

Humillado y, al mismo tiempo, amargado por estos espantosos maltratos, el anciano decidió vengarse. Disparó a su hermano, que le había tratado con la mayor crueldad; el tiro falló, ¡Urie! supo que sería descubierto, se encerró y puso fin a su vida con un disparo de pistola.[88]

Mientras que en otros países los judíos eran estrictamente vigilados, en Ámsterdam seguían disfrutando de todas las libertades y resulta asombroso ver con qué odio tenaz se podía acosar y perseguir a un hombre durante décadas sin que las autoridades intervinieran.

De hecho, los judíos disfrutaron en Amsterdam de tal libertad que Uriel d'Acosta pudo decir con razón en su autobiografía, que compuso poco antes de morir:

> "Si Jesús de Nazaret viniera a Amsterdam y los judíos quisieran crucificarlo, podrían hacerlo sin miedo".

A finales del siglo 17 un predicador errante judío Nehemiah Haja Hajim obtuvo gran estima entre todos los judíos y logró obtener como seguidores a muchas personas piadosas. Pero pronto quedaron claras sus intenciones, que consistían en demostrar que incluso el judaísmo enseñaba la existencia de un dios trino. Cuando se corrió la voz, hubo un levantamiento de todas partes contra esta "mentira maliciosa".[89] Nehemías fue amargamente perseguido; prefirió no sufrir como Acosta y huyó a Oriente, donde se le echó encima la maldición de la excomunión de la

---

[88] Véase Boissi, Dissertations, Urie! d'Acosta; también J. Millier, Prolegomena y Schudt, Jiidische Merkwiirdigk eiten, I, p.286. [Louis Michel de Boissy (1725-1793) fue un historiador francés cuya obra histórica incompleta, Dissertations critiques pour servir d'eclaircissemens a l'histoire des Juifs, avant et depuis Jesus-Christ fue publicada en dos volúmenes en 1785].

[89] Vogel stein-Rieger, Geschichte der Juden in Rom, [1895-1897] 11, p.277. [Tanto Hermann Vogelstein (1870-1942) como Paul Rieger (1870-1939) eran rabinos alemanes liberales opuestos al movimiento sionista].

comunidad judía, resultado de la encarnizada guerra que se había iniciado contra la "herejía".

Cuando Pinchas apuñaló a un hebreo que fumaba en Sabbath, fue alabado públicamente por ello y recibió un sacerdocio hereditario. Abraham Geiger relata el siguiente caso de 1848:

> "Entonces un hombre en Jerusalén obligó a un prosélito, que ya se había dejado circuncidar pero que, sufriendo las consecuencias de esta operación no podía aún tomar el baño del prosélito, a trabajar en sábado y lo presionó tanto hasta que llegó a quejarse por escrito."

Esto suscitó el disgusto de otros talmudistas allí presentes, que consideraban tal procedimiento indecoroso y tampoco habían oído hablar antes de algo semejante en casos similares. Salvo que el hombre demostró que era por derecho propio un talmudista. Un converso al judaísmo que, aun circuncidado, todavía no había tomado el baño del prosélito no es todavía judío y, según el Sanedrín 58b, un no judío que ha celebrado un día a la manera del Sabbat (y esto puede ser en cualquier día de la semana) ha perdido su vida".[90] Cuando, en la primera mitad del siglo XIX, el rabino Drach se convirtió al catolicismo, atrajo sobre sí la ira de todo el judaísmo francés. Le quitaron a sus hijos y él mismo fue amenazado de muerte varias veces. Un erudito filojudío como Bernhard Stade escribe sobre el mandamiento de *Deut* 17:2-17 de apedrear a los apóstatas en relación con nuestros tiempos: "No cabe la menor duda, ya que hasta nuestros días el judaísmo ortodoxo ha establecido la pena de muerte para la apostasía; incluso en 1870 se intentó llevar a cabo en Rusia contra un hombre que se había convertido al cristianismo y que aún vivía, llamado Elieser Baffin, que había sido traído a la fuerza desde el

---

[90] Nachgelassene Schriften, 11, p.283. [Abraham Geiger (1810-1874) fue un rabino alemán que ayudó a fundar el movimiento del judaísmo reformista].

extranjero, donde se había convertido".⁹¹ Quien conozca Rusia no encontrará nada extraordinario en esto, en Polonia y Galicia es peor; que el espíritu es el mismo en Alemania ya lo vimos antes.

El ya citado W. Rubens dice:

> "Según el Schulchan Aruch. Art.223 del segundo volumen, se convierte en un deber para los israelitas matar por la fuerza o con astucia a otro israelita que desafíe las observancias religiosas (por ejemplo, fuma en Sabbath)..."
>
> "Ciertamente, si las leyes estatales no protegieran al insolente fumador del sábado, en muchos lugares se habría visto expuesto a los mayores insultos, como he podido aducir por experiencia propia.
>
> El judío ortodoxo es aún hoy tan fanático contra los camaradas raciales intratables (la orden de Maguncia) como el fanático que clavó su cuchillo en Spinoza.⁹² Hoy en día, el chovinismo judío ha llevado el arte de la falsificación histórica tan lejos que atribuye el procedimiento fanático del colegio rabínico de Amsterdam a la influencia de los cristianos y sostiene con el mayor descaro que el judaísmo siempre ha tenido como principio la libertad de aprendizaje.⁹³
>
> La orden de Breslau tiene un carácter más camaleónico. Puede adaptarse a las exigencias de los tiempos, incluso coquetea con las ciencias radicales, pero no renuncia ni un ápice a ciertas reglas ceremoniales, sino que intenta apoyarlas en bases racionales, aunque éstas sean tan frágiles y quebradizas que un estudiante de secundaria pueda echarlas abajo".⁹⁴

Incluso aquí hay que subrayar que nada cambia en la situación si el judío renuncia al Talmud como libro religioso, pues el carácter

---

[91] Geschichte des Volkes Israel, Vol.1, p.422.

[92] [Ver arriba p. 31.]

[93] Sección de arte del Frankfz1rter Zeitung.

[94] Op.cit., p.28,4.

nacional inmutable sigue representando entonces en otros campos una visión dogmática igual de inmutable. Lo vemos hoy en la vida pública, por ejemplo, en la doctrina de la cosmovisión socialista. No quiero hablar de las medidas y planes económicos del marxismo, sino sólo destacar la intolerancia fundamental que subyace en todo su sistema hasta ahora.

Las ideas comunistas ya estaban formadas mucho antes de Marx, pero el judío inteligente fue capaz de unirlas y forzarlas a adoptar una forma rígida. Habrá más que decir sobre la mente judía y la voluntad como el centro del carácter judío, aquí puede enfatizarse justamente esta cualidad que rechaza firmemente todo lo demás, exactamente como un Talmud.

Con la misma infalibilidad doctrinaria que la gran sinagoga después de Esdras, Marx y Lassalle juraron sobre su manifiesto. Y esta rigidez del dogma que da respuesta a todas las preguntas y excluye los debates triunfa como algo nuevo.

Siempre que llega un momento en que la vitalidad, la elasticidad y el espíritu de resistencia del hombre se debilitan, éste peregrina a un lugar donde se promete con certeza infalible el cielo o el paraíso en la tierra; y rígida como siempre se mantiene la, en este caso atea, mente judía a la cabeza de la brutal lucha de clases que se predica.

Sin duda, en lo que respecta a la lucha propiamente dicha, los dirigentes judíos desaparecen por completo en un segundo plano, inconscientemente fieles al principio talmúdico: "Si vas a la guerra, no vayas a la cabeza, sino el último, para poder retirarte el primero, únete a aquel a quien favorezca la hora". Cinco cosas recomendó Canaán a sus hijos: amaos los unos a los otros, amad el robo, amad el libertinaje, odiad a vuestros amos y no digáis nunca la verdad".[95]

Las masas desequilibradas que deben tener una respuesta a todo lo que les tranquiliza les siguen hasta su propia ruina.

Este espíritu que dirige las tropas de la anarquía diplomática y brutalmente al mismo tiempo, consciente de su objetivo, es el espíritu religioso, económico, político y nacional de la intolerancia fundamental que se ha desarrollado a partir de una base racial; sólo conoce el universalismo de la religión (es decir, el gobierno del dios judío), el comunismo (es decir, los estados esclavistas), la revolución mundial (la guerra civil en todas sus formas) y el internacionalismo de todos los judíos (es decir, su gobierno mundial).

Ese es el espíritu de la rapacidad desenfrenada y sin escrúpulos: la Internacional negra, roja y dorada son los sueños de los "filósofos" judíos, desde Esdras, Ezequiel y Nehemías hasta Marx, Rothschild y Trotsky.

Antes de pasar a un nuevo punto, me gustaría poner como contraste con la estrechez de miras de la religión judía otro pensamiento. No se trata de la doctrina de Cristo, sino de los pensamientos de la lejana India. Aquí también hay libros sagrados reconocidos como inspirados por la divinidad, aquí también el pueblo se ha decidido en el curso de su desarrollo por ciertas imágenes (sobre las que no podemos entrar en mayores detalles aquí) sobre la base de su carácter nacional.

Desde el principio toda la cuestión de dios se presenta al indio como cósmica y transfiere su alma que se siente divina a cada criatura de este mundo. Pero a partir de esta base de los libros sagrados surgieron en su totalidad seis grandes sistemas religiosos

---

[95] Tratado de Pesaj, fol.l l 3a y 113b.

que eran todos ortodoxos y, además de ellos, otros nueve, que eran considerados ciertamente como heterodoxos pero que, sin embargo, no fueron perseguidos en ninguna parte con estrangulaciones, lapidaciones, etc. El pensamiento indio abarca toda la vida espiritual, desde un ismo material, que nada cede al nuestro, hasta un inmaterialismo en el que apenas se concede justificación al cuerpo como cáscara inconveniente.

> Come bien y endeúdate,
> Vive el corto tiempo alegremente
> Cuando se te da la vida
> Sólo tienes que soportar la muerte
> ¡Nunca volverás!
> cantan unos, y los otros responden: [96]
> Pero uno que en su mente se ha comprendido a sí mismo como el Ser,
> Cómo puede uno querer enfermarse de añoranza por el cuerpo,
> Para aquel que en la abismal contaminación del cuerpo
> El despertar al Ser ha ocurrido,
> Que se conoce a sí mismo como todopoderoso, como creador del mundo,
> Suyo es el universo, ya que él mismo es el universo.

Cuando el budismo inició su campaña contra el antiguo brahmanismo y comenzó así una batalla, ciertamente llegó muchas veces a enfrentamientos físicos, pero éstos fueron tan menores que pueden ser totalmente ignorados.

Y uno entiende entonces la palabra del rey Ashoka que hizo cincelar todo esto en piedra para el pueblo: "Uno debe honrar su propia religión pero no reprender a otro. Sólo la armonía nos hace

---

[96] Traducción de Paul Deussen en su *Allgemeine Geschichte der Philosophie*. [Paul Deussen (1845-1919) fue un erudito sánscrito dedicado a la filosofía de Schopenhauer. Su *Allgemeine Geschichte der Philosophie* se publicó en dos volúmenes de 1894 a 1917 y su primer volumen está dedicado a la filosofía india].

santos. Que los confesores de cada fe sean ricos en sabiduría y felices por la virtud".[97]

A continuación, se puede citar otro dicho de un período posterior que nos evoca toda la atmósfera del pensamiento indio:

> "Un campo de hierba como campamento, un bloque de piedra como asiento, el pie de los árboles como morada, el agua fría de las cascadas como bebida, las raíces como alimento, las gacelas como compañeras. En el bosque, que es el único que ofrece todas estas riquezas sin que uno las pida, sólo existe la culpa de que allí, donde es difícil encontrar gente necesitada, se vive sin el esfuerzo del trabajo para los demás". [98]

Qué lejos estamos aquí de toda codicia de poder y dinero, de toda rapacidad e intolerancia, de toda mezquindad y arrogancia.

Incluso los antiguos germanos, tan denostados, pensaban de forma similar antes de que se les impusiera el espíritu de los libros de Moisés y Ezequiel. Esto, por ejemplo, nos lo muestran los antiguos godos de España:

> "No difames una doctrina que no entiendes", dijo la goda Agila a un compañero católico; nosotros, por nuestra parte, aunque no creemos en lo que tú crees, tampoco te difamamos, ya que hay un dicho entre nosotros que dice que no es punible si, cuando uno

---

[97] Lassen, *Indische Altertümer*. [Christian Lassen (1800-1876) fue un orientalista alemán de origen noruego que escribió una historia de la India antigua en 4 volúmenes titulada *Indische Altertumskunde*, que apareció entre 1847 y 1861].

[98] De L. v. Schroeder, Indiens Literatur und Kultur. [Leopold von Schroeder (1851-1920) fue un indólogo alemán que trabajó en Austria. Tradujo el Bhagavad Gita al alemán y también se interesó profundamente por el mito del Grial y su representación en la ópera de Wagner].

pasa por los altares de los paganos y por una iglesia de dios, muestra respeto a ambos".[99]

Y veamos finalmente una tercera tribu indogermánica, los persas. A la tolerancia de este pueblo deben los judíos en general toda su existencia; gracias a ellos pudieron emprender el regreso a su patria y fueron además abastecidos de dinero. "La judería", dice el historiador Eduard Meyer, "fue creada en nombre del rey persa y mediante el poder de la autoridad de su imperio, y así los efectos del imperio aqueménida llegan poderosa e inmediatamente hasta nuestros días".

Y sobre los judíos que se fueron dijo el mismo erudito extremadamente filo-judío:

> "La separación religiosa, la denigración arrogante por la que todos los demás pueblos, en comparación con el pueblo elegido por el Dios gobernante del mundo, se convertían en paganos destinados a la destrucción, resultaba ofensiva para todos los pueblos vecinos.
>
> El códice sacerdotal es la base del judaísmo que existe sin cambios desde la introducción de la Ley por Esdras y Nehemías en el 445 a.C. hasta nuestros días, con todos los crímenes y monstruosidades, pero también con la energía despiadada y orientada a objetivos que le ha sido inherente desde el principio y que produjo, junto con el judaísmo, su complemento, el odio a los judíos.

---

[99] Helfferich, *Der westgotische Arianismus*, p. 49. [Adolf Helfferich (1813-1894) fue profesor de filosofía en la Universidad de Berlín, cuya obra *Der westgotische Arianismusund die spanische Ketzer-geschichte* se publicó en 1860]. [El arrianismo es la doctrina propuesta por Arrio de Alejandría (siglo III d.C.), que elevaba a Dios Padre por encima de Dios Hijo, ya que consideraba a este último como una divinidad creada, a diferencia del primero. Su doctrina fue tachada de herética por el Concilio de Nicea en el 325 d.C.. Sin embargo, fue propagada entre varias tribus germánicas, incluidos los visigodos (godos occidentales), por el misionero arriano Ulfilas].

La circuncisión, la observancia del Sabbat, la abstinencia de carne de cerdo y rarezas similares en la comida, y el desprecio básico por todos los no judíos, que era plenamente correspondido por estos últimos, son las características de la judería en tiempos de Antíoco Epífanes, Tácito y Juvenal al igual que en los actuales".[100]

El gueto

A través de los hechos expuestos anteriormente se obtendrá una imagen más cercana de la constitución intelectual con la que los judíos se trasladaron a Europa; a partir de ella se produjeron como consecuencia todos los acontecimientos de interacción mutua entre los judíos y los demás pueblos. La marcada exclusividad, tanto en las relaciones físicas como en las intelectuales, con respecto a todos los demás pueblos condujo también a un fenómeno cuyo carácter todavía hoy se juzga erróneamente: el gueto.

El aislamiento de un pueblo inmigrante extranjero en medio de la población local es un hecho que aparece en todas partes y para cuya explicación no hay que buscar razones complicadas. Todos los europeos han hecho construir su propio barrio en las colonias. Todos los puestos comerciales de los portugueses, españoles, la Hansa, etc., se mantuvieron estrechamente unidos. Lo mismo hicieron los judíos; y lo que es válido en el caso de otros pueblos, ¿debe ser de repente, en el caso de éstos, el resultado de una represión unilateral? Al contrario, precisamente entre ellos la exclusividad tuvo que llevarse a cabo de forma más lógica sobre la base de su carácter racial intolerante.

---

[100] *Die Entstehung des Judentums*, Halle a.S., 1896, p.222. [Eduard Meyer (1855-1930) fue un historiador que publicó historias de la antigüedad grecorromana y de los judíos]. [Eduard Meyer (1855-1930) fue un historiador que publicó historias de la antigüedad grecorromana y de los judíos].

De que realmente fue así tenemos suficientes informes de la historia de la migración judía; cuando los judíos, por ejemplo, como se mencionó anteriormente, se trasladaron en gran número a Alejandría, no se establecieron como una comunidad cerrada, sino que plantearon en voz alta la demanda de poseer una parte de la ciudad para sí mismos. Flavio Josefo explica esta petición por el hecho de que así los judíos "podrían llevar una vida pura y no mezclarse con extranjeros". Finalmente, los judíos eran tan numerosos que habitaban dos de los cinco distritos.

Las relaciones en Roma se formaron precisamente de la misma manera. Cuando los judíos se establecieron en esta ciudad, siguieron, como en todas partes, su tendencia hacia el comercio y emplazaron sus viviendas en consecuencia allí donde se ofrecían las mejores oportunidades para ello. Eso era, en Roma, la orilla derecha del Tíber, donde se situaban los marineros fenicios y griegos y vendían sus mercancías. Todos los judíos recién llegados se instalaban allí como atraídos por un imán, y pronto el barrio judío creció enormemente. Cuando la orilla derecha estuvo bastante ocupada, los nuevos inmigrantes, para no estar en desventaja, se trasladaron a la orilla izquierda del Tíber y pronto surgió allí un segundo asentamiento. El barrio judío de Roma estaba preparado incluso antes de que se introdujera una regulación masiva coercitiva. Numerosas inundaciones, a las que precisamente esta parte de la ciudad estaba más expuesta, las epidemias que éstas provocaron, todo eso no fue capaz, a lo largo de los siglos, de obligar a los judíos a abandonar los mejores lugares comerciales de la ciudad. Las escasas excepciones no merecen consideración alguna. Cuando más tarde se obligó a construir un muro alrededor del barrio judío de Roma se selló con ello una condición que ya se había formado desde hacía mucho tiempo, lo que los historiadores judíos admiten de hecho.

Así, Vogelstein-Rieger, por ejemplo, dicen:

"Ya desde el siglo 14 el barrio judío asumió las dimensiones del gueto posterior". [101]

En épocas posteriores, el muro que se construyó sirvió a menudo como protección de los judíos contra las revueltas populares, lo que fue reconocido incluso por los propios judíos.[102] Y el historiador Hemán resume la necesidad del gueto, surgida de las circunstancias de la época, de la siguiente manera:

"Como resultado de la exclusión de todo lo no judío, la mente judía se acostumbró en todas las relaciones a permitirse sólo lo que ayudara a su propio beneficio.

Pero las consecuencias no dejaron de materializarse: el pueblo s pronto sintió que no existía un interés real entre los judíos por ellos y sus instituciones. Tuvieron la impresión de que los judíos sólo querían explotarlos. La antipatía de los pueblos contra los judíos tiene su base en la actitud que el propio judío ha tenido hacia todos los no judíos".

"Que los judíos se vieran obligados en épocas posteriores a permanecer en sus guetos ocurrió tanto para su protección contra el odio de la población como para la protección de los demás habitantes contra su codicia. También aquí vemos, una vez más, que lo que los judíos denuncian como la vergonzosa opresión de los cristianos es la mera consecuencia de su particularismo autoelegido".[103]

Como vemos, el deseo de atribuir la responsabilidad del establecimiento de los guetos a sacerdotes malévolos es una

---

[101] *Geschichte der Juden in Rom*, Vol. l, p.301.

[102] Vogel stein-Rieger, op.cit., Vol.11, p.237.

[103] *Die historische Weltstellung der Juden*, Leipzig, 1882, pp.13,18. [Carl Friedrich Heman fue un misionero protestante que escribió varios libros sobre los judíos y la cuestión judía].

empresa muy unilateral aunque, comprensiblemente, especialmente favorecida por los judíos.[104]

Las nacionalidades que se desarrollaban en aquella época exigían para su consolidación una vida poco perturbada por los extranjeros. El gueto y las diversas limitaciones de la propiedad y las leyes de inmigración eran entonces una necesidad, y lo son especialmente en todos los periodos en los que la conciencia nacional no es muy marcada y en los que los judíos viven en gran número.

Debemos cuidarnos de no mirar hacia atrás con una sonrisa de superioridad a la denostada Edad Media y enorgullecernos de haber llegado finalmente tan lejos. Los hombres de entonces trataban sobre la base de una amarga experiencia y no se dejaban llevar por consignas evidentemente estúpidas y una efusiva falta de crítica, como se deja hacer sin resistencia nuestro actual público "civilizado" de Europa. Sólo las leyes de inmigración pueden salvarnos también a nosotros del actual dominio judío o debemos decidirnos a ser más eficientes y carentes de escrúpulos que el judío. (El Estado nacionalsocialista, por supuesto, lo ha hecho por primera vez).

Tras la emancipación de los judíos, era comprensible que una parte se trasladara al barrio cristiano por oposición pero, sin embargo, las calles judías seguían manteniéndose como en la antigüedad. Luego no hay que olvidar que las metrópolis son una creación de una época reciente, en la que no era posible la

---

[104] Basnage dice: "Es la característica típica de los judíos estar separados de otros pueblos", *Histoire des Juifs*, Vol. VI, Chs.3,14. [Jacques Basnage (1653-1723) fue un teólogo e historiador protestante francés que emigró a los Países Bajos en 1685. Su *Histoire des Juifs depuis Jesus-Christ jusqu'à present* se publicó por primera vez de 1706 a 1711 y una segunda edición ampliada de la misma apareció de 1716 a 1726].

convivencia de los judíos ni siquiera con los mejores esfuerzos y que, además, su afluencia fue más bien gradual.

Pero, a pesar de todo, la tendencia a la convivencia sigue ahí. Se ven, por ejemplo, las relaciones en el "país más libre del mundo". En Estados Unidos viven más de tres millones de judíos. De ellos, más de dos millones viven sólo en Nueva York y forman en esta ciudad un verdadero gueto. [105] Todos los intentos por aliviar Nueva York y conseguir que los judíos vivieran en el campo fracasaron. Todos regresaron, para llevar una vida de chatarreros en la cosmópolis, el trabajo manual en la tierra no les gustaba.

"Los esfuerzos filantrópicos para distribuir a los judíos", dice Adolf Bohm, [106] "en el país han tenido poco éxito... Los inmigrantes afluyen allí donde ya están asentados muchos de sus hermanos". El viejo instinto de ser intermediarios (intermediarios internacionales), pero formar así un núcleo cerrado, reaparece incluso hoy cuando se observan los movimientos de masas; los judíos son, en efecto, los inmutables, los "hombres más cristalizados", de los que hablaba Goethe *(Fausto* II).

Quema del Talmud

Al igual que en el caso del fenómeno del gueto, también en el de la persecución de los libros judíos subyace un juicio fuertemente unilateral. Se sigue viendo en ello un acto de la mayor barbarie y del más bajo fanatismo de los sacerdotes católicos romanos.

---

[105] Davis Trietsch, *Paliistina und die Juden*, 1916. [Davis Trietsch (1870-1935) fue un ardiente economista político sionista que, tras extensos viajes por Europa, vivió en Nueva York de 1893 a 1899, donde estudió las pautas y los problemas de la emigración judía].

[106] Der jüdishe Nationalfonds, La Haya,[1910],p.,17 [Adolf Böhm (1873-1941) fue presidente del Fondo Nacional Judío en Austria durante la Segunda Guerra Mundial].

Lo que hay de justificable en esta queja se discutirá más adelante; pero que quede constancia aquí de que la censura y la quema del Talmud no fueron en absoluto el resultado de una superstición limitada, sino que tuvieron sus razones justificadas.

Imaginemos la situación: en los Estados cristianos vive un pueblo extranjero que vilipendia amargamente al fundador de la religión del Estado en sus libros, que durante toda la semana en la sinagoga pronuncia la maldición de su dios sobre los cristianos y que de otras maneras tampoco oculta su odio.

Incluso una Iglesia menos consciente de sí misma que la romana habría tenido que tomar medidas masivas para poner fin a esta situación; sin embargo, hoy ya no se puede dudar de que fuera así. Escuchemos primero una voz del cristianismo más primitivo; Justino escribe: [107]

> "Los judíos nos consideran enemigos y nos atormentan siempre que pueden. De hecho Bar Kokhba, [108] el iniciador de la sublevación judía en la guerra judía que acaba de terminar no hace mucho, permitió que sólo los cristianos blasfemaran de Cristo".
>
> "Los sumos sacerdotes de tu pueblo han hecho que el nombre de Jesús sea profanado e injuriado en todo el mundo"[109] "Maldices en tus sinagogas a los que creen en Cristo".[110] "En la medida en que está en vuestro poder, todo cristiano es expulsado no sólo de su propiedad, sino en general del mundo; no permitís que ningún

---

[107] Primera Apología, 31. [Justino Mártir (100-165 d.C.) fue uno de los primeros apologistas cristianos. Su primera apología, o elogio filosófico del cristianismo, de hacia 150 d.C., fue dirigida al emperador romano Antonino Pío].

[108] [Simón bar Kokhba (m.135) fue el líder de una infructuosa revuelta contra los gobernantes romanos de Judea].

[109] Capítulo 16.

[110] Capítulo 110.

Cristo viva".[111] "En lugar de sentir pesar por eso, por haber matado a Cristo, nos odiáis a nosotros que creemos por él en Dios y Padre de todas las cosas y nos matáis tan a menudo como tenéis la posibilidad, y maldecís constantemente a Cristo y a sus seguidores, mientras todos nosotros rezamos por vosotros como por todos los hombres en general".[112]

En aquella época, los judíos conseguían atormentar libremente a los cristianos y eran los que con más ahínco incitaban a los paganos a perseguir a los cristianos. Pero cuando la Iglesia católica dio la vuelta a la tortilla, hizo el papel de inocente perseguido.

Los judíos mantuvieron esta relación hostil con Cristo con la mayor conciencia, y la fórmula de la persecución se pronunció regularmente desde su púlpito en todos los países durante siglos.

Cuando, en el siglo 16, el "Emperador de Persia", como narra una gran crónica, preguntó a los rabinos que vivían allí sobre su actitud hacia Cristo, éstos le respondieron que los cristianos "eran realmente gente idólatra que adoraba, no a dios, sino a un criminal crucificado y fraudulento".[113]

Esta era la creencia de los judíos desde Asia hasta Europa Occidental. Cuando finalmente la Iglesia católica se opuso enérgicamente a las fórmulas de persecución, sometió al Talmud a una estricta censura y borró todos los pasajes dirigidos a Cristo, sonó por parte de los judíos un clamor sobre la violación de la libertad intelectual. No es necesario menospreciar a la Iglesia, pero toda persona imparcial debe admitir que también en este caso

---

[111] Capítulo 133.

[112] Schudt, *Jüdische Merkwürdigkeiten*, vol. I, p. 28.

[113] Tratado del Sabbat, 116a.

se trataba de un principio completamente judío según el cual procedía y que el rabino Tarfon especificó de esta manera:

> "Por la vida de mis hijos, si los escritos de los cristianos llegaran a mis manos los quemaría todos, incluidos los nombres de Dios que contienen".[114]

Ahora bien, ¿qué dice el Talmud sobre Cristo, qué contenían esos pasajes que tanto repugnaban a la Iglesia católica?

Así como su ingenio, sus giros y juegos de palabras han ayudado al judío actual a alcanzar una fama desafortunada, el judío del pasado ya empleaba este don especial de manera similar. Y Cristo debe sus nombres más humillantes en parte a este venenoso y despectivo juego de palabras.

Haciendo referencia a Núm 24,17: "De Jacob surgió una estrella", los cristianos llamaron a menudo a Jesús "el hijo de las estrellas", Ben Stara; que los judíos convirtieron en Ben Stada (hijo de puta, según P. Cassel).[115]

El Talmud sólo considera a María como una amante y, como no tiene estrictamente en cuenta la cronología (deja que el enemigo más acérrimo de Cristo, Rabí Akiba, sea su contemporáneo), identifica con María a la esposa de un tal Pafos que vivía en la época de Rabí Akiba y que, a causa de su vida indecente, era considerada una puta absoluta. El hijo de esta adúltera habitual y de un soldado romano, por tanto de la criatura más depravada que el judío pudiera imaginar, es el "bastardo" Jesucristo.

De vez en cuando aparece otro nombre para Jesús: Ben Pandera, literalmente "hijo de la pantera". Esta designación se explica de

---

[114] Tratado del Sabbat 116a.

[115] Hay muchos juegos de palabras de este tipo: El cáliz [alemán: Kelch] se llamaba Kelf (perro), Pésaj (Pascua) Kesach (disección).

la siguiente manera: en su contacto con la vida griega, el judío (véase, entre otros, Pablo) de los últimos griegos quedó impresionado por su lascivia y nada le repugnaba más que las orgías de la secta dionisíaca del mundo antiguo en decadencia. Ahora bien, para Baco la pantera era un animal especialmente sagrado; los adoradores de Baco dormían sobre pieles de pantera, la pantera aparecía retratada en las monedas griegas, etc. Así que este animal era para el judío el animal "obsceno", el símbolo de la lascivia en general. De este punto de vista nació el siguiente juego de palabras: los cristianos llamaron a Jesús el Hijo de la Virgen (del griego Parthenos, Ben Parthena), de ahí los judíos formaron el despreciable Ben Panthera (hijo del animal obsceno). Laible[116] señala el hecho de que el odio se dirigía menos a María como directamente a la persona de Jesús, y por lo tanto el Ben (hijo) estaba expuesto a todos los insultos.

Además, Cristo es llamado el Loco, seductor del pueblo (Bileam), y, como tal, es, según la opinión judía, el más grande que jamás se haya levantado en medio de Israel, el mago que recogió drogas secretas de Egipto y "tentó y sedujo a Israel".[117]

Con motivo de su muerte, el Talmud llama a Jesús simplemente "el Ahorcado" y considera que la horca y la picota son el castigo que merece. En 2. Thargum sobre Ester 7:9, Dios pregunta a todos los árboles si se podría colgar a Amán en ellos; todos rechazan esta petición, hasta que el cedro propone colgarlo en su propia horca diseñada para Mordejai. A este último Dios lo llama "la subida a la cátedra de Ben Pandera"[118] Esta burla de la persona y

---

[116] *Jesus Christus im Talmud*, Berlín, 1891. [Heinrich Laible era teólogo en Rothenburg].

[117] Sanedrín 43a.

[118] [Cf. Lucas 2:46, donde Cristo debate con los rabinos en el templo].

la doctrina de Jesús puesta en boca de Dios no requiere comentario.

Hasta dónde puede llegar el odio a Cristo que, según Laible, "raya en la locura", se ve en una narración en la que un seguidor de Cristo, Jacob de Kephar Sekhania, a quien el rabino Elieser transmitió una respuesta que supuestamente había dado Cristo a la pregunta, considerada muy importante por los judíos, de si se podía construir la puerta de la existencia del sumo sacerdote con los honorarios de las prostitutas o si éste era también un lugar sagrado. Se trataba de que "lo que viene de la inmundicia debe volver a convertirse en inmundicia" (Miqueas 1:17) y agradó mucho al rabino. Este acuerdo con una palabra de Cristo, aunque sólo fuera supuesta, despertó la mayor furia de los judíos y Elieser escapó a duras penas de la lapidación; después se hizo los más amargos reproches por haber escuchado en general una palabra de Cristo.

Cuando el mismo Jacob Sekhania fue llamado una vez por el rabino Ismael para la curación de un sobrino mordido por una serpiente, el rabino no le permitió entrar. Y cuando el niño murió, el rabino dijo: "Que seas bendecido, por haber mantenido limpio tu cuerpo y no haber violado las palabras de tus camaradas".[119]

En otro pasaje se dice que Jesús fue alumno del rabino Joshua ben Perachia, y como en un momento dado pensó que el rabino deseaba repudiarlo, "Jesús fue, levantó un ladrillo y lo adoró".[120]

En el tratado Sota, fol.49a,b, dice: "Estos deben observarse como signos del Mesías: la desvergüenza aumenta, la ambición se eleva, la vid da frutos pero el vino es más caro, el gobierno se convierte en herejía, no hay reprimenda, la casa de reunión se utiliza para el wooting, la sabiduría de los eruditos comienza a

---

[119] Aboda Zara, 27b.

[120] Sanedrín, fol.107b.

hundirse, los que evitan los pecados son despreciados y la verdad está ausente; el hijo menosprecia a su padre, la hija se rebela contra su madre, los enemigos de un hombre son sus compañeros de casa, la atmósfera de la época es perruna..."

El rabino Jehuda habla de forma similar de la era cristiana y concluye de la misma manera: "... y la apariencia de la era será como la de un perro".[121]

Y a finales del siglo 19 un rabino nos enseña que las palabras:

> "Con el aumento de los libertinos se invierten los juicios y se corrompen las conductas... Mientras los lameculos tienen aumentos, los orgullosos también los tienen..." (Sota fol.47b)

se refieren a los cristianos, ya que estos últimos han aprendido de su maestro Jesucristo la curación de las heridas por medio de los escupitajos. Este odio a los judíos tiene algo de extraño, pues tal vez nunca se hayan dado y mantenido a lo largo de los milenios tantos nombres insultantes a un hombre al que ni siquiera los pueblos más ajenos se niegan a respetar, como bastardo, hijo de puta, hijo de animal obsceno, el Ahorcado, hijo de adúltera y de mujer menstruante (rabino Akiba) y, para colmo, el "perro muerto enterrado en un estercolero".[122]

Incluso en el infierno el rabino piensa en un castigo para Cristo como sólo un odio espantoso puede inventar: Jesús es "castigado allí con excrementos hirvientes" *(Gittin* 57a).

Sin embargo, junto con el Talmud, los judíos poseen otra obra desarrollada a partir de él y dedicada a Cristo que se distribuyó por toda la judería en miles de manuscritos: el Toledot Yeshu (Vida de Cristo) "que no se imprimió sino que se escribió en

---

[121] Sanedrín, fol.96b y 97a.

[122] Zohar. Przemysl, 188 0, lll,282a

hebreo cifrado y que los judíos leían en secreto en casa en vísperas de Navidad", como se dice en un libro antiguo.

Estas diferentes Toledot Yeshu narran ahora, en un gran número de versiones, la vida de Cristo. Aquí pueden exponerse algunos aspectos destacados que se repiten.

Miriam (María) era la prometida de un hombre de la familia real llamado Jokanan. Era un gran erudito y temía mucho a Dios. José, hijo de Panthera, vivía cerca de María y ponía sus ojos en ella. Un sábado por la noche había bebido mucho y, al pasar por delante de la puerta de su casa, entró a verla. Ella le dijo que estaba menstruando y le pidió que se fuera. Pero él no se fue, se acostó con ella y se quedó embarazada. Cuando esto se rumoreó por ahí, el prometido Jokanan se angustió mucho y viajó a Babilonia. Pero María dio a luz a un hijo que recibió el nombre de Jeshu.

Jesús estudió el Talmud, fue instruido en la Torá y era un hombre arrogante. Se dirigió a los rabinos con la cabeza alta y descubierta y no saludó a nadie. Entonces un rabino dijo: "Es un bastardo" y otro añadió: "Y el hijo de una mujer menstruante".

Al oírlo, Jesús, horrorizado por el insulto relativo a su nacimiento, se dirigió a su madre y le pidió que le dijera la verdad: "Dime la verdad para que no me porte mal contigo, pues no puedo hacer caso de una mujer prostituta". Ahora bien, como María no quería que se admitiera su vergüenza, Jesús la obligó a ello. Según una lectura, encerrándola en un cofre y no la dejó salir de él hasta que hubo confesado; según otra, metiéndole los pechos entre el ángulo de la puerta.

Como Jesús, seductor y mago, estaba en posesión de un hechizo mágico, realizó una serie de hechos milagrosos, muchos renegados de Israel le siguieron y surgió una división entre el pueblo. Cuando se jactó de poder subir al cielo, se vio obligado a hacer una apuesta con Judas Iscariote. Jesús pronunció el conjuro (o las letras) y voló por los aires. Entonces Judas también lo pronunció y se elevó como un águila. Ninguno pudo vencer al otro, hasta que Judas finalmente orinó sobre Jesús, lo ensució y lo hizo caer. Jesús fue ejecutado como un fraude y un criminal político, pero toda la madera del crucifijo se rompió bajo su peso. Pero cuando los necios vieron que ningún árbol podía soportarlo, dijeron que eso ocurría por su piedad. Pero era sólo el hechizo el que tenía el poder sobre la madera. Entonces trajeron un tallo de col y lo crucificaron. Tras su muerte, Jesús fue enterrado por Judas en el huerto. Sus seguidores dijeron después que había ido al cielo.

Así transcurre la narración central de las Toledot Yeshu, que fue corriente en diferentes variantes entre toda la judería. En Alemania fue escrito y narrado en alemán, sólo más tarde traducido al hebreo, y fue así un libro nacional. Un manuscrito judío relata lo siguiente:

> "Este volumen es una tradición transmitida de un hombre a otro, que sólo puede copiarse pero no imprimirse. No se lee en público, ni delante de niñas pequeñas y gente necia, y mucho menos delante de cristianos que entienden alemán... Lo copié de tres volúmenes, que no proceden de un solo país, sino que concuerdan entre sí, sólo que lo escribí en la lengua de los inteligentes (hebreo), pues Él nos ha elegido entre todas las naciones, y nos ha dado la lengua de los inteligentes. Añadiré algo, pues la conversación puede extenderse algo con burla..."[123]

Al igual que en Alemania, el Toledot Yeshu se difundió ampliamente también en Polonia y en los países latinos. Ya el obispo Agoberto de Lyon (siglo IX) estaba familiarizado con él. Pero también los caraítas, al igual que los rabanitas, aunque eran sus más acérrimos enemigos, fomentaron la querida historia popular. Con respecto al odio de la personalidad de Cristo todos los judíos estaban unidos, desde sus comienzos hasta nuestros

---

[123] Samuel Krauß, Das Leben Jesu nach jüdischen Quellen, [1902], p.11. [Samuel Krauß (1866-1948) fue un teólogo judío que investigó minuciosamente los orígenes de las Toledot Yeshu].

días. Pues, la esperada respuesta considerada de los judaizantes actuales (los patrones de los judíos en épocas anteriores se llamaban así), de que todo esto fue en el pasado pero hoy sin duda se ha superado, es falsa. Quien haya mirado observadoramente en los periódicos y libros judíos podrá rastrear claramente este odio a Cristo, este rasgo más nacionalista del judaísmo,[124] hasta los tiempos más recientes; pues la batalla contra su personalidad, llevada a cabo bajo diferentes disfraces, es el lema de todos los judíos ortodoxos o "libres" pensadores. Pero a quien no conozca la pura verdad al respecto, hay que decirle que los judíos llaman "perlas y gemas" a los pasajes del Talmud antes mencionados que predican el odio más frenético contra Cristo; que la denominación de "perro muerto" procede del Zohar recién publicado en 1880, que, a finales del siglo 19 (¡!), los pasajes censurados fueron todos recopilados e impresos (especialmente en Alemania) y distribuidos entre la judería. Pero, para no provocar innecesariamente a los buenos cristianos y europeos, estas colecciones se imprimieron, casi sin excepción, sin especificar el lugar y no se encontraban en las librerías.

Y las Toledot están tan ampliamente distribuidas hoy como antes. Según la evidencia del judío S. Krauss, los manuscritos de las Toledot se encuentran "incluso ahora en manos de judíos sencillos"[125] y los judíos cultos "escriben incluso hoy en Rusia, etc. (así también en otros países) su forma de las Toledot".[126] La duda de que las Toledot no correspondan a las opiniones de los judíos es descartada de una vez por todas deliberadamente por Krauss. "Mis correligionarios", dice, "protestarán por tener que valorar las Toledot como una auténtica representación de las opiniones judías; salvo que entonces tengan que protestar también

---

[124] Laible, op.cit., p.86.

[125] Op.cit., p.22.

[126] Op.cit., p.155.

contra el Talmud". ¹²⁷ El odio de los judíos contra Cristo, haya sido ahora reprimido o no, es una herencia común de todo el pueblo judío. Ya es hora de que el conocimiento de ello penetre por fin en los círculos más amplios, pues aquí se esconde la clave para la comprensión de la eficacia de los judíos. Los europeos deben ver que hay cosas que duermen ocultas bajo un delgado barniz de cultura cristiana. Si ésta se cae, nos enfrentamos hoy al mismo espíritu y carácter que, hace casi dos mil años, golpeó al fundador del cristianismo en la cruz.

Sobre las omisiones de los judíos, los cristianos ya estaban bien informados desde muy pronto, pero aún pasó mucho tiempo antes de que se emprendiera seriamente una censura de los escritos judíos. Sólo a principios del siglo XIII comenzó la confiscación y quema del Talmud y, de hecho, sobre la base de disputas dentro de la propia judería. Los escritos de Maimónides, por ejemplo, habían provocado una gran agitación en el pensamiento judío. Sin duda, este el "hombre más grande después de Moisés", como se le llamaba, estaba completamente de acuerdo con el talmudista más estricto en el punto de que sólo los judíos son hombres y resucitarían: el beneficio de la lluvia es tanto para los buenos como para los malos, pero la resurrección sólo para los judíos justos.

También está de acuerdo con el hecho de que se puede engañar a los no creyentes, e incluso comparte la opinión más estricta de que efectivamente se debe hacer eso, y sigue a Levi ben Gerson, que sostiene: "Este mandamiento de que se debe practicar la usura con los extranjeros es uno de los 248 mandamientos que Dios desea mantener y, de hecho, de tal manera que no sólo debemos prestar dinero al extranjero, sino que además debemos causarle daño, en la medida de lo posible, y no es una elección para nosotros si deseamos practicar la usura o no, sino que es un mandamiento de Dios, porque los extranjeros sirven a un dios

---

¹²⁷ Op.cit., p.238.

extranjero". Maimónides es también de la opinión de que los epicúreos y otros no creyentes deben ser destruidos para reconducirlos a la única fe verdadera. Vemos, pues, que en lo esencial era completamente fiel al Talmud.

No obstante, intenta abrirse paso a través del espantoso laberinto de sutilezas y rastrear toda la tradición hasta algunos puntos principales. Este esfuerzo suscitó, como ya se ha dicho, una gran indignación. El judaísmo se dividió en dos partes que se insultaron mutuamente con amargura y cada una a su vez desterró a la otra. Para hacerse con el poder, los rabinos pidieron ayuda a la Iglesia Católica Romana. Esta ayuda les fue concedida, pero les costó gran parte de sus seguidores. La apelación al Tribunal Inquisitorial para el arbitraje de las disputas internas de la comunidad judía tuvo como primera consecuencia la quema de los escritos de Maimónides por los dominicos de Montpellier y París, siempre celosos en este asunto.

Después de este primer ataque, pronto se produjo un segundo, y de nuevo el impulso vino del lado de los judíos. Un judío francés que se había convertido al cristianismo, Nicolaus Donin, compareció públicamente en el Concilio de Letrán contra las doctrinas del Talmud que menospreciaban el cristianismo. Gregorio IX, como primer Papa, promulgó una bula (1239) en la que ordenaba la confiscación de todos los ejemplares del Talmud. Los judíos movieron cielo y tierra para frustrar esta norma, pero no lo consiguieron. El Papa Inocencio IV la confirmó y ordenó la quema del Talmud en la bula "Impia Judaeorum Perfidia". Esta bula se llevó a cabo muchas veces en España, Portugal, Roma y otros países. Al parecer, en París se arrojaron al fuego 24 vagones cargados.

Más tarde, los procesos contra el Talmud volvieron a ponerse en marcha por instigación de muchos judíos conversos. Especialmente Salomo Romano, descendiente de un famoso gramático judío, desempeñó en la corte del Papa Julio III el papel de demandante y señaló los pasajes del Talmud en los que se blasfemaba contra Cristo y el cristianismo. En agosto de 1553 se emitió una estricta orden papal para confiscar todos los libros judíos. Todos los que se pudieron conseguir fueron quemados en septiembre de 1553 en Roma, y otros en Ferrara, Mantua, etc.

Pero más tarde el Papa emitió un permiso para dejar a los judíos sus libros, sólo el Talmud tuvo que ser perseguido con firmeza como antes.

Que Roma tenía en este caso razón en principio y sólo en la práctica se pasó algunas veces de la raya, lo prueban los tiempos posteriores. Desde la aparición de la imprenta, la orden de quemar retrocedió más a un segundo plano y en su lugar hubo censura, por la cual los judíos se vieron obligados a borrar todos los pasajes que hacían referencia a Cristo. Con el corazón encogido, los rabinos omitieron sus "perlas y gemas", pero se ayudaron de la siguiente manera: en lugar de las observaciones que menospreciaban a Cristo se hizo un signo en forma de cruz, respecto al cual se emitió la siguiente orden rabínica (1631):

> "Puesto que hemos experimentado que muchos cristianos han hecho grandes esfuerzos por aprender la lengua en la que están escritos nuestros libros, os ordenamos, bajo amenaza de una prohibición mayor, que no publiquéis en ninguna edición de la Mishná ni de la Guemará nada sobre Jesús de Nazaret... Ordenamos que, cuando publiquéis una nueva edición de estos libros, se supriman los pasajes relativos a Jesús de Nazaret y se rellene el hueco con una cruz. Los rabinos y maestros sabrán instruir oralmente a la juventud. Entonces los cristianos no tendrán nada más que producir sobre este tema contra nosotros y podremos esperar la liberación de las penurias". [128]

---

[128] Strack, *Einleitung in den Talmud*, Leipzig, 1894, p.74. [Hermann Strack (1848-1922) fue un teólogo protestante y orientalista que trató de combatir el antisemitismo y fundó un Institutum en Berlín en 1833 para animar a los judíos a convertirse al cristianismo].

Este escrito es interesante no sólo porque los rabinos eran plenamente conscientes de que una parte de las persecuciones judías tenían su causa en el menosprecio de Cristo, sino también porque demuestra que los judíos no tenían ni por un momento la intención de renunciar a este menosprecio de Cristo.

Y esa oración en la sinagoga que debía terminar con una petición por el bienestar de los gobernantes del país tenía la siguiente fórmula:

> "Que Judá en sus días y en los nuestros sea liberado y que Israel viva seguro y que el salvador venga de Sión". A lo que Isaak Abrabanel da la explicación: "Toda la liberación que se anuncia a los israelitas ocurrirá con la caída de Edom (la Cristiandad)".

Hoy, en efecto, se ha llegado tan lejos. Estas breves observaciones establecerán en este caso la rectitud de la acción de la Iglesia Católica Romana. Pero, ya que no puedo evitar discutir brevemente el principio Católico Romano en general, permítanme mencionar aquí las siguientes observaciones.

Si Roma estaba justificada al prohibir a los extranjeros el menosprecio de la religión del pueblo anfitrión, esta acción correcta no se derivaba tanto del conocimiento de esta justificación, sino que era sólo la expresión de una intolerancia que no toleraba nada fuera de ella. Porque no sólo se persiguió a los que menospreciaban el cristianismo, sino también a los hombres fielmente devotos a él, que sin embargo defendían el libre pensamiento y la libre investigación, fueron pisoteados sin piedad, perseguidos por todos los países, apuñalados y quemados. Roger Bacon, Galilei, Bruno son ejemplos del tipo más claro.

Un Copérnico dedica piadosamente su escrito al Papa, éste pone su obra bajo la prohibición de la Iglesia, coloca todos los libros que enseñan el sistema-mundo heliocéntrico en el índice, donde permanecieron hasta finales del siglo 19. Este rígido sistema romano respondió incluso en 1904 a los esfuerzos más tolerantes del clero católico con una agudización de la censura eclesiástica.

Si las cosas siguieran según la voluntad de Roma, obras enteras de la ciencia estarían aún hoy ardiendo en las llamas.

Eso es bastante lógico: si uno tiene toda la verdad en su poder, todo lo demás es mentira y debe ser destruido. Sin duda, la gran parte de nuestros católicos piensan de otro modo y entienden su fe como un símbolo, al igual que los creyentes de otras confesiones; pero eso no impide reconocer la corrección de la observación anterior. Por eso también puede llegar tan lejos que los prelados católicos alemanes "rechacen con indignación" el arte de un Goethe como un "veneno vulgar". Si un pastor alemán tiene tan poca comprensión de la obra del más grande de todos los alemanes, revela con ello una laguna que sólo puede atribuirse a la influencia de una mente totalmente extranjera.

Un historiador judío que se convirtió en abad católico convencido, Lémann, hizo, en su obra *L'entrée des Israélites dans la société française* (París, 1886)[129] la acertada observación de que las personas que eran antisemitas impugnaban al mismo tiempo el principio católico romano (De nuevo, no tengo en mente la religión católica de los alemanes).

Esta observación se basa en el sentimiento, ciertamente no expresado, de que hay algo en común en la base del espíritu de Roma y Jerusalén. Después de lo que se ha dicho más arriba no necesito decir en qué consiste esta relación: es el espíritu de intolerancia fundamental tomado de los semitas en detrimento de

---

[129] [El abate Joseph Lémann (1836-1915) fue un judío que se convirtió del judaísmo al cristianismo y se hizo sacerdote católico. Escribió varias obras sobre las relaciones entre el catolicismo y el judaísmo].

Europa. Renan[130] ya lo ha señalado, Chamberlain lo ha discutido claramente, así que a ellos me remito.

Observo además que no sólo el abad mencionado sino también otros judíos tenían este sentimiento, incluso esta mentalidad.

El historiador judío Bloch,[131] a quien le gustaría culpar a los arios, da -aunque también conscientemente- con la verdad cuando, en relación con las disputas basadas en los escritos de Maimónides y la petición de ayuda descrita anteriormente, dice lo siguiente:

> "Entonces se olvidó cualquier otra disputa, monje y rabino fueron como hermanos del brazo: fue una autodafé[132] en honor del dios común".[133]

Pero incluso para otros judíos no era difícil estar totalmente de acuerdo con el principio católico romano.

El simbolismo de la fe católica naturalmente lo dejaron de lado, pero la alegría en las persecuciones religiosas encontró en los judíos conversos a sus representantes más típicos. Así, incluso en

---

[130] [Ernest Renan (1823-1892) fue un orientalista francés que escribió importantes estudios sobre lenguas, especialmente las semíticas, e historias del cristianismo primitivo y de los judíos].

[131] [Josef Samuel Bloch (1850-1923) fue un rabino y diputado austriaco que combatió enérgicamente las acusaciones del profesor August Rohling de asesinato ritual entre los judíos en su libro Der Talmudjude (1871). Bloch declaró que Rohling era incompetente para comentar el Talmud cuando ni siquiera sabía leer hebreo y, en consecuencia, Rohling se vio obligado a perder su cátedra de teología en la Universidad de Praga].

[132] ["acto de fe", término utilizado para designar la penitencia pública impuesta a herejes y apóstatas por las Inquisiciones española y portuguesa].

[133] Die Juden in Spanien, Leipzig, 1875, p.80.

la época de la dominación goda en España bajo el rey Egika,[134] fue el estadista judío y arzobispo Julián de Toledo quien llevó a cabo las crueles decisiones en un concilio de esta ciudad según las cuales los hijos de siete años de padres judíos debían ser separados de estos últimos, para que pudieran ser educados únicamente en la religión cristiana.[135]

Hay que añadir aquí que la confiscación de bienes que se decidió en este concilio tuvo, como siempre, otras razones que las religiosas: los judíos de España habían conspirado para matar al rey, esto se descubrió y a partir de ahí se ordenaron medidas estrictas.[136] El Gran Inquisidor de Córdoba, Lucero, en su época uno de los más temidos perseguidores de herejes, era judío. El historiador judío Keyserling lo describe de la siguiente manera:

> "Veía en todos un hereje, un judío, un caballero, damas nobles, monjes y monjas, las personas más respetadas de todas las clases habían sido elegidas por él como víctimas de la hoguera. La crueldad de Lucero era proverbial en Roma". [137]

Ayudante de este hombre fue un tal Henriquez Nunez que, presentandose como hermano entre los judíos locales, los denuncio a todos y los conduju a los brazos de la Inquisición. Luego operó en las Islas Canarias y alcanzó tal fama en el arte de la tortura que el Rey de Portugal, por recomendación, lo llamó para sí, donde además también hizo servicio de espionaje.

---

[134] [Egika fue rey de los visigodos entre 687 y 701. Los visigodos habían establecido su reino en España desde el siglo V].

[135] Keyserling, Sephardim, Leipzig, 1879, p.2; también Helfferich, op.cit.

[136] Jean de Sueur, Histoire de l'Église, Vol.VI, p.274. [La Histoire de l'église et de l'empire del pastor protestante Jean le Sueur se publicó en seis volúmenes en Ginebra en 1674].

[137] Sefardíes, p.129.

Johann Pfefferkorn también era judío y se pronunció en el siglo XVI a favor de la destrucción de los escritos judíos y de la persecución de los judíos; Margaritha también era judía y compuso en 1330 una obra sobre "la religión de todos los judíos" en la que hacía campaña contra su piedad hipócrita. Uno de los más fanáticos perseguidores de judíos fue Abner de Burgos, que se había convertido al cristianismo, el "primero de los antisemitas de Castilla".[138] El infame Pablo de Santa María, Josua Lorqui, Fray Vicente y, sobre todo, el mayor perseguidor de herejes de todos los tiempos, Torquemada, eran igualmente judíos.

En resumen, su interés por el castigo religioso era sin duda muy grande. El judío sólo necesitaba tumbar el punto de sus leyes talmúdicas contra sus hermanos de raza y herejes, y he aquí al Gran Inquisidor.

Esto debería bastar para delinear, en el caso de la quema de obras judías, la mente que gobernaba Roma tanto como la de los rabinos y que no pocas veces permitía que el odio se encendiera vivamente. Sin embargo, hay que subrayar que este factor eclesiástico-religioso no fue decisivo. Esto debe explicarse en lo que sigue en el caso de los hechos históricos, de modo que tengamos todo el material a mano para intentar una síntesis de la mente y el carácter judíos.

---

[138] Graetz, *Geschichte der Juden*, tomo VIII, 317. [Heinrich Graetz (1817-1891) fue un historiador judío que trabajó principalmente en Breslau. Entre 1853 y 1875 publicó su *Geschichte der Juden von den iiltesten Zeiten bis auf die Gegenwart*, en 11 volúmenes].

II. PANORAMA HISTÓRICO

Si uno se acerca sin el dogma trillado de una sensibilidad lacrimógena a todo el complejo del hecho histórico concerniente a los judíos y sus relaciones con otras naciones, ya puede constatar una cosa: si los resultados en la conducta de todas las naciones contra el pueblo judío son los mismos, esto puede deberse, al menos en lo principal, sólo al carácter de este pueblo judío. Porque, si las individualidades de los persas, españoles o alemanes son los factores cambiantes de la historia con respecto a los judíos, la personalidad de los judíos, por otro lado, es el factor uniforme e inmutable, aumentado por la estricta crianza racial.

Muchos escritores históricos, forzados a perder el equilibrio histórico por las brutalidades realmente existentes contra los judíos, perciben con demasiada facilidad una ventaja en un juicio puramente humanitario; hay que reconocer este impulso sentimental que honra al hombre pero degrada al historiador para poder comprender la historia, más allá de los sentimientos, en sus necesidades más profundas. Si se hace esto, y si se utilizan principalmente representaciones que sean amistosas con los judíos, o al menos que no tengan una orientación antisemita predeterminada, aparece ante nuestros ojos una curva realmente sorprendentemente similar de la vida judía, la influencia judía y el sufrimiento judío en todos los países del mundo. En todas partes los judíos son aceptados al principio sin reservas, en todas partes los vemos desde el principio separarse conscientemente, tanto física como intelectualmente, de la población nativa, en todas partes se preocupan afanosamente por ganarse el favor de los príncipes y, adelantándoles dinero, adquirido mediante el comercio agudo y la usura, para sus empresas, garantizan su seguridad y adquieren toda clase de privilegios para sí mismos.

Entonces surgen entre todas las naciones movimientos antisemitas, que primero se inflaman en algunos lugares, luego barren toda una tierra y se descargan con una furia espantosa. Los motivos de estas persecuciones judías han sido diversos, ya sea que se sorprendiera a un judío con monedas falsas o que se atribuyera a un judío un vilipendio del cristianismo, el robo de un crucifijo o algo similar. Pero si la observación histórica en cualquier lugar debe fijarse en la estructura social para descubrir no las ocasiones sino las razones de los acontecimientos inquietantes que se producen, eso es especialmente cierto en el caso del estudio de la cuestión judía en todos los países. Sin duda, las cuestiones políticas y culturales, y especialmente las relaciones eclesiásticas, han sido importantes, han pasado a primer plano de vez en cuando, como en la época de la Inquisición, pero sólo constituyen los factores más visibles; de la mano iban siempre cuestiones de índole económica y relacionadas con el carácter. Aunque la cuestión judía tiene hoy en muchos aspectos mayor importancia, sigue anclada en la posición social de los judíos.

Sin la inconmensurable riqueza que tienen a su disposición, no sería posible dirigir la política del mundo y dejar que los estadistas de muchos países entraran como marionetas de la voluntad judía; no sería posible inculcar el veneno de la degeneración, del conflicto con su propio carácter, en los corazones de los europeos y mantener las mentes en un estado de ánimo favorable a los judíos si el oro todopoderoso, administrado sistemáticamente, no contratara cómplices en todos los países. Pero al igual que ahora, cuando el aplastante capital bancario mantiene a naciones enteras a través del interés, la situación era la misma, aunque en menor medida, también en España, Francia, Alemania y muchos otros estados. En todas partes el judío era el señor de los intereses de los príncipes, del clero, del pueblo; y las persecuciones judías, si podemos anticiparlo, son principalmente un intento emprendido una y otra vez para romper el yugo de la usura, tanto más cuanto que provenía de un intruso racialmente extraño, religiosa y moralmente hostil. El propio pueblo lo sabía y, al no ser escuchada su voz, los sacerdotes utilizaron finalmente su agitación para sus fines e imprimieron al odio un sello puramente eclesiástico.

Los periodistas judíos y amigos de los judíos de nuestra época hablan en tono elocuente de las crueles persecuciones de los pobres judíos inocentes. Pueden contar este cuento de hadas mucho más extensamente, ya que saben muy bien que hoy en día como mucho un hombre de cada mil conoce los detalles de las relaciones reales. Las persecuciones fueron crueles, si se asume un punto de vista humanitario, pero no obstante necesarias. Pues la historia de los judíos, cuando se encontraba en un estado de interacción mutua con la de los pueblos de Occidente, no debería comenzar con la Inquisición, como suele suceder para echarse arena en los ojos, sino desde el punto de vista de la inmigración judía, a través de la cual se aprende a comprender cómo se había preparado el terreno para las persecuciones de la Iglesia.

Los judíos en Portugal

No se puede precisar con exactitud cuándo inmigraron los judíos a Portugal; sin embargo, ya desde el siglo XI poseemos algunos informes que no dejan lugar a dudas sobre el hecho de que estaban en posesión de todos los derechos civiles, que podían adquirir tierras y propiedades, incluso en varios casos gozaban de derechos preferentes.[139] Vemos por tanto que, ya en esta época, no existía ninguna aversión por parte de los portugueses o, en caso de que los judíos fueran también, como extranjeros, considerados de forma no amistosa, en ningún lugar se les pusieron dificultades en su vida o actividad sino que, por el contrario, pronto se les concedieron privilegios. Formaban un estado dentro del estado, tenían su propia jurisdicción que, aunque diferente de las leyes del estado, era reconocida por el gobierno. El rabino jefe era al mismo tiempo funcionario real y gozaba constantemente de influencia en la corte, tenía autoridad judicial sobre todas las

---

[139] Kunstmann, *Rechtsverhältnisse der Juden*.

comunidades judías, combinaba en sus manos los cargos de autoridad oficial y penal, que por lo demás sólo se consideraba derecho del propio soberano.

En una disputa legal entre un judío y un cristiano, el judío, en caso de ser el procesado, sólo podía ser llevado al tribunal por su rabino; el cristiano tenía que personarse en el foro del acusado. Los jueces cristianos no podían interferir en modo alguno en las disputas entre judíos y judíos, y ningún judío podía denunciar a su compañero de tribu ante un tribunal estatal. Las costumbres religiosas judías se cumplían a rajatabla, los judíos no podían ser convocados a ninguna actividad oficial en sábado ni en sus días festivos, pues, como reza en un decreto del rey Alfonso III (1248-79) "Puesto que ellos (los judíos) están obligados por su religión a celebrar el sábado, nadie debe hacerlos convocar a la corte en este día". Y, además, como a los judíos se les suprimieron varias cargas fiscales que la población local tenía que soportar, resultó que, como extranjeros en el país, no sólo gozaban de igualdad de derechos, sino que formaban un sector privilegiado de la población.

Los judíos habían adquirido grandes riquezas gracias al comercio de esclavos y a los negocios financieros, que utilizaron de inmediato para prestar dinero a la población local necesitada y a los habitantes de las ciudades con elevados intereses. Ya bajo el reinado del citado Alfonso III, que generosamente les había concedido todas las libertades, surgieron en muchos lugares del imperio quejas por una usura inaudita y el rey se vio obligado a promulgar leyes contra ello; éstas dictaminaban que los intereses sobre el capital no podían aumentar.

Como estas cláusulas dieron poco fruto, el siguiente rey, Don Diniz (1279), intentó obligar por ley a los judíos al trabajo y residencia agrícolas para alejarlos de los negocios usureros. Estipuló una orden a los Braganzas judíos que tenían que comprar cada año una cierta suma de casas, viñas y tierras de labranza sin tener derecho a disponer de estas propiedades terratenientes. Cada judío recién llegado tenía que contribuir con su parte al importe de la compra. A través de esta oportunidad, sin embargo, todos los derechos de los judíos fueron al mismo tiempo reforzados aún más, todo ataque contra ellos y todo desprecio hacia ellos fue estrictamente prohibido.

Este deseo de hacer de los judíos agricultores y ciudadanos fracasó por completo, pues fue fácilmente posible que el Gran Rabino y Ministro de Finanzas Don Juda (que, según Graetz, era tan rico como para poder adelantar dinero para la compra de ciudades enteras) y otros altos personajes de Israel frustraran gradualmente la aplicación de dichas cláusulas. La riqueza de los judíos y, en consecuencia, su usura aumentaron, poseían los más bellos palacios de Lisboa, dirigían los negocios financieros del rey y sabían cómo llevar a pobres y ricos a una relación de dependencia económica. Cuando todas las peticiones de ayuda al rey no dieron fruto, se dirigió una queja al Papa en 1309 en la que se expresaba la indignación de que el rey se rodeara de estadistas judíos, que no hubiera negocio que no pasara por las manos de los judíos, que incluso los obispos estuvieran cautivos en claustros. "Los judíos se están enorgulleciendo y afirmando", dice además, "adornan sus caballos con tupés, y se permiten un lujo que tiene un efecto desventajoso sobre todos los habitantes de la tierra".

El descontento del pueblo llegó a ser tan intenso que Alfonso IV (1325-57) prohibió terminantemente a los judíos pavonearse por la calle con cadenas de oro y adornar sus caballos con joyas, lo que ya se había prohibido a los cristianos con anterioridad. Nuevas quejas obligaron al rey a promulgar un decreto contra la usura (1353) en el que se dictaminaba que nadie podía ser obligado a pagar más del $33^1/3\%$.

Esta sentencia, que fue sentida por los judíos como una limitación sin precedentes de su libertad, hizo que muchos de ellos emigraran, señal de que todos esperaban no ser objeto de semejante violación en otros países. Pero como, junto con ellos, se habrían ido riquezas inconmensurables, Alfonso decidió, en interés del país, apropiarse para el Estado de gran parte de las riquezas de los judíos que quisieran emigrar. Esta ley le señaló a los ojos de los judíos como uno de los opresores más espantosos de la judería.

El mencionado decreto contra la usura no parece haber dado muchos frutos, ya que, cuando las ciudades imperiales se reunieron en 1361, volvieron a elevarse ruidosas quejas contra la empresa comercial judía que estaba arruinando a todo el país.

¡Pero eso no sirvió de nada; muy al contrario, los judíos se encargaron a través del entonces rey Pedro I, el "modelo de justicia", como lo llama un historiador judío,[140] de que se abolieran todas las penas contra la usura y de que se concediera a los judíos el privilegio sin precedentes de invalidar todas las objeciones de un cristiano con respecto a un negocio que ellos habían jurado llevar a cabo honradamente!

Este "alivio" (Keyserling) aumentó inmoderadamente la influencia de los judíos. Eran los tesoreros del rey, recaudadores de aranceles en Lisboa, en general los más altos funcionarios del país. En 1383 se produjo un gran levantamiento popular y sólo gracias a los esfuerzos del querido administrador imperial y más tarde rey Joao fue posible preservar a los judíos de un sangriento castigo. Ahora bien, su conducta ante su salvador es notable. Cuando Joao necesitaba dinero para una guerra contra castilla, los ciudadanos de Lisboa le donaron como regalo 1.000.000 de ducados, pero los judíos solo 70 marcos en plata y 6000 reis, ¡como prestamo!

Así, los judíos seguían siendo los señores de la tierra, mantenían caballos con arneses de plata, iban por ahí con las más finas capuchas y dagas doradas, ocupaban los cargos más importantes, cobraban los diezmos de iglesias y claustros y tenían la insolencia de hacerlo incluso durante la misa. Un rey posterior se quejó a un judío de su confianza de la conducta provocadora de sus

---

[140] M. Keyserling, *Geschichte der Juden in Portugal*, p.23.

compañeros de tribu, ya que el pueblo debía de pensar que los judíos que andaban sobrados de oro y piedras preciosas habían adquirido este lujo gracias a los robos que habían cometido a los cristianos. "Sin embargo no quiero que me respondas", le dijo, "pues sé muy bien que sólo el saqueo y la muerte te mejorarán, entonces te arrepentirás de tus actos".

Una nueva sublevación que estalló en ausencia del rey (1449) fue de nuevo reprimida, pero la excitación del pueblo portugués había llegado ya a tal punto que se dirigía incluso contra el rey y sólo pudo ser sofocada mediante una intervención despiadada. Y así continuó durante medio siglo más. Los representantes populares continuaron exigiendo que los impuestos eclesiásticos no fuesen eximidos a los judíos, que, en los casos de disputa entre judíos y cristianos, se recurriese a un juez cristiano, que se persiguiesen los sermones insultantes al cristianismo en las sinagogas, etc., todo ello sin resultado alguno. Entonces puede ser correcto que, como se informa,

> "el odio encendido del pueblo portugués contra la raza judía ya no tenía límites y ahora ardía en llamas abiertas".[141]

A principios del siglo 16, con ocasión de un enfrentamiento entre judíos y cristianos, el descontento reprimido durante tanto tiempo estalló entonces de forma devastadora. La persecución de los judíos comenzó en Évora y luego se extendió por todo Portugal. Tuvo su mayor alcance naturalmente en Lisboa. En primer lugar, intentaron atrapar al judío más rico y recaudador de impuestos, Joao Mascerenhas, que había aplicado las leyes más duras contra el pueblo. Mascerenhas pensó que ya podía posar como un señor, se atrincheró en su palacio e increpó a la multitud desde su balcón. Finalmente, fue sorprendido cuando huía por los tejados y alcanzado por la muerte. En el transcurso de 48 horas, según algunos historiadores, fueron asesinados 2000 y, según otros,

---

[141] Keyserling, op.cit., p. 145.

4000 judíos. La pena impuesta a los lugareños por ello se cumplió con todo rigor y muchos fueron exiliados y 50 hombres ejecutados.

No mucho tiempo después, los judíos volvieron a tener el control y consiguieron asegurar el monopolio de la venta del maíz, de modo que el pueblo se encontró, mediante el forzamiento sistemático de los precios, de nuevo en su antigua situación. Sin embargo, apareció un gran refuerzo del disgusto de los portugueses en la forma del Tribunal Inquisitorial, y a partir de ahora vemos las persecuciones de los judíos bajo el signo del fanatismo religioso.

Sin embargo, éste es sólo su aspecto externo, ya que todos los bautismos y tormentos no resolvieron la cuestión judía y su carácter siguió siendo el mismo. Se introdujeron mayores persecuciones, incluso expulsiones sistemáticas del país, y esto se llevó a cabo con gran severidad. El Tribunal Inquisitorial formará siempre uno de los capítulos más oscuros y será un ejemplo no defendido por nadie de a lo que debe conducir el principio judeo-romano en su forma pura si se le dejara solo.

Sin embargo, para obtener una perspectiva correcta de los acontecimientos bien conocidos, hay que subrayar que la Inquisición se dirigió no sólo contra los judíos, sino principalmente contra los albigenses, [142] valdenses [143] y protestantes. Estos no fueron menos cruelmente perseguidos por Roma, de hecho, en su mayoría peor que los judíos. Mientras que

---

[142] [Los albigenses, o cátaros, fueron una secta hereje que floreció en los siglos XII y XIII en Italia y el sur de Francia. Eran dualistas que postulaban una distinción tajante entre los reinos del espíritu y la materia y encontraban repugnante la ostentación mundana de la Iglesia].

[143] [Los valdenses eran una secta hereje fundada por Pedro Waldo de Lyon en el siglo XII. Durante la Reforma protestante, muchos valdenses se unieron a la Iglesia reformada].

los Papas a menudo tomaban a estos últimos bajo protección, e incluso los llamaban "súbditos fieles", los primeros herejes eran entregados sin piedad al terrible tribunal.

Pero el tiempo de las persecuciones judías había terminado, la proclamación de los derechos humanos introdujo para los judíos de todo el mundo una nueva era e incluso para los judíos bautizados locales de Portugal; hoy en día prospera allí una rica comunidad y forma una bonita rama en el árbol del Estado mundial judío.

Los judíos en Francia

Si Portugal era un Estado pequeño en el que las relaciones en el centro y en las provincias no se desarrollaban de forma especialmente diferente, Francia era un país más grande con una población de carácter diverso que no era fácil gobernar desde un centro. En consecuencia, el destino de los judíos es variado según la fuerza de los reyes franceses. Pero sin embargo vemos, tarde o temprano, el mismo resultado: odio mutuo y persecución judía. Cuándo llegaron los judíos a Francia es incierto.

Los primeros informes escritos datan de principios del siglo VI y nos muestran que ya en esa época los judíos vivían repartidos por todo el país. Como muestran los primeros documentos, la relación entre los judíos y los franceses era totalmente pacífica; los judíos podían practicar sus costumbres y negocios sin impedimentos, recibían y devolvían las visitas de los habitantes locales, eran aceptados en la policía y el ejército de la ciudad, en resumen, gozaban de plenos derechos civiles.[144]

Pero pronto aparecieron las tensiones. Cuando se recuerda con qué cantidad de leyes dietéticas y morales llegaron los judíos al

---

[144] M. de Boissi, *Dissertations pour servir à l'histoire des Juifs*, París, 1785, Vol. II, p.18.

país, gente que, para preservar a los elegidos de la mezcla y la contaminación con los gentiles, dirigía sus bardas contra todos los no judíos; si uno se imagina que el odio a Cristo y a los cristianos era una característica de los inmigrantes de la que no se podían desprender y que, a pesar de la asimilación, tenía que golpear también hacia fuera, podrá entender muy bien las quejas de la población local cuando declaran que su negativa a dar pan y vino a los cristianos representa un desprecio, que la arrogancia se expresa a menudo claramente en sus declaraciones sobre el cristianismo.

A esto se añadía el hecho de que los judíos, como exigía su ley, obligaban a todos los esclavos cristianos a seguir las costumbres ceremoniales judías y los circuncidaban a la fuerza, lo que se convirtió en una queja constante en todos los países. Abusaban de su poder sobre los esclavos de tal manera que éstos a menudo tenían que buscar protección contra los malos tratos.[145]

Así pues, no es muy sorprendente, sobre todo si se tiene en cuenta el carácter de Roma, que los concilios eclesiásticos se opusieran bruscamente a la tolerancia de los habitantes locales, prohibieran las visitas mutuas entre judíos y cristianos y prohibieran el mestizaje bajo pena de excomunión,[146] promulgaran ordenanzas que impidieran a los judíos poder obligar a sus esclavos a adoptar costumbres insultantes para las religiones cristianas y a ocupar cargos judiciales en causas cristianas.[147] A estos conflictos se añadían ahora otros acontecimientos que debían minar aún más la buena relación entre judíos y cristianos que seguía prevaleciendo, a pesar de todo, y que incluso los prelados mantenían en oposición a las decisiones conciliares.

---

[145] Boissi, op.cit., Vol. II, p.26

[146] Orleans, [d.C.] 533.

[147] Clermont, [d.C.] 535

Cuando, por ejemplo, la Arles borgoñona fue asediada con éxito y se defendió de los ataques sólo con dificultades, un judío tuvo que hacer de centinela una noche en las murallas de la ciudad. Con el fin de obtener un trato benévolo para él y sus hermanos de raza, lanzó un trozo de papel lastrado con una piedra en dirección a los sitiadores con una invitación a acercarse a la muralla a una hora determinada con escaleras de asalto. Entonces les prometió que les dejaría entrar en la ciudad a condición de que le perdonaran la vida a él y a sus compañeros de tribu. Pero esta carta no voló lo bastante lejos y fue encontrada al día siguiente por un soldado de la guarnición. Esto, naturalmente, despertó una gran excitación en la ciudad, el judío fue llevado ante el tribunal y condenado a muerte. Los demás insistieron en que eran inocentes de la traición y que no tenían ni idea del complot. No se sabe nada de su suerte, aunque el P. Daniel dice que estuvo a punto de emprenderse una persecución judía que finalmente se contentó con la prohibición de que los judíos montaran guardia.[148]

No se puede demostrar si eso es cierto. Otro incidente similar suscitó un gran tumulto. En 576, cuando un judío de Clermont quiso bautizarse y, como era costumbre, acudió vestido de blanco al baptisterio, fue rociado con aceite apestoso por otro. Sólo gracias a la intervención del obispo el agresor no fue apaleado hasta la muerte por el pueblo molesto. Sin embargo, éstos no se dejaron retener para destruir más tarde la sinagoga.[149]

Estos y muchos otros hechos innegables que nos han llegado demuestran que no sólo el clero tiene la culpa cuando, en casos similares, los judíos fueron expulsados de muchas diócesis o, según la costumbre de entonces, tuvieron que ser bautizados. Los monjes de entonces no sabían que la religión es sólo la expresión

---

[148] Daniel, *Histoire de France*, 1729, vol. I, p. 66. [Gabriel Daniel (1649-1728) fue un sacerdote jesuita cuya Histoire de France depuis l'établissement de la monarchie française se publicó en 1713.

[149] Boissi, op.cit. Vol.II, p.31.

del sentimiento nacional y que éste no puede cambiarse con el bautismo, y cómo iban a saberlo si incluso hoy en día hay gente que considera que el mero bautismo es suficiente para convertir a un judío en europeo.

Los judíos fueron ahora excluidos de todos los cargos oficiales y estatales, y finalmente expulsados de Francia, aunque regresaron con el declive del poder de los merovingios.[150] Carlomagno, y especialmente Luis el Piadoso, favorecieron a los judíos en todas partes y así pronto se estableció un comercio sin escrúpulos y la usura de los judíos con total falta de limitación en todas las tierras francesas. Los vemos disfrutar de grandes riquezas en poco tiempo y ocupar altos cargos y un poderoso contingente en la corte, que era controlada por su dinero. La mitad de París está hipotecada a ellos y les pertenece como propiedad, los innumerables deudores son encarcelados o trabajan como esclavos para sus judíos.[151]

El poder y la falta de conciencia de los judíos nos aparecen con especial claridad en los Anales de Lyon. Ya en la época romana, Lyon era, por su afortunada situación, una ciudad de activo comercio: bajo César, Augusto y Trajano alcanzó una mayor importancia, e incluso cuando la capital del Imperio fue trasladada bajo Constantino al Bósforo, no perdió su importancia. Era un mercado de seda, perfumes, piedras preciosas de la India, jarrones, objetos de oro, plata y alabastro de Persia. En el foro de Lyon se vendían leones y tigres de Asia, panteras y aves de África,

---

[150] [La dinastía merovingia comenzó con Childerico I (457-481), cuyo hijo Clodoveo I (481-511) unió toda la Galia bajo el dominio merovingio]. La dinastía merovingia llegó a su fin en 752, cuando Childerico III fue depuesto por el Papa].

[151] J. de Bruel, Theatre des [Antiquitez] de Paris, París, 1612, Vol.lV, p.1232. [Jacques du Breul (1528-1614) fue prior de la abadía parisina de Saint-Germain-des-pres].

esculturas de bronce de Corinto y Atenas, en resumen, mercancías comerciales y rarezas de todo el mundo.[152]

Cuando Roma se desintegró y los pueblos del Norte se precipitaron destruyéndolo todo ante ellos, esta oleada arrasó también Lyon y destruyó la apacible vida del comerciante. Después de que el sur de Francia volviera a ser invadido, esta vez por los árabes, la ciudad no se recuperó hasta el siglo VIII. Romanos, borgoñones, godos y, sobre todo, muchos judíos expulsados por los mahometanos, se trasladaron a Lyon. Mediante un astuto comercio, sobre todo de esclavos, adquirieron grandes riquezas, de modo que Lyon se convirtió pronto en una "Nueva Jerusalén".[153]

Los judíos robaban en la ciudad y en los suburbios de los cristianos y los vendían a sus correligionarios de España e Italia.[154] Y como los moros de la Península Ibérica necesitaban eunucos, también los producían y suministraban. Como estaban protegidos por los funcionarios, que preferían tener a los judíos ricos como amigos antes que como enemigos, pronto se comportaron de forma provocativa y arrogante con los lugareños.

Pero los cristianos seguían comportándose de forma muy cooperativa en relación con la progenie de Abraham, observaban el sábado más que el domingo, les hacían visitas, comían con ellos durante la Semana Santa, escuchaban los sermones rabínicos, etc.

Esta exagerada cordialidad con respecto a los extranjeros, que ellos mismos mantenían estricta y rigurosamente sus observancias religiosas y sus leyes morales sin preocuparse lo

---

[152] C. Beaulieu, *Histoire du Commerce de Lyon*, Lyon, 1838, p.11. [Histoire du commerce de l'industrie et des fabriques de Lyon depuis leur origine jusqu'à nos jours].

[153] Beaulieu, op.cit., p.16.

[154] J. Schudt, *Jüdische Merkwürdigkeiten*, Fráncfort, 1718, vol. IV, p. 74.

más mínimo por las de los autóctonos, creó un ambiente hostil entre muchos católicos, especialmente entre los prelados. Cuando Agoberto era obispo de Lyon, [155] decidió poner fin a estas congraciaciones unilaterales, prohibió a los cristianos relacionarse con los judíos, les prohibió venderles esclavos y prestarles servicios. Incluso promulgó una ley que prohibía la venta de carne y bebida por parte de los judíos, ya que éstos sólo vendían a los cristianos productos que consideraban de algún modo impuros.

Esta última ordenanza puso especialmente a los judíos en una violenta agitación, se dirigieron a París y desde allí se enviaron dos comisionados para investigar el asunto. En Lyon los judíos los recibieron con rica hospitalidad y oro, para que se confirmaran sus "libertades" y recibieran más de ellas. Los judíos podían vender todas sus mercancías a los cristianos, sólo eran sometidos a castigos corporales cuando su ley lo exigía, estaban exentos de las ordalías divinas por el fuego y el agua; tenían derecho a traer esclavos de tierras extranjeras para hacer negocios con ellos en Francia y, para poder celebrar el sábado según sus leyes sin perder por ello nada de su comercio, el día de mercado se trasladó del sábado al domingo.

Gracias a este éxito de los judíos su cresta se hinchó poderosamente, entre los cristianos estos privilegios inauditos suscitaron naturalmente la mayor indignación, que se expresó en furiosas manifestaciones, pero que sólo tuvieron como resultado la detención de sus líderes, por lo que muchos tuvieron que permanecer ocultos o huir de la ciudad. Los judíos se jactaban públicamente de que gozaban de la protección del rey, que los honraba por sus patriarcas y que siempre los recibía como invitados. Se regodeaban de que personas de calidad de la corte

---

[155] [Agoberto (769-840) fue uno de los prelados más eruditos de su época y obispo de Lyon entre 816 y 840].

buscaran su compañía y reconocían que judíos y cristianos tenían un solo legislador, Moisés.[156]

Agoberto, que no podía creer que los mencionados edictos del rey hubieran sido aprobados tras un cuidadoso examen de las circunstancias, le escribió una carta en la que se quejaba del comisario del partido y aclaraba al rey que no podía haber amistad entre judíos y cristianos, ya que los primeros blasfemaban el nombre de Cristo, hablaban de los cristianos sólo con desprecio como nazarenos, y que era imposible con amor propio tener relaciones con los enemigos. Además, informó al rey de casos atestiguados de secuestro y comercio de esclavos con tierras extranjeras. Esta carta no causó ninguna impresión en la corte, por lo que Agoberto envió una segunda de contenido similar que, sin embargo, tuvo la misma falta de éxito. Disgustado, viajó él mismo a París, pero allí se le indicó muy fríamente que regresara a casa.

Pero el asunto no terminó así. Pues, cuando algunos esclavos pertenecientes a judíos extranjeros se presentaron después de algún tiempo ante el obispo para ser bautizados, éste, después de todas las malas experiencias, no se atrevió a hacerlo de inmediato. Ofreció a los judíos el rescate determinado canónicamente, pero éstos se rieron de él; se dirigió a diferentes prelados cercanos a la corte con la petición de apoyo; sin éxito. Por el contrario, los judíos habían ejercido su influencia a través del comisario de asuntos judíos, que no estaba allí más que para velar por los privilegios de los intocables, y apareció un nuevo decreto real con la prohibición expresa del bautismo de esclavos judíos sin permiso de sus dueños.

Agoberto se dirigió ahora al capellán de la corte y le pidió que ejerciera su influencia para conseguir la revocación de este decreto que expresaba desprecio por todas las leyes eclesiásticas. Se defendió del reproche de arrancar sus esclavos a los judíos y

---

[156] Boissi, op.cit., Vol. II, p.68.

obligarles a convertirse, pero, dijo, tenía que exigir que el bautismo no fuera fácilmente frustrado por los judíos. Incluso este paso fue en vano y el resultado fue una negativa por parte del gobierno.

Uno puede imaginarse de qué humor estaba el hombre cuando vio que todos los intentos de preservar los derechos de los habitantes locales y de la iglesia nacional frente a los extranjeros se hacían añicos lamentablemente y que los dueños del palacio judío se postulaban cada vez más provocativamente.

no es de extrañar entonces que se desahogue en una carta al arzobispo de Narbona, le narre las intrigas de la corte y las condiciones insoportables de su diócesis producidas por el comercio y el poder financiero judíos y, al final, maldiga poderosamente a los judíos:

> "Todos los que viven bajo la ley de Moisés están vestidos como con un manto por la bajeza; la bajeza entra en sus huesos y ropas como el agua y el aceite fluyen en el cuerpo humano. Los judíos son maldecidos en la ciudad y en el campo al principio y al final de su vida; son maldecidos los rebaños de los judíos, la carne que comen, su vid, sus negocios y sus tiendas".

Añado estas palabras porque un historiador del siglo 19 las utiliza para proclamar santurronamente:

> "Tal es la moderación de uno de los obispos más doctos de su siglo. Y luego se atreve a reprochar a algunos rabinos que hayan hablado mal de los cristianos".[157]

No se sabe qué lector se imagina Bédarride, para el odio a Cristo y a los cristianos, este "rasgo más nacionalista de la

---

[157] Bédarride, *les Juifs en France*, París, 1861, p.462.

antigüedad", ¹⁵⁸ tenía en aquella época ya 800 años, estaba inequívocamente establecido en las sagradas escrituras de los rabinos, se predicaba ya desde hace siglos desde el púlpito y se expresaba en una fórmula de maldición específica, se expresaba en el discurso sobre los "nazarenos", en las leyes morales judías, etc.

Ciertamente, Bédarride trata con ligereza el asunto del obispo Agoberto, encuentra totalmente correctos los privilegios de los "judíos que son en todos los aspectos superiores" a los cristianos, y se muestra sorprendido de que el obispo de Lyon sea de otra opinión. La desarmante y también ingenua insolencia de los judíos sale a relucir incluso aquí. Que ya en el siglo IX se estaba instruido hasta cierto punto sobre los secretos judíos lo demuestra una carta del obispo de Lyon nombrada después de la muerte de Agoberto, en la que retoma el asunto. En esta carta pide al arzobispo de Reims que acuda a los tribunales para someter a los judíos, como a todos los demás ciudadanos, a la misma ley estatal, tanto más cuanto que son extranjeros y han tratado a los cristianos con desprecio, han llamado apóstatas a los apóstoles, se han burlado del Evangelio con tergiversaciones, han calificado el culto cristiano de culto a Baal e incluso al propio Cristo de hijo de prostituta, nacido del adulterio de María con un gentil.

Que todas estas quejas están justificadas ya no hace falta demostrarlo hoy en día. Incluso el juego de palabras sobre la palabra Evangelion tiene un significado diferente al que pensaba el obispo, pero sigue siendo correcto. Pues de Evangelion (mensaje de salvación) el humor judío había hecho avon-gillajon (escritura pecaminosa), igual que de beth-galja (lugar de luz) beth-karja (pocilga).¹⁵⁹

---

[158] Laible, op.cit., p.14.

[159] Laible, op.cit.

Luis había muerto, y en su lugar había entrado Carlos el Calvo, un gobernante igualmente bien dispuesto hacia los judíos. Sin embargo, nuevos agravios parecen haber dado lugar a una limitación de las "libertades" judías, al menos sobre el papel. Se desconocen los detalles, pero al parecer los judíos debían pagar $1/10$ y los cristianos $1/11$ de sus ingresos.

He tratado todo el asunto de los obispos de Lyon de forma más detallada de lo que el espacio disponible me permitía, ya que me parecía importante investigar de cerca un caso individual. Sólo así se obtiene una visión real de las relaciones e intrigas jurídicas, sólo así se obtiene también la posibilidad de echar un vistazo entre bastidores a casos menos claros, ya que las fuerzas que a veces emergen con claridad, en otras ocasiones sólo actúan de forma oculta.

Como ejemplo elaborado, vemos ahora en acción dos fuerzas motrices de la Edad Media: las relaciones financieras y el fanatismo religioso. Por parte de los judíos, vemos una riqueza monstruosa adquirida a través del comercio y la usura que compromete a los asistentes en todas partes donde es necesario y organiza para sus objetivos, junto con rígidos principios religiosos y un desprecio inmoderado de todo lo no judío.

Por parte de los cristianos, constatamos una fuerte resistencia a la subyugación bajo los privilegios judíos que va de la mano de un fervor religioso igualmente fanático, al menos después de conocer más de cerca a los judíos. En la mayoría de los casos triunfa el oro, y los judíos se vuelven más provocadores tras cada éxito.

En consecuencia, el odio de la población aumenta cada vez más, hasta que basta una gota, en forma de acontecimiento real o de rumor emergente, para que el cántaro se desborde y produzca las más encarnizadas persecuciones judías. Al final del asunto de Lyon del obispo Agoberto, el historiador alemán J. Schudt (1718) añade la siguiente serena observación válida para todas las épocas y especialmente para la nuestra:

"Uno ve que, como dice el adagio, en el escenario de este mundo siempre se representa el mismo drama, y sólo entran nuevos personajes uno tras otro; ya hace más de 800 años la riqueza judía tenía un poder tan grande; lo tiene incluso hoy; por eso hay escondidos por todas partes tantos jefes judíos, entre los grandes y los pequeños; uno los respeta, habla con ellos, a menudo los prefiere a los cristianos y se encuentra con que le escuchan más fácilmente y de buena gana".[160]

Tras varias agitaciones más a causa de la cuestión judía, la dominación extranjera en Lyon llegó a un terrible final a principios del siglo 14 . En 1310, los judíos fueron violentamente despojados de todas sus propiedades inmóviles por el pueblo enardecido y expulsados de la ciudad. Huyeron a los suburbios, encontraron asilo en Trevour, Chatillon y Dombes, pero incluso allí continuaron con sus viejas prácticas, de modo que ya al cabo de unas décadas la situación evolucionó de forma similar a la de Lyon y terminó también de forma similar: en 1429 fueron expulsados de estos lugares de asilo.[161]

Cuando, en el siglo 11, una ola de histeria comenzó a barrer Europa y se iniciaron las Cruzadas por una mezcla de ansia de saqueo y aventura, entusiasmo religioso y odio a los paganos, es comprensible que este movimiento no pudiera quedar sin influencia en el destino de los judíos. Porque, junto a los predicadores errantes que representaban la conquista de Tierra Santa como un deber del cristianismo y caldeaban el fanatismo religioso hasta la ebullición, iban muchas personas que no tenían nada que perder en su patria.

---

[160] Op.cit., Vol. IV, p.78.

[161] Guillaume Paradin, *Mémoire de histoire de Lyon*, 1573, Vol.II, p.245. [Guillaume Paradin fue deán de Beaujeu. Sus Mémoires de l'histoire de Lyon se publicaron por primera vez en 1550 como Mémoire pour servir à l'histoire de Lyon].

Y ahora, donde se rompieron las bandas que mantenían unido al Estado de manera integral en tiempos de paz, vemos manifestarse sin freno las pasiones reprimidas de los sacerdotes y deudores. Antes de la partida, se predicaron y siguieron persecuciones judías formales, judíos conducidos de ciudad en ciudad, y de casa en casa, saqueados y asesinados. Si uno lee los capítulos de las cacerías de judíos de aquellos días, ningún pensador humano podrá hacerlo sin estremecerse y tendrá que avergonzarse de encontrar tales páginas en la historia de Europa. Pero cuando las relea, no para excusar este espanto sino para comprenderlo, verá igualmente con escalofrío que, en todos los centros de Francia, Alemania y otros países, vivieron durante siglos parásitos que practicaban la usura con la fuerza de trabajo y el dinero del pueblo que los acogía. Si una nube de tormenta se descargó de repente uno se queda horrorizado ante los sacrificios de la catástrofe, pero no hay que pasar por alto que eso representó una consecuencia necesaria de una fuerza popular oprimida pero aún no lacerada.

Pero, incluso durante las mismas Cruzadas, los judíos siguieron siendo, a pesar de todas las persecuciones, gente rica. En París, los ciudadanos y los campesinos estaban fuertemente endeudados con ellos y debían, a causa de los intereses, trabajar en durísimas faenas directa o indirectamente al servicio de los judíos. Los caballeros, a fin de disponer de dinero para las Cruzadas, habían empeñado muchas veces sus bienes a los judíos; de hecho, un historiador (Paul Émile) afirma que fue la necesidad de dinero para este fin lo que ocasionó que la nobleza volviera a llamar a los judíos que habían sido expulsados.

En 1146, el abad de Cluny describe la situación de la siguiente manera en una carta a Luis VII, en la que protesta contra las persecuciones judías y exige los siguientes mandatos:

> "¿Qué castigo es más justo para esta gente atroz (los judíos) que privarles de lo que han ganado mediante el engaño y el robo? no mediante el compromiso con el trabajo agrícola u otra ocupación honesta han llenado sus graneros de frutos, sus arcas de oro y plata Ocultan lo que han arrebatado con engaño a los cristianos y

adquieren a precios ridículos los objetos más finos, que compran a ladrones.

Cuando un ladrón roba un objeto sagrado, acude a un judío y vende el objeto robado. Una antigua pero despreciable ley les anima en este escandaloso comercio. Según ella, un judío con el que se encuentran objetos robados no está obligado a devolverlos, es más, ni siquiera a denunciar al ladrón.

Su crimen, por tanto, permanece impune; y lo que hace punible al menor camarada ladrón de un cristiano hace rico al judío. Pero que se le quiten las riquezas adquiridas con deshonestidad; el ejército cristiano, que sacrifica sus propias tierras y su dinero para derrotar a los sarracenos, no debe escatimar los tesoros de los judíos".[162]

Bajo Philippe-Auguste,[163] los judíos tenían una afluencia y propiedades similares, y el rey, como todos los gobernantes, no estaba mal dispuesto hacia ellos. Una vez, estando en St. Germain en Laye, recibió la noticia de que en Bray un cristiano, a causa de un robo a un judío, había sido entregado a estos últimos para ser condenado y que le habían atado las manos a la espalda, coronado la cabeza con espinas, arrastrado por las calles y finalmente ahorcado. Esto permitió al rey quemar a más de 80 judíos.

Sin embargo, los ánimos del pueblo contra los judíos se enconaron hasta tal punto que Felipe Augusto se vio obligado a investigar las opresiones, confiscar muchas posesiones de los judíos y expulsarlos del país, lo que sin embargo no se cumplió estrictamente. "Este año", escribe el historiador Rigord,

---

[162] Véase André Réville, *Les paysans au Moyen-Âge*, p.3 [La obra del historiador social André Reville *Les Paysans au Moyen-Âge* (XIIIéme et XIVéme siécles) se publicó en 1896]; y Deppind, *Histoire des Juifs dans le Moyen-Âge*.

[163] [Philippe Auguste (1165-1223) fue el último de los reyes de los francos y, a partir de 1190, el primer rey de Francia, Philippe II].

"merece convertirse en un año de celebración, porque gracias a estas medidas los cristianos obtuvieron para siempre la libertad que les había sido suprimida por los judíos".[164]

A partir de 1181, sin embargo, los judíos fueron expulsados definitivamente de algunas ciudades: de Ruán, Étampes, etc., aunque permanecieron en muchas otras.

Los siglos 13 y siguientes fueron para los judíos, a pesar de sus repetidas expulsiones, una época de riqueza y poder como la que han vuelto a adquirir sólo en el siglo 20.

Las relaciones con los judíos se desarrollaron de formas muy diferentes en las distintas partes de Francia; la gente era más tolerante en el sur, donde los albigenses, por su oposición a los principios de la Iglesia católica, trataban a los judíos como sus aparentes confederados, razón por la cual éstos podían acumular tranquilamente riquezas sin fin hasta que incluso para ellos llegó el amargo final, algo más tarde que en el resto de Francia.

Observemos primero la situación en el centro de Francia. Empobrecidos por el tumulto de la guerra y las Cruzadas y necesitados de dinero como estaban los habitantes, los judíos se encontraron en la afortunada posición de poder fijar el tipo de interés a un nivel cada vez más alto. El resultado fue que el alivio temporal mediante el préstamo financiero se transformó en su contrario.

El pueblo se encontró desprovisto de todo dinero en efectivo, que se concentraba cada vez más en manos de los judíos. Duques, condes, barones y obispos estaban endeudados, pero sobre todo el pueblo llano, y la situación se volvía de día en día más desesperada, sin que los judíos, en su insaciabilidad, pensaran en distanciarse de la usura inmoderada. Incluso habían abandonado

---

[164] Depping, op.cit., p.137.

el comercio casi por completo, no acudían a las ferias para vender sus propias mercancías como los inmigrantes italianos, flamencos y de otros pueblos, y ni siquiera para realizar intercambios comerciales, sino sólo para prestar dinero a los mercaderes con intereses. Ni siquiera intentaban obtener privilegios comerciales para sí mismos, sino sólo permiso para exigir un interés cada vez más alto. Pero allí donde los judíos dirigían pequeños negocios individuales, las autoridades se veían constantemente obligadas a insistir en el comercio de mercancías frescas, ya que los descendientes de Abraham sólo lo hacían de forma fraudulenta.[165]

Los judíos tuvieron durante mucho tiempo la posibilidad total de dedicarse a un oficio regulado, al trabajo manual o a la agricultura, pero no les interesó. Luis IX incluso quiso inducirles mediante un edicto a ganarse el pan con el trabajo manual, pero fue en vano. El tipo de interés estaba fijado en el 40%, naturalmente no se respetaba, los judíos sabían burlar todas las normas relacionadas con ello. Por supuesto, no exigían más del 40%, sino que se permitían emitir el pagaré por una cantidad muy superior a la que realmente prestaban. Esto también estaba prohibido de la manera más estricta. ¡En vano!

Entonces, para proteger a los más pobres, se prohibió a los judíos prestar dinero a los jornaleros a interés, pero precisamente éstos eran los más necesitados. En los archivos de París hay, entre otras cosas, un manuscrito de tres metros de largo con las inscripciones de las personas que presentaron denuncias contra las ilegalidades de los judíos prestamistas. Sin duda, ¡un documento muy importante! Las leyes para la protección de la población expoliada bajo Luis VIII y IX no dieron ningún resultado; los habitantes del campo, incapaces de pagar sus deudas, vendían sus posesiones y a menudo eran encarcelados por los judíos.

---

[165] Para más detalles, véase Depping, op.cit.

Finalmente, los judíos fueron expulsados del país por Felipe el Hermoso (1306).

Pero la cuestión judía no había terminado con ello. Los bienes inmuebles de los judíos fueron efectivamente confiscados, pero a los deudores se les fijó un plazo de pago de 20 años. Como los judíos, aunque ya no vivían en Francia, estaban constantemente informados del curso de los acontecimientos, ofrecieron su ayuda cuando se enteraron de que se iba a preparar una determinación del importe total de la deuda que se les debía. Esto fue aceptado; aprovecharon su estancia para sobornar inmediatamente a los funcionarios franceses e iniciar nuevos negocios usurarios. Las antiguas listas de deudores que presentaron mostraban tantos nombres de viudas, huérfanos y otros pobres que fueron declaradas falsas y deshonestas, y los judíos fueron de nuevo expulsados.

Sin embargo, esto no les impidió poner en marcha todas las palancas para poder retroceder una vez más, lo que también se les concedió entonces. Se declararon justas todas las deudas, se garantizó la imposibilidad de penalizar todos los tratos anteriores, se establecieron todos los privilegios y se les aceptó como ciudadanos.

Pero volvió a repetirse precisamente lo mismo que antes. Los judíos practicaban la usura y fueron expulsados; sin embargo, Juan II les permitió seguir viviendo en Francia (1360). Las graves disputas que habían tenido lugar bajo Juan el Bueno, las sangrientas guerras civiles, el desafortunado Tratado de Brétigny, [166] todo ello había minado aún más los poderes

---

[166] [El Tratado de Brétigny se firmó en 1360 entre el rey Eduardo III de Inglaterra y el rey Juan II (el Bueno) de Francia, cuatro años después de que Juan II cayera prisionero en la batalla de Poitiers en 1356. Mediante este tratado, Francia perdió mucho territorio en favor de Inglaterra, aunque también proporcionó a los dos países un respiro de nueve años durante la Guerra de los Cien Años (1337-1453).

financieros; ahora parecía una buena oportunidad para llenar algo el tesoro del Estado, si se permitía la entrada a los judíos pero se les quitaba una buena suma de dinero por ello. Pero estas medidas salieron caras al reino. Pues el representante judío en París, Manasse de Vesou, astuto diplomático, supo exigir privilegios inauditos: los intereses de los préstamos se elevaron hasta el 80%, bastaba el pronunciamiento de un judío para probar una reclamación de deuda contra un cristiano. Los judíos fueron retirados de la jurisdicción de todas las autoridades judiciales del país y sometidos únicamente a un comisario especial del gobierno.

Y volvió a suceder como tenía que suceder. La gente que recurría al dinero judío vio cómo pronto sus deudas aumentaban desmesuradamente y muchos, despojados de todas sus posesiones, tuvieron que realizar servicios de esclavitud a los judíos. En su ceguera y su insaciabilidad, los judíos no se contentaron ahora con el 80% permitido, sino que sobrepasaron incluso este límite. Las quejas contra esto fueron rechazadas por el dinero judío, el rey mismo se encontró dependiente, con lo cual se le arrancaron nuevos favores con respecto al comercio en el mercado anual.

Ahora bien, cuando en 1380 estalló un levantamiento en París y muchos judíos fueron expulsados y asesinados, los demás aprovecharon la ocasión para lamentar su pobreza y dar a entender que habían perdido a todos sus peones. También se encargaron de que se anulara su regreso. Pero, a pesar de esta pobreza naturalmente fingida, apoyaron al rey con dinero, tanto en su guerra como en otros deberes, con lo que le hicieron aún más obligado a ellos.

Finalmente obtuvieron del inepto Carlos VII (1388) lo último: ¡el permiso para cobrar no sólo el 80% sino también el interés compuesto! Y cuando una fuerte murmuración recorrió el pueblo, el rey promulgó un edicto según el cual los judíos quedaban protegidos de toda queja durante diez años.

Nunca la usura había alcanzado en Francia una altura tan monstruosa y legalmente aprobada, y era naturalmente evidente -lo que, sin embargo, los avariciosos usureros nunca pudieron en su ceguera percibir en el momento oportuno en el curso de toda su historia- que esta condición no podría sostenerse durante mucho tiempo. Se concedió un breve período de triunfo a los judíos en Francia, Borgoña, Provenza y otros lugares, y luego la cuestión judía terminó de la misma manera que en todas partes. Un incidente en sí mismo sin importancia dio la orden final para una persecución judía y, el 17 de septiembre de 1394, los judíos fueron finalmente (es decir, hasta el día de la "libertad de los derechos humanos") privados de sus privilegios, sus bienes fueron confiscados y fueron expulsados de Francia. Desde entonces no volvieron a llevar allí una vida legalmente permitida.

El sur de Francia, como ya se ha dicho, había sido al principio muy indulgente con los judíos, pero incluso allí surgieron cada vez más quejas. En 1484, se produce una gran persecución judía en Arlés; Provenza se dirige directamente al rey de Francia con una petición de ayuda contra la falta de escrúpulos de los judíos, Marsella envía delegados a París en 1487 con una petición expresa para que se ejecute la expulsión de los judíos, ya que han arruinado la tierra con la usura. Y así, de 1498 a 1501, los judíos fueron expulsados incluso del tan hospitalario sur.

En cuanto al norte, habían acortado el proceso de forma enérgica, a veces brutal, sobre todo en Bretaña. En 1239, los estamentos de los duques se reunieron, declararon a los deudores liberados de su obligación, ordenaron la devolución del dinero empeñado y decidieron expulsar a los judíos del país.

El duque, los barones y los obispos juraron no volver a dejar entrar a los judíos en Bretaña; desde entonces no ha habido ningún judío aquí, ya que parece que esta decisión, al contrario que en tantas otras provincias y tierras, se llevó a cabo realmente y sin piedad.

El destino de la pequeña comunidad judía de Pamiers, al pie de los Pirineos, ofrece un interesante y picante contraejemplo. Allí, los rabinos habían impuesto normas estrictas que regulaban toda la vida de los judíos. Los judíos estaban obligados a la moderación en todas sus relaciones, las mujeres tenían prohibido llevar joyas ricas, a los niños no se les podía regalar ropa fina, a los hijos sólo se les podía legar una pequeña cantidad de dinero, el juego estaba estrictamente prohibido, etc.

Estas normas fueron reforzadas enérgicamente por las autoridades cristianas para que no se quedaran sólo en el papel. Y aquí no ha habido, a pesar de las diferencias religiosas, ninguna cuestión judía a lo largo de todos los años. Cuando los descendientes de Abraham fueron expulsados de Francia, el conde de Foix, bajo cuya protección se encontraba la comunidad de Pamiers, dirigió una petición al rey para que hiciera una excepción con sus judíos.

Sin embargo, este deseo no se cumplió y los que se vieron obligados a comportarse de forma inocente aquí tuvieron que compartir el destino de sus hermanos de sangre corruptos de las otras provincias.

Esto sería en muy breves trazos toda la historia de los judíos hasta los presagios de la Revolución Francesa. He omitido en las últimas observaciones las diferencias religiosas para poder señalar más claramente el tema central de los conflictos sociales que las atraviesan. De hecho, aparte de la usura, otros factores intervinieron en el destino de los judíos, como todo gran movimiento está constituido, en efecto, por muchas fuerzas.

Los sacerdotes fulminaban fervorosamente en sus concilios contra los infieles, a menudo hacían intentos a través de sermones e incluso de formas menos suaves para permitirles entrar en el corazón de la Iglesia; hacían quemar el Talmud, donde podían hacerse con ellos, perdonaban a los judíos su insulto a la Iglesia, el sacrificio de un niño cristiano el Viernes Santo, etc.

Los judíos, por su parte, agudizaron sus leyes de separación y maldijeron a Cristo y a los cristianos durante toda la semana en sus sinagogas. Desgraciadamente, la Inquisición exigió víctimas incluso en Francia, ya que provocó una locura religiosa, pero, por otro lado, el sentimiento público se levantó contra ella con más fuerza aquí que en España y Portugal (aquí, sin embargo, hay que señalar que los tribunales de herejía en España no eran raramente tribunales penales y encubrían casos de conflictos realmente socio-nacionales).

Cuanto más fuerte y consciente se hizo el sentimiento nacional en Francia, más se opuso conscientemente a la arrogancia racial de los judíos y provocó que la aversión que antes sólo se había sentido vagamente emergiera más claramente al primer plano.

Así pues, se puede demostrar que ambas fuerzas contribuyeron a agudizar las relaciones entre judíos y cristianos. Pero la situación se volvió catastrófica para ambas partes por el saqueo de los habitantes llevado a cabo con energía demoníaca en toda la estructura social.

Si los eruditos filojudíos y, naturalmente, todos los judíos echan toda la culpa de estos trastornos de la vida nacional a los reyes y sostienen que sólo habían utilizado al pobre judío, le habían quitado su dinero, obligándole así a vivir de la usura, por supuesto está lejos de mi intención representar a los reyes como ángeles inocentes. Necesitaban dinero para las guerras y el mantenimiento de la corte y no eran especialmente selectivos en sus métodos para obtenerlo para sí mismos. Que el judío, que siempre disponía de dinero, les parecía muy bienvenido muchas veces puede creerse bien aunque no esté expresamente probado.

En la vida de las jóvenes naciones de aquel tiempo las cosas fermentaban y se elaboraban por doquier, grandes movimientos del brebaje salvajemente fermentado recorrían el mundo; estallaban guerras, pero al mismo tiempo se formaban las personalidades nacionales. Cada príncipe se defendía con su vida contra otro hasta que uno mayor los unía a ambos bajo su cetro.

En aquellos tiempos, en los que se trataba sobre todo de la existencia nacional, no se puede llegar muy lejos con juicios moralizantes, y querer conceder impunidad absoluta en caso de cada tumulto sólo a la pequeña minoría de judíos sería también pedir demasiado. Sin embargo, aunque pudiéramos considerar tranquilamente al príncipe constantemente necesitado de dinero como un tentador del judío, el hecho es que fueron precisamente los judíos los que siempre desempeñaron el papel de usurero antes descrito.

A la opinión unilateral de que los judíos no podían hacer otra cosa que practicar la usura puede oponerse la simple pregunta de por qué no se dedicaron, como Luis le Hutin[167] y Luis IX habían querido obligarles a hacer, a la manufactura y la agricultura.[168] Entonces tampoco habría existido la cuestión judía.

Si dejamos de lado aquí toda valoración moral, debemos entender, en efecto, todos los acontecimientos que se repiten constantemente, con los mismos resultados, como necesidades de la Naturaleza que formaron consecuencias del contacto de los pueblos de Europa y Asia con el pueblo judío allí donde no fueron frenadas conscientemente, tal como las forman hoy y las formarán mañana. Desde la última expulsión, los judíos no vivían en Francia en comunidades cerradas, sino dispersos por todo el país.

Con la conquista de Alsacia, sin embargo, recibieron un incremento múltiple y pronto la cuestión judía volvió a estar a la orden del día. A través de las intrigas del proveedor de la corte real, Cerfbeer,[169] a lo largo de muchos años, a través de un

---

[167] [Luis X (1289-1316) era conocido como "le hutin", el pendenciero].

[168] La prohibición de poseer tierras data del siglo XIII.

[169] [Herz Cerfbeer (1730-1793) fue un contratista judío francés del ejército francés y filántropo. Luis XVI le concedió un permiso especial para residir en Estrasburgo a pesar de las leyes que prohibían a los judíos establecerse en esa ciudad. Cerfbeer estableció fábricas en Estrasburgo en las que empleó a judíos

proceso iniciado por él contra la ciudad de Estrasburgo, durante el cual el judío pudo esconderse detrás de la persona del rey, se prepararon ya los caminos para el planteamiento de la cuestión de la emancipación de los judíos.

Tras el asalto a la Bastilla, naturalmente, se pusieron en marcha más palancas. En la Asamblea Constituyente se atrevieron, si bien no directamente -ya que esperaban de los diputados de Alsacia las verdades más desagradables sobre el saqueo de los judíos-, pero primero se aseguraron las espaldas mediante una decisión de la administración de la ciudad de París de pronunciarse a favor de la abolición de las leyes judías.

Mirabeau,[170] que estaba en plena deuda con los judíos, ya se había visto obligado con ellos desde hacía mucho tiempo. El ya mencionado Cerfbeer se había dirigido a Moses Mendelssohn con la petición de que utilizara su gran reputación, incluso entre los cristianos, para defender la emancipación de los judíos a través de una obra escrita.

Pero éste no lo consideró práctico e hizo lo que muchos de la tribu de Judá antes y después de él: impulsó como portavoz a un no judío, el joven Dohm,[171] que entonces, inspirado por Mendelssohn, escribió una obra "que hizo época" sobre la reforma de la política judía. Al igual que hoy, también entonces se hacía política importante en los salones judíos de Berlín. Uno especialmente llamativo era el de Henriette Herz.[172] Aquí se

---

y, a través de Mendelssohn, consiguió el apoyo de Christian Wilhelm von Dohm para abogar por la mejora de la condición de los judíos en Francia].

[170] [Gabriel Riqueti, conde Mirabeau (1749-1791), fue un revolucionario moderado y masón].

[171] [Christian Wilhelm von Dohm (1751-1820) fue un historiador alemán que abogó firmemente por la emancipación de los judíos].

[172] [Henriette Herz (1764-1847) era una judía de la alta sociedad a cuyo salón de Berlín acudían muchas de las mejores figuras literarias y filosóficas

reunían diplomáticos de todos los países, aquí Mirabeau conoció al títere alemán Dohm. Mirabeau tenía "razones apremiantes" para entusiasmarse con los judíos, escribió incluso una obra sobre las reformas judías y se presentó en la Asamblea Nacional como su representante.

De qué sirvió que el alsaciano Rewbell[173] señalara que no se podía resolver la cuestión judía mediante cláusulas, fue apartado.

En efecto, cuando quiso intervenir en una nueva sesión contra la falsa consideración de la cuestión judía (una vez más se había debatido puramente en el ámbito de la religión), fue rechazado a gritos por Régnault,[174] uno de los peticionarios:

> "Exijo que se llame al orden a todos los que quieran hablar en contra de esta proposición (de la emancipación judía) porque con ello se ataca a la propia Constitución".[175]

Sin embargo, Rewbell no dio el asunto por perdido y, en una de las siguientes sesiones, relató la monstruosa usura de los judíos en Alsacia.

---

alemanas de la época. Bajo la influencia de Friedrich Schleiermacher se convirtió al protestantismo].

[173] [Jean-François Rewbell (1747-1807) fue un abogado francés que se distinguió en la Asamblea Nacional Constituyente por su oratoria y su apoyo a las reformas, aunque se opuso a la concesión de derechos de ciudadanía a los judíos alsacianos].

[174] [Michel-Louis Étienne, conde Regnault de St. Jean d'Angély (1761-1819) fue miembro de la Asamblea Nacional Constituyente que duró de 1789 a 1791 y un liberal que trató de conciliar las nuevas ideas de la época con las monárquicas].

[175] Hallez, *Les Juifs en France*, París, 1845, p.174. [Théophile Hallez, Des Juifs en France : De leur état moral et politiques depuis les premiers temps de la monarchie jusqu'à nos jours. Hallez era un abogado que criticaba la segregación de los judíos pero culpaba a los propios judíos de esta condición].

Habló del patrimonio de los habitantes que no superaba los 3 millones, que sin embargo cargaban con 15 millones en deudas, de las cuales 12 millones puramente usurarias, del expolio de muchas familias, etc. En vano ganó la cláusula.[176]

En 1806 y 1807, Napoleón se ocupó muy enérgicamente de los judíos y dio a los delegados doce preguntas para responder: si se permitía la poligamia, si se permitía la usura, si los judíos consideraban a los franceses como sus hermanos, etc. Después de cientos de años se reunió el Gran Sanedrín, 71 delegados de toda la judería, para dar una respuesta a aquello. Era, naturalmente, al efecto que las leyes judías eran llenas de humanidad, la usura era prohibida, los franceses eran los hermanos de los judíos, etc. Todo eso sin embargo en un lenguaje torcido y girado según la tradición talmúdica. Toda esta invención era naturalmente una falsedad de principio a fin.

Incluso el historiador judío, Abraham Geiger, lo dijo:

> "En Francia todavía había posguerra, es decir, a causa de los judíos alsacianos, que eran repugnantes a causa de la usura. Esto y la separación de la ciudadanía francesa llamaron la atención de Napoleón, que también aquí quiso prestar ayuda con un apretón audaz. Una colección de notables y un sanedrín debían documentar su actitud con sus propias explicaciones e influir en sus correligionarios.
>
> Salvo que en la judería falta autoridad, para eso es necesario el desarrollo interior. Los viejos actores Beer y Furtado operaron agresivamente, rabinos como Sinzheim y Vita di Cologna fueron capaces de dirigir astutamente, pero todo era una gran mentira o al menos un show. El reconocimiento de los franceses como hermanos era una cláusula falsa a la separación legal, a la pregunta de si una judía puede casarse con un cristiano se respondía falsamente que sólo están prohibidos los matrimonios con idólatras extranjeros y que los pueblos europeos no son

---

[176] Hallez, op.cit., p.176.

idólatras... Las preguntas eran inmaduras, las respuestas meras serpentinas astutas, todo el asunto sin ninguna consecuencia".[177]

Estas palabras de un judío erudito me eximen de cualquier argumento más detallado (una pequeña muestra de los sofismas empleados ya fue presentada anteriormente); los 71 hombres elegidos que invocaban sentenciosamente al Señor Dios en todas partes habían, pues, simplemente mentido. Si uno ha comprendido el espíritu del Talmud, entonces entiende que, para sus seguidores, no se consideraba un crimen embaucar a los gentiles. Pero era una venerada "erudición" de los ampliamente conocidos Sabios de Pumbedita[178] que, ya desde la más remota antigüedad, "era capaz de hacer blanco lo negro y negro lo blanco". Lo principal fue que cayeron las últimas fronteras; entonces se cumplió plenamente este objetivo: los judíos entraron armados con la misma falta de escrúpulos legalmente reconocida de antaño en la sociedad de los estados europeos, que a su vez se estaban desarmando. Al cabo de cien años, los vimos como los amos financieros del mundo.

Judíos y política

Una de las muchas mentiras de nuestro tiempo que difunden afanosamente los judíos y los defensores de los judíos consiste en la opinión de que sólo en el tiempo presente puede actuar políticamente la nación judía, que sólo en el tiempo presente se les toma en consideración. La falsedad que de nuevo, como muchas otras en el pasado, pretende cultivar la compasión por el pueblo "inocentemente perseguido" y "oprimido" de la judería debe dejar por fin de hacer sus travesuras.

---

[177] Nachgelassene Schriften, Vol.II, p.239.

[178] [Pumbedita era una ciudad de la antigua Babilonia (cerca de la actual Faluya) donde se elaboró el Talmud babilónico].

Pues, aunque los judíos también se esparcieron por el mundo (hay que señalar que por su propio impulso), mantuvieron una comunidad muy unida no sólo donde vivían juntos en el extranjero, sino que también estaban en constante conexión con sus compañeros de tribu en las tierras más lejanas: barcos mercantes y caravanas traían noticias de todo tipo de todos los lugares del mundo y las llevaban de vuelta.

De este modo, los judíos estaban informados no sólo de los acontecimientos de su propia comunidad y nación, sino no menos de las condiciones comerciales y políticas de todos los países, lo que les aseguraba una ventaja sobre los demás pueblos en todas las relaciones.

Tenemos correspondencias que ofrecen pruebas convincentes de la constante conexión internacional de los judíos. Así, en el siglo 13 vivió en Barcelona uno de los talmudistas más conocidos de su tiempo, Salomon ben Adereth.[179] Su nombre fue difundido por tierras lejanas por viajeros judíos y los rabinos de sus comunidades dirigieron preguntas de todo tipo al sabio de España. Sus "respuestas", un total de 6.000, muestran que mantenía una correspondencia escrita inmediata con los judíos de Portugal, Francia, Bohemia, Alemania, incluso con Constantinopla y las ciudades de Asia y el norte de África". Echando un vistazo a estas respuestas, uno no puede evitar asombrarse", dice un historiador judío, "de los notables medios de comunicación que estaban al mando de los judíos a pesar de todos los obstáculos...; para un erudito en Austerlitz o en la Mühlhausen alemana no parece haber sido menos fácil enviar sus cartas a España que para uno en Viena, Roma o Aviñón".[180] Otra prueba de la buena organización de la red de noticias de los judíos es el siguiente incidente:

---

[179] [Salomón o Shlomo ben Aderet (1235-1310) fue un conocido banquero y rabino sefaradí].

[180] J.S. Bloch, *Die Juden in Spanien*, Leipzig, 1875, p.86.

En la costa africana siempre hubo focos de innumerables piratas turcos. Aquí anidaban preferentemente los judíos. Eran bien tratados por los turcos, ya que les pagaban un peaje, compraban inmediatamente las mercancías robadas y las expedían; sobre todo, sin embargo, por su servicio de espionaje.

> "Mantenían", dice un escritor de la época (17 siglo) "una amplia correspondencia en toda la cristiandad, de modo que los turcos disfrutaban a través de ellos de una gran ganancia en el comercio de esclavos.
>
> Al mismo tiempo, podían ser alertados a tiempo de lo que se planeaba emprender en la Cristiandad. Así ocurrió que, en 1662, la ciudad de Hamburgo equipó dos navíos de guerra para proteger sus barcos de los piratas. Los barcos aún no se habían hecho a la mar cuando los esclavos de Argelia escribieron que los piratas conocían todas las circunstancias: cuán fuerte, cuánta gente había en la flota y qué rumbo iba a tomar la nave".[181]

Que los judíos estuvieran mejor orientados en las relaciones exteriores y poseyeran buenas conexiones en todos los países tampoco es un logro de nuestro tiempo, sino que ya era así desde hace siglos. Así que también es comprensible que los príncipes europeos buscaran a menudo a judíos como asesores políticos: Carlomagno, por ejemplo, dio a sus enviados a Persia (ambos de los cuales, curiosamente, murieron durante el viaje) un judío como escolta en el correcto cálculo de que estos últimos podrían aprender mejor y más rápidamente de los judíos de allí todo lo que valía la pena saber; los reyes españoles estaban constantemente rodeados de consejeros judíos, y no menos los príncipes de Fez y Trípoli, el sultán y otros gobernantes.

Así, estos pueblos, dispersos por el mundo y, sin embargo, indisolublemente unidos, desempeñaron un papel perceptible en la política de las naciones ya en los tiempos más remotos. Es

---

[181] J. Schudt, *Jüdische Merkwürdigkeiten*, 1714, Vol.I, p.88.

indudable que prestaron servicios a muchos príncipes, pero no es menos cierto que con mayor frecuencia les acarrearon grandes calamidades. Aquí cabe hacer una observación fundamental. Los judíos, no importa en qué reino hayan entrado, llegaron como un pueblo encerrado en sí mismo que en ninguna parte y nunca mostró el menor deseo de involucrarse más estrechamente con el pueblo nativo de lo que era absolutamente necesario para el comercio.

Desde el principio, debido a una arrogancia natural y muy desarrollada, consideraron a todos los pueblos como inferiores y estaba fuera de cuestión que el judío se fusionara con el anfitrión que le proporcionaba hospitalidad. Y entonces es natural (dejando a un lado la evaluación moral) que él, donde fue llamado a, o fue capaz de arrastrarse a, posiciones eminentes, tratara de la manera que le pareciera mejor a sus requisitos personales y nacionales.

Los intereses del país podían coincidir con los de los judíos, en ese caso se les apoyaba; si no, se les abandonaba. Cualquiera que tenga una idea de la tenacidad con que los judíos se mantenían unidos en religión y política, a pesar de todas las persecuciones autoinducidas, de cómo, trasladándose de un país a otro, se hacían sólo más rígidos y duros, no encontrará difícil comprender que esta gente, salvo naturalmente muy pocas excepciones, no fuera capaz de concebir la idea de la ciudadanía estatal y, en general, de elevarse al concepto desinteresado del deber.

Aunque en épocas anteriores la política judía se limitaba a unas pocas naciones y aún no abarcaba el mundo entero, y aunque puede que no se llevara a cabo tan deliberadamente como hoy, el factor nacional siempre estuvo, junto con el puramente personal, en primer plano.

Al principio, esta actividad se dirigía sobre todo contra el pueblo que los acogía y, como ya se ha dicho, sólo cuando se promovían también los intereses de los judíos se prestaban servicios al país en cuestión. Johann Chrysostomus [182] ya se vio obligado a levantar la voz:

> "Estos traidores, estos peores villanos, traicionan nuestra patria, nuestra fuerza a los turcos; ¡y nosotros los toleramos, los alimentamos! ¡Eso es atizar el daño a nuestros corazones, calentar la serpiente en nuestro pecho!"[183]

Ya antes del estallido de las Cruzadas, los sarracenos eran informados en cada ocasión por los judíos europeos de las intenciones de Europa y podían tomar medidas contra ellos a tiempo. Cuando los reyes de León, Castilla y otras tierras (ca.1221) estaban en guerra con los moros, éstos utilizaron a judíos cercanos a las cortes españolas como espías que delataban los planes y preparativos de la cristiandad; Del mismo modo, cuando el Duque de Florencia preparaba un ataque a la isla de Negroponte, la empresa fue pronto traicionada a los turcos por judíos de Livorno,[184] de hecho ellos proveyeron a los turcos de armas y municiones, del mismo modo que los venecianos en la guerra de Kandish en Istria[185] en 1646 también capturaron un barco cargado por los judíos con material de guerra que se dirigía a Constantinopla. Cuando el cardenal Jiménez inició en 1509 una

---

[182] [Joannes Chrysostomus (h.347-407) fue arzobispo de Constantinopla y uno de los primeros padres de la Iglesia. Sus homilías exegéticas sobre la Biblia son clásicos de la literatura cristiana y su Divina Liturgia se sigue utilizando en la Iglesia ortodoxa oriental. Sus ocho homilías contra los judíos y los cristianos judaizantes fueron editadas colectivamente como Adversus Judaeos (Contra los judíos) por el monje benedictino Bernardo de Montfaucon (1655-1741)].

[183] Citado en des Mousseaux, *Le Juif, le judaisme et la judaisation des peuples chrétiens*, p.106

[184] A. Favyn, *Histoire de Navarre*.

[185] [Istria es una península del Adriático que hoy comparten Italia, Eslovenia y Croacia].

campaña contra Orán,[186] la conquista de la ciudad le habría resultado difícil si no se hubieran encontrado algunos traidores, a cuya cabeza se encontraba el judío Catorra,[187] que exigió así muchas libertades para sus correligionarios. En 1513, los portugueses sitiaron la ciudad de Azamor.[188] Sus ataques fueron resistidos valientemente por los moros, pero su líder cayó en uno de ellos, lo que provocó disturbios en su campamento. Los numerosos judíos representados en Azamor celebraron una reunión en la que decidieron abrir las puertas de la ciudad a los portugueses si juraban salvar a los judíos. El comandante portugués, el duque de Braganza, contento de evitar un asedio extenuante, aceptó, y Azamor le fue entregada por la traición judía. La ciudad fue, según la costumbre de aquellos tiempos, saqueada y sólo las casas de los judíos, con avisos delante de ellas, protegidas de ello.[189]

De nuevo, con la ayuda de los judíos, los portugueses conquistaron la ciudad de Safi[190] en 1508; sin embargo, como los conquistadores no eran muy numerosos, se vieron obligados a refugiarse en el castillo. En la ciudad se produjo un conflicto entre dos partes enfrentadas y, dado que una contienda entre los ciudadanos era muy oportuna para el comandante del ejército portugués Azambuja, éste hizo entregar cartas con un contenido similar a través de un médico judío a los líderes de las partes rivales, a los que el judío conocía muy bien, en las que estaba escrito que un oponente pretendía matar al otro, y luego venía la invitación a unirse sin embargo con los portugueses. Ambos

---

[186] [Una ciudad en la costa noroeste de Argelia]

[187] Boissi, Disertaciones.

[188] [Ciudad de Marruecos situada al suroeste de Casablanca]

[189] Boissi, Disertaciones.

[190] [Una ciudad en la costa atlántica de Marruecos]

líderes cayeron en la trampa y Azambuja pudo finalmente conquistar la ciudad.[191]

La ciudad de Cithibeb[192] se había declarado independiente de los príncipes de Fez y libró durante tres años una guerra por su independencia. Debía su éxito especialmente a sus comandantes. Reconociendo esto, el príncipe de Fez decidió matar al líder, a ser posible en secreto. Para ello, un médico judío de Cithibeb ofreció sus servicios, envenenó al líder y, desmoralizada de este modo, la ciudad se entregó a los sitiadores.[193]

Cuando, en tiempos de Trajano,[194] los judíos de Cirenaica eran tan numerosos que formaban la mayoría de la población, hicieron como más tarde en Chipre: masacraron a todos los demás habitantes, 220.000 en total. Aún así, Isaac Orobio de Castro[195] pudo, mucho más tarde, informar con mucho orgullo:

> "Así como los reyes turcos y persas y sus gobernadores no emprenden nada sin los judíos, los enviados sólo pueden llevar a buen término los negocios de sus reyes con la mediación de los judíos".

Estos pocos casos se pueden multiplicar a voluntad, por lo que hay que subrayar que se pueden ignorar por completo aquellos en los que realmente les fue mal a los judíos, aunque nunca sin su propia provocación, y por lo tanto habían podido actuar sobre la base de un sentimiento de venganza como, en la época de las

---

[191] Keyserling, *Geschichte der Juden in Portugal*.

[192] [En Marruecos]

[193] Jean Leon, Description de l'Afrique, en Boissi.

[194] [Trajen (53-117) fue emperador romano del 98 al 117 d.C.].

[195] [de Castro (1617-1687) fue un médico y filósofo judío portugués que vivió primero en España, donde fue perseguido por la Inquisición, y luego se trasladó a Toulouse y Ámsterdam, donde siguió profesando y ejerciendo la medicina; cf. p.181 infra].

persecuciones judías, hizo Duarte de Paz, famoso por sus artimañas, que era el enviado portugués en Roma y en calidad de tal puso en marcha todas las palancas con el Papa contra el rey de Portugal con una licencia expresa y el apoyo generoso de sus compañeros de tribu en Lisboa.

Así operó la actividad judía en los países del mundo desde la antigüedad hasta el Congreso de Viena,[196] en el que ya los Rothschild llevaron a cabo su política desastrosa para Alemania, y hasta el Tratado de 1871[197] y, más que nunca, en nuestros días. Sobre ello la siguiente observación.

El judío y el alemán

Es bueno diferenciar, en el caso del frío intelecto de la personalidad judía, entre dos factores: entre las motivaciones racionales y las de naturaleza más sentimental. A las primeras pertenece la clara persecución de intereses tanto personales como nacionales y la evaluación de éstos en la entrada en la política de los estados; a las segundas, la pasión del odio contra otras naciones que a menudo arde a través de estos cálculos.

No siempre el judío, en cuanto adquiría influencia, era el hombre de negocios y el político frío; a menudo alguna insaciabilidad lo empujaba a la desmesura y tenía para sí las consecuencias más amargas. Una explotación y una usura menos afanosas, una arrogancia religiosa y nacional menos acentuada le habrían ahorrado plenamente muchas penas; pero el principio judío de la

---

[El Congreso de Viena tuvo lugar en 1814-1815 y fue presidido por el príncipe austriaco Metternich. Tras las guerras revolucionarias y napoleónicas, su objetivo era redibujar las fronteras nacionales dentro de Europa de manera que se estableciera un equilibrio de poder.] [196]

[197] [La guerra franco-prusiana concluyó con un tratado de paz firmado en Versalles en 1871 y ratificado ese mismo año en Fráncfort. Marcó el surgimiento de un Imperio Alemán unificado].

explotación de todos los pueblos, tal como lo reconocieron Dostoievski, Fichte, Goethe y otros grandes, nacido de la profunda aversión a todo lo no judío, hizo finalmente del judío aparentemente frío un odiador apasionado. Este odio es tan antiguo como el propio judaísmo, y se manifiesta en todas partes según la dirección que se le abra. La época actual es ahora una arena de pasiones judías apenas controladas que se han combinado con una política mundial orientada a objetivos y dirigida por hombres inmensamente ricos; y en su mayor parte este odio judío se dirige contra dos pueblos: contra el ruso y el alemán. Estos hechos que siempre han estado presentes sólo pueden ser descartados con una sonrisa por un niño o un jefe judío. Rezuma de todas las hojas del bosque de los periódicos judíos, y resuena, sólo medio oculto, de las bocas de los políticos judíos.

Y para comprenderlo más profundamente: ningún pueblo del mundo desprecia tanto el misticismo, la aprehensión de un secreto que sólo puede expresarse en palabras con dificultad, como los judíos. Consideran la ausencia de tal cualidad no como una carencia, al contrario, como el signo de un don excepcional, y se jactan de no poseer ni mitología ni alegorías (consecuencia necesaria de todo misticismo). Basta echar un vistazo a la historia de las religiones para confirmarlo. Permítanme darles sólo una frase que data de 1905: "El judaísmo es la única de todas las religiones que no ha creado ninguna mitología y, lo que es más importante, contradice básicamente toda mitología".[198] Más adelante: "La religión está alejada de todo misticismo y de todo esoterismo",[199] y muchos otros pasajes. Ahora bien, quizá no haya en Europa ninguna nación que haya explorado y explicado el misterio interior del hombre como la alemana. Por lo tanto, constituye en su carácter más profundo la antítesis espiritual del judío; sin embargo, si alguien piensa que esto no ha influido en la

---

[198] L. Bäck, *Wesen des Judentums*, Berlín, 1905. p.62.

[199] Ibídem, p. 22.

conducta, está muy equivocado. Pues lo que en lo más profundo del hombre se opone, ley y religión, fórmula e imaginación, dogma y símbolo, eso se manifestará en la superficie de la vida como una oposición, la mayoría de las veces inconscientemente, pero no por ello menos clara. Y quien haya explorado un poco el alma rusa escuchará también de ella tonos profundos que casi nunca alcanzan una síntesis, pero que no por ello se oponen menos a la disposición del judío.

A ello se añade, en el caso del alemán, su proverbial honradez e incorruptibilidad (que desgraciadamente ha sufrido mucho a causa de la guerra y la revolución), y también su sencillez, torpeza y honradez, factores todos ellos que han sido siempre para el judío una espina en el ojo, que siempre trató de socavar, sobre los que hacía bromas irreflexivas y se consideraba siempre superior, como expresa el clásico dicho del judío Auerbach[200] : "Nosotros los judíos somos de hecho la raza más inteligente. Tome a un judío de Polonia vestido con harapos y ponga frente a él al campesino más inteligente de la Selva Negra, ¿a favor de quién se decidiría? Sin duda por el judío, porque el campesino alemán es estúpido, el judío más podrido, en cambio, sigue siendo judío". Esa es aún hoy la confesión instintiva o consciente de todos los hebreos.

El judío siempre ha odiado al pueblo alemán. Ciertamente, tampoco ama a los franceses y anglosajones, pero se siente mucho más cercano a ellos. El vanidoso y cada vez más superficial francés, el sobrio anglosajón que al mismo tiempo tiende a supersticiones intolerantes, son personajes mucho más simpáticos para el judío que el alemán, a pesar de todos los intentos de congraciación. Así se ha podido constatar, desde los primeros tiempos, que los judíos alemanes son los enemigos más acérrimos del pensamiento alemán; y cuanto más se esfuerzan por conseguirlo y se nutren de él, más claramente aflora el odio. Por eso un Heinrich Heine pudo elevar con respecto a Goethe el

---

[200] [Berthold Auerbach (1812-1882) fue un novelista judío alemán].

reproche de cobardía moral;[201] por eso un Ludwig Börne calculó el comienzo de la libertad alemana a partir de la muerte de Goethe;[202] por eso todos los periodistas y profesores judíos tratan de disminuir a nuestros grandes hombres, de "describirlos objetivamente", como se llama a esta falsificación; por eso desprecian a Bismarck; por eso el profesor Graetz, alabado con entusiasmo por todos los judíos, resume su juicio sobre los alemanes diciendo que los alemanes son "los inventores de la baja mentalidad esclava" y que los alemanes deben "el gusto refinado, el sentimiento vital y temerario por la verdad y el impulso hacia la libertad a los dos judíos Heine y Börne". Precisamente a Heinrich Heine.

Cuánta razón tenía Lagarde[203] cuando respondió así a la pregunta de dónde había que buscar al judío: "Siempre del lado de aquellos entre los que se encuentra la menor comprensión de la historia alemana". Por eso podemos, incluso en nuestros tiempos, ver de nuevo que un tal Isidore Witkowsky (Maximilian Harden),[204] el supuesto admirador de Bismack, dio "conferencias educativas" justo después del estallido de la revolución en las que se atrevió a sospechar del gran hombre de nuestro tiempo, Hindenburg, y al

---

[201] [Véase más abajo p.173]

[202] [Ludwig Börne (Loeb Baruch, 1786-1837) fue un satírico político judío alemán que se trasladó a París tras la Revolución de Julio de 1830.

[203] [Paul de Lagarde (né Bötticher) (1827-1891) fue un biblista y orientalista cuya obra nacionalista alemana, Deutsche Schriften (1878-1881), influyó en el antisemitismo de Rosenberg. Para lecturas de esta obra, véase A. Jacob, Europa: German Conservative Foreign Policy 1870-1940, Lanham, MD: University Press of America, 2002].

[204] [Maximilian Harden era el seudónimo de Felix Ernst Witkowski (1861-1927), periodista judío alemán que se hizo pasar por monárquico y luego atacó al káiser Guillermo II por supuesta homosexualidad, del mismo modo que al principio aplaudió la invasión alemana de Bélgica en 1914 y luego apoyó el Tratado de Versalles de 1919. Poco después del asesinato de Walther Rathenau en 1922, fue atacado por miembros de los Freikorps, por lo que se trasladó en 1923 a Suiza, donde murió].

mismo tiempo a discernir en el colapso de Alemania el comienzo de una "gran era".

Esta oposición insuperable de las almas nacionales es la causa principal del odio judío, cuya operación sólo se ve en segundo término. Los judíos de Rusia no deberían haber odiado al pueblo ruso, sino sólo al zarismo, porque el ruso mismo no sufrió menos, es más, más que el judío, bajo el régimen anterior, y tendió una mano fraternal a este último también inmediatamente después de la Revolución. Pero el gobierno judío de Moscú, que se había hecho con el poder mediante una falta total de escrúpulos, perseguía todo lo ruso y trataba de eliminarlo de raíz. Su odio triunfó sin límites; pero será destruido en su insaciabilidad: ése es el curso de la necesidad histórica basada en el carácter nacional.

En Alemania, los judíos habían conseguido desde hacía mucho tiempo sentirse como en casa, habían adquirido para ellos y sus camaradas con la ayuda de todos los medios los mejores lugares, lo que sin embargo no impidió que apenas pasara un día en el que, gracias a la libertad de prensa, el alemán o el cristiano no recibieran bromas insolentes o en el que (durante la guerra) el socavamiento del espíritu de resistencia alemán no se llevara a cabo con el mayor entusiasmo mediante una alabanza de las naciones de la Entente dispuestas a la paz y un desprestigio del "militarismo" alemán.

En ningún otro país del mundo los hombres habrían podido permitirse un lenguaje tan provocativamente antinacional en un momento del destino de la nación como los judíos Cohn[205] y Haase[206] hicieron en el parlamento, ¡y de hecho con bastante

---

[205] [Oskar Cohn (1869-1934) fue un político judío que trabajó con Karl Liebknecht, fundador de la Liga Espartaquista, y fue un sionista acérrimo. Huyó a París en 1933].

[206] [Hugo Haase (1863-1919) fue un socialista judío que llegó a ser presidente del Partido Socialdemócrata Alemán (SPD), junto con el alemán August Bebel,

descaro y sin impedimentos! Preocupado por el éxito de un complot de un camarada racial en Moscú, el Sr. Hugo Haase gritó una vez (en el verano de 1918):

> "Si el gobierno alemán emprendiera algo contra el gobierno soviético, es nuestro deber sagrado llamar al proletariado alemán a la revolución".

Estas palabras de un agitador sin escrúpulos que traicionaba a la nación alemana y sus intereses ¡pudieron resonar sin castigo!

Los judíos de la Entente

La guerra mundial había enfrentado a dos poderosos grupos de poder y, en consecuencia, también había dividido al pueblo judío en dos partes. Aparte de Rusia, las principales personalidades judías de Francia, Inglaterra, Italia y Norteamérica se mantuvieron unidas y cerradas tras los gobiernos antialemanes de estos estados y, de hecho, eran los judíos más ricos e influyentes del mundo, contra los que la colonia de judíos de Berlín no podía desempeñar ningún papel decisivo.

Pero Londres era el centro; desde aquí se extendía la actividad de la federación mundial judía, aquí se encontraba el centro de gravedad de la cuestión judía. Se dice que los judíos de un Estado dentro de otro Estado. Pero eso es sólo una verdad a medias; pues es mucho más importante subrayar que representa un estado sobre los estados. En comparación con el gobierno central en Londres del estado-mundo judío, la rama alemana se encontraba en una posición incómoda. Aparte de los forasteros cegados y llenos de odio Cohn, Haase, Luxembourg, [207], etc., había naturalmente

---

en 1911. Se declaraba pacifista y organizó una gran manifestación contra la guerra en julio de 1914].

[207] [Rosa Luxemburg (1871-1919) fue una marxista judía que fundó, junto con Liebknecht, la Liga Espartaquista, que acabó convirtiéndose en el Partido

bastantes hombres de negocios judíos fríos que, puesto que no podían, en interés de todos los judíos, aprobar de antemano una victoria alemana completa, no deseaban sin embargo renunciar a la ovejita que habían agarrado. Así que intentaron equilibrar la política alemana. Eso habría reforzado su poder pero al mismo tiempo quizás no habría molestado demasiado a los poderosos de Londres.

Lo que la intención de los financieros judíos había sido incluso antes de la guerra quedó totalmente claro durante la misma, a saber, que los objetivos nacionales internacionalmente dirigidos de la judería debían considerarse coincidentes con los del Imperio Británico.

Eso significaba que los judíos estaban decididos a concentrar al máximo sus intereses y a garantizar en todas partes su seguridad nacional a través de un poderoso Estado mundial o de un consorcio al que apoyaran. Percibiendo poco a poco la utilidad de tal orientación, los periodistas judíos alemanes frenaron entonces cada vez más el carro alemán y aceleraron sin cesar el anglo-judío.

Las críticas más amargas contra Alemania resonaban en los periódicos dirigidos por judíos y apoyados gustosamente, naturalmente, por su claro sentimiento antialemán, por los estados de la Entente. El lector encontró las mismas ideas por todas partes en un centenar de formas y lo que eso significa en los tiempos actuales puede ser imaginado por cualquiera sin dificultad. Aquí hubo una cooperación de una docena de judíos ennoblecidos de la Cámara Alta.

Se sabe que los judíos en Inglaterra llegaron a ser muy influyentes, que los títulos de baronet y peer con todos los

---

Comunista de Alemania (KPD). Tanto Luxemburg como Liebknecht fueron asesinados por los Freikorps en 1919].

privilegios les fueron vendidos descaradamente por diez, cincuenta, cien mil libras esterlinas (durante la guerra se hizo lo mismo con los proveedores del ejército). Aquí destacaron dos judíos: Abraham Sassoon y Sir Ernest Sassel, que habían emigrado de Alemania. En aquella época los que cambiaban de escena en la Cámara de los Lores eran Montague (Montag, un antiguo relojero gallego), Rothschild, Burnham (Levy-Lawson), Herschel (Neftalí), Ludloy (Levi), etc.

Ahora bien, el centro de la fraternidad judía lo constituyó la Alliance israélite universelle. Hay judíos y jefes judíos que aún hoy se preocupan de representar esto como una sociedad filantrópica y políticamente inofensiva y, por supuesto, hay más gente que cree indiscriminadamente esta mentira evidente. El apoyo de los judíos sin medios naturalmente sólo una fachada; ya el fundador de la Alianza, Crémieux,[208] se había dado una tarea política desde el principio, "Un nuevo imperio debe surgir... en lugar del Emperador y del Papa", dijo en la primera Asamblea General y más tarde informó: "Avanzamos a grandes pasos, la Alianza se está convirtiendo en una verdadera potencia".

Eso es suficientemente inequívoco, y la benévola actividad de la Alianza consistió durante décadas en suprimir asuntos escandalosos contra los judíos, los "inocentemente perseguidos", y otras cosas por el estilo. Y hoy la inconmensurable riqueza opera en todos los estados para el gobierno mundial judío. Más que nunca tiene razón el dicho de que la Alianza: "encuentra acceso a los tronos más poderosos y que todas las autoridades políticas y municipales le deferen".[209]

---

[208] [Adolphe Crémieux (de soltera Isaac Moïse) (1796-1880) fue un político liberal judío francés que fundó la Alliance Israelite Universelle en 1860].

[209] *Allgemeine Zeitung des Judentums*, febrero de 1891; Heise, Ententefreimaurerei [Karl Heise, Entente-Freimaurerei und Weltkrieg:Ein

A esta sociedad secreta todopoderosa se podría decir que pertenecían además, aparte de los mencionados lores ingleses, los siguientes estadistas: Burnay, Herbert Samuel (antiguo Lord Mayor de Londres), el Conde de Reading (Rufus isaacs, ya fallecido, que había sido propuesto como juez sobre Wilhelm II, culpable de "dañar la ética internacional"), George Ernest (Salomon), B. Putmann (Simonsohn), todos en Inglaterra; los Rotschild y los Lavino en Francia; el gran maestro Lemmi, el secretario del Tesoro Luigi Luzzati, el ministro de Asuntos Exteriores Sonnino, el ministro de Guerra Ottolenghi, Barzilai (Bürzel), todos en Italia; Nathan Strauss, Bernhard Baruch (director de todas las industrias de guerra en Estados Unidos y representante de 26 naciones de la Entente en transacciones en todas partes del mundo), todos en América; Fronseca, Castro y Pereira en Portugal y Brasil, etc.[210]

Estos nombres hablan alto sin tener que citar los negocios de miles de millones de marcos y todo el que tenga un juicio hasta cierto punto desprejuiciado debe decirse a sí mismo que demuestran una fuerte actividad cooperativa. Aunque estas personas pudieran tener conflictos empresariales, en una cosa estaban unidas: destruir Alemania.

Los judíos y la masonería

Los judíos especuladores del mundo están de otra manera estrechamente ligados a los dirigentes del destino de los Estados de la Entente: a través de la masonería.

Beitrag zur Geschichte des Weltkrieges und zum Verständnis der wahren Freimauererei, Basilea: Ernst Finckh, 1920].

[210] Heise, op.cit., p.49. Por cierto, en Heise se observan algunos errores comprensibles.

No deseo entrar en mayores detalles ni sobre los muchos "misterios" ni sobre los supuestos secretos de los francmasones, sino sólo iluminar el efecto político de la orden y sus objetivos.

El país en el que nació la verdadera masonería es Inglaterra. Desde Inglaterra se fundaron logias en Francia y Alemania a principios del siglo 18, en 1721 en Dunkerque y Mons, en 1725 en París, en 1733 en Valenciennes, etc. Aunque el rey amenazó con todo a la sociedad secreta, ganaron tantos adeptos que ni siquiera la perspectiva de la Bastilla les asustaba. En 1756, numerosas asociaciones se unen en una "Gran Logia de Francia".

Independientemente de ella, surgió en París el "Gran Oriente de Francia" bajo el duque de Chartres, más tarde Philippe Égalité,[211] como Gran Maestro. En 1778, sólo en París funcionaban 129 logias y en provincias, 247. La formación de las sociedades secretas experimentó una evolución similar en otros países.

Aunque entre ellos pudieran haber prevalecido muchos desacuerdos, en una cosa estaban unidos: en la batalla contra la monarquía y la Iglesia.

Para decirlo brevemente: la orden masónica era, y es, una organización secreta internacional cuyo objetivo es instaurar una república mundial antirreligiosa. Este objetivo estuvo siempre ante sus ojos, incluso cuando a menudo utilizó y apoyó a la

---

[211] [Luis Felipe, duque de Orleans (1747-1793) fue un activo partidario de la Revolución Francesa y adoptó el nombre revolucionario de Philippe Citoyen Égalité. Fue Gran Maestre del Oriente Francés de 1771 a 1793, año en que se distanció de la masonería. Debido principalmente a la asociación de su hijo, Luis Felipe, duque de Chartres, con el general Charled Dumouriez, que desertó al bando austriaco en marzo de 1793, el duque de Orleans fue arrestado y guillotinado en noviembre de 1793. El duque de Chartres se convirtió en el rey Luis Felipe I en 1830].

monarquía, según su poder y las circunstancias dependientes de ella.

El sermón de que hay que servir al hombre, no a las naciones individuales, encontró en ella su órgano más influyente: la "humanidad" que todo lo abarca, la "libertad, igualdad y fraternidad" de todos los hombres fueron enseñados por ella sistemáticamente, para finalmente abrirse camino por todo el mundo como un evangelio recién anunciado.

> "Destruir toda clase de diferencias entre los hombres", dice el oficial del Gran Oriente, Clavel, "esa es la gran obra emprendida por la Masonería".[212]

Estas pruebas pueden multiplicarse innumerablemente. Las consignas que sacudieron el mundo una y otra vez fueron la moneda de cambio del orden mundial. Sonaron por primera vez en el año de la catástrofe, 1789. La tendencia antimonárquica fue a menudo suprimida por cálculo, pero nunca se perdió y triunfa hoy más que nunca.

> "En los estados monárquicos, los masones bebían a la salud del rey en la comida común. Por supuesto, se insistía en la obediencia a las leyes. Estas medidas de precaución, como la "astucia" exigida a una asociación que tantos gobiernos sospechosos vigilaban, no bastaban por sí solas para destruir la influencia revolucionaria que los francmasones debían ejercer según su propia naturaleza".[213]

> "Es necesario que obtenga el más alto poder político, que se siente en todos los tronos o, mucho mejor, que gobierne todos los

---

[212] Clavel, *Histoire pittporesque de la Franc-maçonnerie*, p.23

[213] Louis Blanc, *Histoire de la révolution française*. [Louis Blanc (1811-1882) fue un político e historiador socialista francés. Su historia de la Revolución Francesa se publicó en 12 volúmenes entre 1847 y 1862.

tronos a través de sus grandes hombres y de las asociaciones de sus hermanos". [214]

Es innecesario dar más citas de los esfuerzos masónicos; todos dicen lo mismo, y en cuanto a las acciones, las revoluciones de 1789 hasta las de hoy fueron en su mayor parte fruto de la influencia masónica.

Sin embargo, antes de pasar a estas cuestiones, hay que subrayar un factor extremadamente importante: la aceptación de los judíos en las sociedades secretas.

El pueblo judío, disperso por todos los países y, sin embargo, estrechamente unido, es, por su propia naturaleza, el pueblo conspirador nato. Teóricamente, las teorías internacionales de la masonería no suponían ahora ningún obstáculo para los judíos.

Ya en 1722 se declaró en Inglaterra que

"La masonería es una asociación de hombres para la difusión de principios tolerantes y humanos en cuyos esfuerzos pueden participar tanto el judío y el turco como el cristiano".[215]

Sin embargo, la aversión hacia los judíos no era fácil de superar y sólo mediante astutas maniobras pudo introducirse y, maestro de intrigas, gobernar. En 1754, un judío portugués, Martinez Paschalis,[216] fundó una secta cabalística a la que afluyeron judíos en gran número.

---

[214] Véase Deschamps, *Les sociétés secrétes*, vol. II, p. 239. [Nicolas Deschamps (1797-1872) fue un jesuita cuyo estudio de la masonería como agencia de subversión religiosa, moral, social y política fue publicado póstumamente en 1874-1876].

[215] Lémann, *L'entrée des Israélites dans la société française*, p.353.

[216] [Martínez de Pasqually (hacia 1727-1774), posiblemente judío sefaradí, creó hacia 1760 la Orden de los Caballeros Sacerdotes Élus Coëns de

Tras su muerte, Saint-Martin [217] asumió la dirección de la sociedad. Ésta desarrolló ramas en todos los países e incluso en Rusia (los Martinistas). En Inglaterra, Toland[218] había trabajado por la naturalización de los judíos ingleses y escribió dos obras (1713 y 1718) con este fin; en Alemania, los salones judíos se habían convertido en centros de influencia política; Mendelssohn había conquistado a Lessing[219] para los objetivos judíos y supo moldearlo para ellos; a petición suya, Dohm escribió (1781) la obra antes citada sobre la reforma de la política judía cuyas propuestas, como vimos, sirvieron a Mirabeau de base para su promoción de los intereses judíos.[220]

---

l'Univers, introduciendo así una orden hebrea de "sacerdotes" ("kohen") en la masonería, aunque se trataba de una orden esotérica teúrgica. Su principal tratado "Sobre la reintegración de los seres" fue redactado en manuscrito por su alumno y secretario, Louis-Claude de Saint-Martin (véase la nota siguiente)].

[217] [Louis-Claude de Saint-Martin (1743-1803) fue un aristócrata francés que conoció a Martínez de Pasqually en 1768 y se convirtió en su secretario. Saint-Martin se interesó también por las obras del místico alemán Jacob Boehme (1575-1624), cuyas obras tradujo al francés. Descontento con el teurgismo de Pasqually, Saint-Martin abogó por la meditación como técnica para desarrollar una forma espiritual del cristianismo].

[218] [John Toland (1670-1722) nació en Irlanda como católico de origen oscuro, pero se convirtió al protestantismo y se hizo filósofo racionalista y republicano. En 1714 publicó una obra titulada Razones para naturalizar a los judíos en Gran Bretaña e Irlanda, en la que defendía la plena ciudadanía y la igualdad de derechos para los judíos].

[219] [Gotthold Ephraim Lessing (1729-1781) fue un dramaturgo y crítico amigo íntimo del judío Moses Mendelssohn. Sus obras fueron pioneras del teatro burgués y el personaje de Nathan en su obra Nathan der Weise (1779) se basó en el propio Mendelssohn. Esta obra, que intenta demostrar que las concepciones humanas de Dios son relativas, fue prohibida por la Iglesia y representada por primera vez póstumamente en 1783].

[220] [Mirabeau publicó una obra sobre los judíos titulada Sur Moses Mendelssohn, sur la réforme politiques des Juifs, Londres, 1787].

De este modo, la moral y el poder de las logias judías se fortalecieron lo suficiente como para lograr su aceptación oficial en el conjunto de la asociación. Esto ocurrió en la memorable convención de Wilhelmsbad en 1781.

Allí el fundador de la orden alemana de los Illuminati, Weishaupt, [221] había convocado un congreso de todas las sociedades secretas. Allí aparecieron delegados de todos los países de Europa, América, incluso de Asia. Aquí se unificaron todas las conspiraciones bajo la fórmula de Weishaupt "unir a los hombres de todos los países, de todas las clases y de todas las religiones por un interés superior y en una asociación duradera". [222] Y el representante de los Martinistas franceses declaró a una investigación sobre los resultados del congreso:

> "No os daré los secretos que traigo; pero lo que creo que puedo deciros es que se ha instigado una conspiración y que será difícil que la religión y los gobiernos no caigan".[223]

Esas palabras se expresaron ocho años antes de su cumplimiento. El tiempo transcurrió hasta entonces en una celosa actividad clandestina. Sobre eso Louis Blanc informa:

> "Se había formado una asociación extraordinaria. Sus miembros vivían en los países más diversos, pertenecían a todas las religiones (incluso a la judía) y a todos los estratos sociales. En vísperas de la Revolución Francesa ya había adquirido una importancia inconmensurable. Se había extendido por toda

---

[221] [Adam Weishaupt (1748-1830) fue el fundador bávaro de los Illuminati. Primero fundó una Orden de Perfectibilistas en 1776 con el fin de abolir todos los gobiernos monárquicos y las religiones estatales en Europa. Fue iniciado en la Logia Masónica de Múnich en 1777, pero pronto desarrolló sus propias técnicas gnósticas de iluminación humana, que incorporó a su nueva orden de los Illuminati].

[222] Ibid.

[223] Ibídem, p. 339.

Europa y aparecía en todas partes como una asociación cuyos fundamentos contradecían los principios de la sociedad civil..."

En 1785 se celebró un gran concilio en París, donde, entre otros, especialmente Cagliostro (el judío Giuseppe Balsamo, fundador del "Sistema Egipcio")[224] desempeñó un papel predominante. Aquí se decidió finalmente la Revolución Francesa. En 1787, Cagliostro tuvo la insolencia de dirigir un manifiesto al pueblo francés y predecirle todos los acontecimientos que más tarde se hicieron realidad: la destrucción de la Bastilla, el derrocamiento de la monarquía, la introducción del culto a la razón.

La actividad publicitaria se llevó a cabo febrilmente, se distribuyeron las conocidas consignas, campesinos y soldados se hicieron soldados, se determinó el 14 de julio de 1789 como día de la insurrección. Entonces se cerraron las logias y los hermanos se dirigieron a los ayuntamientos y a los comités revolucionarios.

Cuando finalmente, en 1789, el populacho instigado en el exterior irrumpió, los conspiradores se sentaron con el estúpido rey, le prometieron fidelidad, le pintaron imágenes engañosas del temible poder del pueblo ultrajado, le aconsejaron preservar la paz cívica, la renuncia a sus privilegios monárquicos, etc. Y cuando por fin lo habían debilitado, usurpado el poder para sí mismos, lo escondieron en el templo. Un documento sumamente interesante sobre los poderes de esta época nos lo proporciona el antiguo ministro prusiano de Asuntos Exteriores, el conde

---

[224] [Cagliostro era el nombre falso del falsificador y estafador Giuseppe Balsamo (1743-1795), nacido en el barrio judío de Palermo (Sicilia). Se dice que creó un rito egipcio de la masonería y estableció varias logias por toda Europa. Fue detenido en 1789 como masón y condenado a muerte, aunque el Papa conmutó la pena por cadena perpetua].

Haugwitz,[225] en unas memorias de 1822 que escribió tras su retiro de la vida política.[226] Cito de ella lo siguiente

> "La aptitud y la educación habían despertado en mí un deseo de conocimiento que lo ordinario no satisfacía; a través del conde Stolberg y del doctor Mumser fui yo mismo aceptado en el capítulo... Fui llamado a asumir la dirección superior de una parte de las conferencias masónicas prusianas, polacas y rusas. La masonería estaba dividida en dos partidos. Uno buscaba la piedra filosofal y se ocupaba de la alquimia... Era diferente con el otro partido, cuyo jefe aparente era el príncipe Friedrich de Brunswick.[227]
>
> En abierta disputa entre ellos, los dos estaban de acuerdo en una cosa: tener el trono en su poder y a los monarcas como sus depositarios, ése era el objetivo. No me quedaba más remedio que marcharme con éclat o seguir mi propio camino... Adquirí la fuerte convicción de que lo que había comenzado en 1789, la Revolución Francesa, el regicidio, se había introducido durante mucho tiempo a través de conexiones; mi primer impulso fue informar de todo al príncipe Friedrich Wilhelm. Al príncipe le pareció aconsejable no romper del todo la conexión con la masonería, ya que veía en la actualidad, con hombres legales en las logias, un medio de reducir la influencia de la traición... La red secreta existe desde hace siglos y amenaza a la humanidad más que nunca..."

---

[225] [El conde Christian Haugwitz (1752-1832) fue ministro de Asuntos Exteriores de Prusia durante las guerras napoleónicas. En 1806, tras la batalla de Jena, Haugwitz se retiró de su cargo].

[226] Denkschriften und Briefe, 1840, Vol. IV, pp.212-220.

[227] [El príncipe Friedrich-Wilhelm, duque de Brunswick-Luneburgo (1771-1815), participó en la batalla de Jena como general de división. En 1809, creó una Schwarze Schar (Horda Negra) con la ayuda del Imperio austriaco para liberar Prusia del dominio napoleónico].

En una reunión del Comité de Propaganda de la Revolución, el 21 de mayo de 1790, uno de los principales conspiradores (Duport) dijo:

> "Nuestro ejemplo hace inevitable el derrocamiento del trono y la Revolución Francesa arrojará los cetros de los reyes a los pies del pueblo. Pero no debemos quedarnos a la defensiva; si no queremos trasladar la revolución a los demás reinos está perdida... Eso significa buscar posibilidades de revolución en cada gobierno y operar con ellas. La vanidad calienta a los burgueses, la necesidad apremiante arruina al pueblo. Los primeros necesitan oro para jugar, a los segundos les basta con tener esperanzas realizadas..."

El Gran Oriente de Francia publicó un manifiesto en el que dice:

> "Todas las logias se han reunido para unirse, para unir sus poderes en apoyo de la revolución, para obtener amigos y protectores para ella en todas partes, para avivar el fuego, y con él incendiar las mentes, para despertar el entusiasmo en todos los países y con todos los medios a su alcance..."[228]

Después de todo, no es tan sorprendente ahora que entre los principales hombres de 1789 alrededor de 250 fueran francmasones. Que muchos se salieran finalmente de control y fueran entregados a la guillotina por sus hermanos no altera nada en los hechos antes mencionados. Por regla general, el diablo es, en efecto, al final, el tonto.

Los ejércitos franceses marcharon triunfalmente por los países, el tan afamado ejército prusiano, en cambio, cayó de un solo golpe. ¿Por qué? Incluso aquí, junto con la coleta, operaba también el poder secreto.

---

[228] Deschamps, op. cit., Vol. II, pp.138, 150-154.

Al francmasón Dumouriez[229] se opusieron el duque de Sachsen-Teschen, [230] francmasón, como comandante de las tropas austriacas, y el duque Illuminatus de Brunswick, como comandante supremo. Este último, por supuesto, publicó manifiestos amenazadores, exigió seguridad para el rey de Francia, pero sus actos estaban en total contradicción con ellos. Por supuesto, las hordas indisciplinadas de Dumouriez se disiparon, las fortalezas abrieron sus puertas al primer cañonazo, pero la primera ciudad que mostró cierta resistencia, Thionville, ya parecía invencible. En París se creía que todo estaba perdido, pero ocurrió otra cosa. Pues, a pesar de la visible superioridad de las tropas alemanas en Valmy, el duque de Brunswick contravino las órdenes del rey de Prusia, que habrían causado una derrota decisiva al ejército revolucionario, y dejó marchar a las tropas prusianas mientras los franceses se tambaleaban.

Más tarde, Napoleón en Santa Elena dejó entender claramente su opinión de que aquí estaba en juego una traición masónica. E incluso si no queremos suponer ninguna traición, debemos suponer una falta de voluntad interna para luchar contra ejércitos que parecían ser los portadores de ideas a las que gran parte de los propios cuerpos de oficiales prusianos rendían tributo.

El ejército alemán en retirada fue seguido por los victoriosos franceses, las fortificaciones alemanas, defendidas en su mayor parte por oficiales masones, se rindieron sin resistencia. Los

---

[229] [Charles François Dumouriez (1739-1823) fue general francés durante las Guerras Revolucionarias, pero desertó del ejército, junto con el duque de Chartres, en 1793. La batalla a la que se hace referencia aquí es la de Jemmapes de noviembre de 1792].

[230] [El príncipe Alberto de Sajonia, duque de Teschen (1738-1822) fue un príncipe alemán casado con la familia Hasburg. Lideró el ejército imperial contra los franceses en la batalla de Jemmapes].

Illuminatus de Maguncia, Böhmer,[231] invitaron al general francés Custine[232] a sitiar la ciudad a pesar de que éste carecía de casi todo lo necesario para ello.

Tres días después de la petición de éste de rendir la fortificación, los franceses entraron en ella. [233] De forma similar cayeron Francfort, Speier y Worms en manos de Custine y de este modo Brabante y Flandes también se rindieron a Dumouriez. Pero precisamente de esta manera Pichegru[234] "conquistó" Holanda, donde puntos importantes le fueron entregados a través de las conspiraciones de muchos líderes comerciales a cuya cabeza estaba el judío Sportas que era "celoso" de la revolución. Por supuesto la conspiración fue descubierta pero ya era demasiado tarde, los traidores no sufrieron lo más mínimo; pronto cayeron Amsterdam, Nijmwegen y Utrecht.

De esta manera poderosa actuaron las sociedades secretas también más tarde, Napoleón fue apoyado al principio en todos los países. Pero cuando él no deseó unirse a la orden sino utilizarla para sus propósitos, le permitieron caer. Esto sucedió ya en 1809. Mientras que antes estaba maravillosamente bien informado de todo lo que ocurría en el campo enemigo, mientras que los jefes de las tropas alemanas eran engañados con informaciones falsas, ahora Napoleón se encontró en la situación de no estar bien

---

[231] [Georg Wilhelm Böhmer (1761-1839) fue un teólogo que apoyó firmemente la Revolución Francesa y ayudó a establecer, junto con las tropas revolucionarias francesas, la efímera República de Maguncia de 1793].

[232] [Adam Philippe, conde de Custine (1740-1793) fue general del Ejército Revolucionario y tomó Speier, Worms, Frankfurt y Mainz en septiembre-octubre de 1792].

[233] Custine, *Memoires*.

[234] [Jean-Charles Pichegru (1761-1804) fue un general francés que dirigió el Ejército Revolucionario en los Países Bajos, Austria y Alemania, pero en 1795 renunció al Directorio y se unió a los realistas franceses].

informado. Nunca, se dice, fue mayor que en su derrota; pero eso no le ayudó.

Y entre las principales razones de su catástrofe está sin duda su alejamiento de los francmasones que ya no ponían su información a su servicio sino que ahora trabajaban para su derrocamiento.

Pasemos ahora a la situación en Alemania. Aquí, en primer lugar hay que señalar la invasión de los judíos.

En 1807 se funda en Fráncfort del Meno, con apoyo francés, la logia judía "L'aurore naissante".[235] En 1814 fue reorganizada por el patriarca Hirschberg.[236]

Un libro de un francmasón aparecido en 1816, *Jewry in Freemasonry: Una advertencia a todas las logias alemanas*,[237] describe su fundación de Francfort de la siguiente manera:

> "Este nuevo sistema templario judío de la logia de Francfort está claramente relacionado con las intenciones expresadas en el *Organon bíblico*. Los caballeros de la triple cruz deben vengar a Dios por los creyentes -para los judíos todos los no judíos son

---

[235] [La logia "L'aurore naissante" ("La aurora naciente") fue creada en Fráncfort en 1807 por el Gran Oriente de Francia cuando Fráncfort estaba ocupada por el ejército napoleónico. Aceptó a judíos entre sus miembros en una época en la que se les negaba el acceso a las logias masónicas alemanas. Cuando el ejército napoleónico se retiró de Frankfurt, la logia cambió su nombre por el de "Loge zur aufgehenden Mogenröte". En 1817 fue reconocida en Inglaterra como logia masónica por August Frederick, duque de Sussex, Gran Maestre de la Gran Logia Unida de Inglaterra. Ludwig Börne (véase más abajo p.111) fue miembro de esta logia].

[236] [Ephraim Joseph Hirschfeld (hacia 1758-1820) fue un cabalista judío alemán y masón. El Biblisches Organon publicado en 1796 era una exégesis cabalística del Génesis que escribió junto con su hermano Pascal].

[237] [Das Judentum in der Maurerei: eine Warnung an alle deutsche Logen, n.p.,1816.]

infieles- y restablecer la ley del Señor; la recompensa de su trabajo es: para cada caballero un pedazo de la tierra de los infieles. Aquí se oculta una vez más el judaísmo, pues sólo el judaísmo tiene un dios al que sus confesores deben ensalzar y al judío se le promete la propiedad de los infieles más que su propia propiedad legítima".

A la fundación de logias judías en Frankfurt siguieron otras similares en Hamburgo y otras ciudades de Alemania. De estas sociedades secretas procedió una incesante actividad subversiva que impidió que hubiera un curso pacífico en la vida política. Y, en 1848, los judíos aparecieron también en la superficie de la vida alemana. Heine y Börne son las personalidades más conocidas.

"Los judíos proporcionaron en las revoluciones de Europa escritores capaces... 1848 mostró una riqueza literaria judía que apenas se podía imaginar y todos los periódicos de la prensa ministerial, de la llamada constitucional y de la prensa roja fueron inmediatamente publicados y editados casi exclusivamente por judíos". [238]

Y Disraeli, el primer ministro judío de Inglaterra,[239] un hombre que sabía mejor que nadie cómo estaban las cosas, dijo con orgullo:

"La poderosa revolución que se está gestando hoy en Alemania se desarrolla enteramente bajo el patrocinio del judío al que ha llegado un monopolio casi total de la clase profesoral".[240]

---

[238] Eckert, *Der Freimaurerorden*, p.242. [Eduard Emil Eckert (fallecido en 1866) fue un escritor alemán antimasónico. Su Der Freimaurerorden in seiner wahren Bedeutung fue publicado en 1852].

[239] [Benjamin Disraeli (1804-1881) fue el primer ministro judío del Reino Unido durante dos mandatos, en 1868 y 1874].

[240] *Coningsby*, 1844, en des Mousseaux, *Le Juif*. [Coningsby fue una de las varias novelas políticas de Disraeli y estaba ambientada en el período de la Ley de Reforma de 1832] [Henri Roger Gougenot des Mousseaux (1805-1876) fue

Por eso se atacó unánimemente a la religión y se lanzaron piedras de discordia entre protestantes y católicos para inflamar el odio en Alemania.

Todo ello, al igual que hoy, bajo el manto de la tolerancia, la libertad de pensamiento y el humanitarismo. En esto se distinguió especialmente la logia de Hamburgo "En las tres ortigas"[241].

El Sr. Blumröder dijo en una conferencia en la logia (Asträa)[242]:

> "Si el desarrollo de la humanidad debe progresar, las viejas formas en el Estado y la Iglesia deben caer bajo fuertes martillazos.
>
> Las viejas estructuras serán entonces destruidas por la fuerza y si esta destrucción es punible según las leyes humanas, la ley eterna que rige la historia de la humanidad queda sin embargo satisfecha por ello".

Gotthold Salomon,[243] doctor en filosofía, hermano de la logia "Amanecer Naciente", miembro honorario de la logia "Unicornio de Plata",[244] hace pública la siguiente declaración que no puede ser superada en claridad:

---

un escritor francés antimasónico cuyo libro *Le Juif, le judaïsme et la judaïsation des peuples chrétiens* apareció en 1869].

[241] [La logia de Hamburgo "Absalom zu den drei Nesseln: fundada en 1737, fue la primera logia masónica que se estableció en Alemania. Su nombre original era "Loge du St. Jean" y se transformó en "Absalom" (padre bíblico de la paz) en 1743 y luego, en 1765, a su forma actual].

[242] [La logia masónica Zu den drei Schwestern und Asträa zur grünenden Raute se fundó en Dresde en 1738 y fue la tercera logia que se estableció en Alemania].

[243] [Gotthold Salomon (1784-1862) fue un rabino y político alemán que luchó por la emancipación judía].

[244] [La logia Zum silbernen Einhorn estaba en Nienburg].

"¿Por qué tampoco hay rastro en todo el ritual masónico del cristianismo eclesiástico? ¿Por qué los masones no hablan del nacimiento de Cristo sino, como los judíos, de la creación del mundo? ¿Por qué no hay ningún símbolo cristiano en la masonería? ¿Por qué el círculo, la escuadra y la balanza? ¿Por qué no la cruz y otros instrumentos de tortura? ¿Por qué no, en lugar de la Sabiduría, la Fuerza y la Belleza, el trío cristiano: Fe, Caridad, Esperanza?"

El masón Ludwig Bechstein, [245] Consejero de la Corte, Bibliotecario Jefe de Meiningen, Caballero de la Orden del Águila Roja, [246] revela su objetivo en las siguientes ingenuas palabras:

"Todo el mundo quiere ser feliz; el disfrute de la vida es el derecho de todo hombre: pero este derecho se ve muy mermado por la presión del presente".

El Sr. Goldschmidt, un hermano judío, escribe en sus "Signos" con motivo de la disolución de una orden:

"La disolución de la orden en una parte de América no puede merecer aprobación; cualquiera que sea la forma estatal, sólo podrá disolverse el día en que haya un solo dios y una sola invocación".

Que no es el dios cristiano ni la cosmovisión cristiana lo que se quiere decir aquí lo subraya de forma inequívoca el adjunto y camarada racial de Goldschmidt, Ludwig Börne[247] (Baruch). El dice:

---

[245] [Ludwig Bechstein (1801-1860) fue coleccionista de cuentos y bibliotecario del duque Bernardo II de Sajonia-Meiningen].

[246] [La logia "Zum rothen Adler" se fundó en Hamburgo en 1774].

[247] [Véase más arriba p.108n.]

"Nació el dominio y con él la esclavitud. Los malvados se aconsejaron para consolidar su dominio e idearon el cristianismo para provocar conflictos sangrientos entre los hombres. Los buenos y los mejores de cada época vieron esto, cómo la humanidad se agitaba en sus propias entrañas, lo vieron y se lamentaron, pero no desesperaron. Entonces brotó en sus corazones la hierba remediadora. El círculo secreto se reunió en torno al altar de la justicia. ¿Cuál es la asociación que une a los nobles? La masonería".

Lo que sigue debería dar prueba de cómo estaban las cosas en la cabeza de los dirigentes de la masonería: Mazzini[248] explica como su principio que las órdenes debían ser atacadas de tal manera que las revoluciones fueran provocadas por la propia autoridad gubernamental. Escribe además:

"Que el pueblo nunca duerma. Rodeadles de inquietud, agitaciones, sorpresas, mentiras y celebraciones. No se revoluciona un país con paz, moralidad y sabiduría. Hay que frenar al pueblo".

En América, este hombre hizo un llamamiento a la fundación de una alianza universal republicana que termina con estas palabras:

"Creo que es un derecho y un deber sagrado de toda nación y de todo hombre apoyar por todos los medios posibles los esfuerzos en otras naciones y entre otros hombres para la fundación de una alianza universal y republicana. Y me comprometo, como miembro de esta unión, a ayudar a la propagación y realización de nuestro esfuerzo con todo mi poder y con todos los medios".[249]

---

[248] [Giuseppe Mazzini (1805-1872) fue un republicano italiano cuyas actividades revolucionarias contribuyeron a la formación de una Italia unida. En 1831 Mazzini fundó en Marsella la sociedad "Giovine Italia", la Joven Italia, que trabajaba por la unificación de Italia].

[249] Citado en Deschamps, op. cit., Vol.II, p.523.

Cuando, en 1834, los conspiradores se reunieron en Suiza, Mazzini, que había sido expulsado de Francia, se puso a su cabeza. Cargado con un triple asesinato decidido en un tribunal secreto bajo su presidencia, había demostrado que para él todos los medios eran buenos. "La joven Italia" surgió a través de él. "Pero no fue suficiente para el gran maestro", dice D'Arlincourt,

> "Para revolucionar un país, era necesario molestar a todo el mundo. Se fundó la Joven Alemania, la Joven Polonia, la Joven Suiza, la Joven Europa".[250]

Weishaupt, el tan ensalzado idealista,[251] escribió a un hermano de alto rango de la orden:

> "Para seguir siendo dueños de nuestros debates debemos hablar unas veces de una manera y otras de otra. Digamos siempre que el fin mostrará lo que debe tomarse como verdad; se habla a veces de esta manera, otras veces de otra para no ser descubiertos, para que nuestro pensamiento real sea impenetrable para los no iniciados. Quiero convertir a los adeptos en espías, para ellos mismos, para los demás, para todos".

Un hermano de alto rango escribió a otro (Nubius): [252]

---

[250] *L'Italie rouge*, París, 1815, pp.5-6. [Véase la nota siguiente] [La Joven Europa fue una sociedad formada en 1834 en Berna por Mazzini junto a refugiados de Italia, Polonia y Alemania].

[251] [Charles Victor-Prévot, vizconde de Arlincourt (1788-1856) fue un novelista y dramaturgo que escribió una historia de las revoluciones italianas de 1846 a 1850 titulada *L'Italie rouge, ou Histoire des révolutions de Rome, Naples, Palerme...*(1850).

[252] [Al parecer, esta carta fue escrita el 3 de abril de 1844 por un miembro de los Carbonari italianos, similares a los francmasones. En ella se esbozaba un plan de subversión de la Iglesia católica (véase E. Barbier, *Les infiltrations maçoniques dans l'Église*, París/Bruselas : Desclée de Brouwer, 1901, p.5)].

"Todo se somete al nivel al que queremos rebajar a la humanidad. Esperamos socavar para poder gobernar... Pero temo que hayamos ido demasiado lejos; cuando observo las personalidades de nuestros agentes, empiezo a temer no poder controlar la tormenta que se ha conjurado... Hemos despojado al pueblo de sus creencias religiosas y monárquicas, de su honradez y de su familia, y ahora, cuando oímos un trueno a lo lejos, temblamos ya que el monstruo puede devorarnos. Hemos despojado al pueblo, poco a poco, de todo sentimiento honesto; será despiadado... El mundo ha sido conducido a una dependencia de la democracia y desde hace algún tiempo la democracia significa para mí siempre demagogia".[253]

A la misma personalidad se dirige también una significativa carta del judío Piccolo-Tigre, en su época uno de los principales agentes de toda Europa.[254] Tras expresar su satisfacción por un viaje orientado a la agitación, dice:

"A partir de ahora no nos queda más que poner en marcha el motor para lograr la resolución del drama... La tierra que he arado rebosa y, si puedo fiarme de los informes, ya no estamos lejos de la época largamente deseada.

"El derrocamiento del trono está para mí, que he estudiado el trabajo de nuestras sociedades en Francia, Suiza, Alemania, fuera de toda duda... No se trata de una revolución en un país o en otro, eso siempre se puede conseguir con buena voluntad. Para destruir definitivamente el viejo mundo, creemos necesario ahogar la semilla del catolicismo y del cristianismo... desgraciadamente

---

[253] [Crétineau-Joly, *L'Église romaine en face de la révolution française* [La Iglesia romana ante la Revolución francesa, 2 vols., 1859]. [Jacques Crétineau-Joly (1803-1875) fue un historiador francés que publicó por primera vez la carta mencionada en su obra sobre la Iglesia romana y la Revolución francesa].

[254] [Al parecer, el judío Piccolo Tigre era miembro de la sociedad secreta italiana Alta Vendita (Alta Venta Romana). Para su carta a Nubius, véase Crétineau-Joly, vol. II, p. 387].

sólo nos falta la cabeza para mandar. El buen Mancini[255] todavía tiene su sueño de humanidad en la cabeza y en los labios. Aparte de la forma de sus intentos hay algo bueno en él.

> "Con su secretismo despierta la atención de las masas, que no entienden nada de los discursos de los cosmopolitas iluminados. Nuestra imprenta en Suiza funciona bien y publica los libros que deseamos... Pronto debo ir a Bolonia, donde mi presencia de oro será necesaria."[256]

En una instrucción del mismo "pequeño tigre" al más alto agente de las logias piamontesas, dice: "Lo más importante es aislar al hombre de su familia y hacerlo inmoral... Cuando hayas inculcado la aversión a la familia y a la religión en un número de mentes entonces deja caer algunas palabras excitando el deseo de entrar en las logias".

> "La vanidad de la burguesía de identificarse con la masonería tiene algo tan banal y universal que siempre me alegro de la estupidez humana. Me maravilla que el mundo entero no llame a las puertas de los más eminentes y les pida ser un obrero más en la reconstrucción del templo de Salomón".[257]

Un documento extremadamente interesante que fue entregado por un militar italiano de alto rango, Simonini, al autor de la historia de los jacobinos, A. Barruel, [258] (1806) nos introduce

---

[255] [Pasquale Stanislao Mancini (1817-1888) fue nombrado ministro de Asuntos Exteriores en 1881 y se adhirió a regañadientes a la Triple Alianza entre Italia, Alemania y Austria-Hungría que duró entre 1882 y 1914 como contrapeso a la Triple Entente entre Gran Bretaña, Francia y Rusia].

[256] Deschamps, op.cit., Vol.II, pp.277-279.

[257] des Mousseaux, *Le Juif, le judaisme et la judaisation des peuples chrétiens*, París, 1869, p.345. [véase también Crétineau-Joly op.cit. [Véase también Crétineau-Joly, op. cit., vol. II, p. 120.]

[258] [El abate Augustin Barruel (1741-1820) fue un sacerdote jesuita cuyas *Mémoires pour servir à l'histoire du jacobinisme* (4 vols., 1797-1798)

particularmente bien en los talleres de conspiración masónica judía. Tras agradecer a A. Barruel su explicación de la historia de la revolución, Simonini prosigue:

> "El poder que, gracias a su gran riqueza y a la protección de que goza en todos los tribunales, es enemigo no sólo de la religión cristiana sino de toda sociedad, de todo orden, es la secta judía. Parece enemiga de todos y separada de todos, pero no lo es. Pues sólo es necesario que alguien se muestre anticristiano y será inmediatamente protegido y promovido por ella.
>
> "¿Y no hemos visto que ha distribuido pródigamente su oro a los sofistas modernos, los masones, los jacobinos y los Illuminati. Los judíos de una secta unida con el fin, si es posible, de destruir el cristianismo por completo. Sólo digo lo que he oído de los propios judíos. Mientras mi ciudad natal, Piamonte, estaba en medio de la revolución, tuve la oportunidad de comunicarme a menudo con judíos. Yo no tenía entonces escrúpulos particulares, les hacía creer que buscaba su amistad y les decía, pidiéndoles el más estricto secreto, que yo, nacido en Livorno, era de familia judía: que vivía sólo exteriormente como católico, pero que interiormente me sentía judío y había conservado siempre para mi nación un tierno amor. Me tomaron entera confianza.
>
> "Me prometieron hacerme general de la masonería, me mostraron el oro y la plata que gastaban en su pueblo y quisieron regalarme armas ornamentadas, signo de la masonería, que también acepté para no disuadirlos. Ahora bien, los judíos más influyentes y ricos me han confiado, en diferentes ocasiones, lo siguiente: "Que la Francmasonería y las órdenes Illuminati fueron fundadas por dos judíos (he olvidado desgraciadamente los nombres que me mencionaron); que todas las sectas anticristianas derivaban de ellas, y que éstas, en efecto, contaban por millones en todos los países; que, sólo en Italia, tenían entre sus adeptos a 800 sacerdotes, profesores, obispos y cardenales católicos; que, para traicionar mejor a los cristianos, se hacían pasar por cristianos y recorrían todos los países con falsas pruebas de bautismo; que,

---

describen con detalle una conspiración de pensadores de la Ilustración, masones e Illuminati que provocó la Revolución Francesa].

con la ayuda del dinero, pronto exigirían la igualdad de derechos en todos los países; que, para ello, en el caso de la posesión de casas y tierras, despojarían rápidamente a los cristianos de sus propiedades mediante la usura y que, finalmente, al cabo de menos de un siglo, serían los gobernantes del mundo y destruirían a todas las demás sectas para dejar gobernar a la suya".[259]

A estas confesiones Barruel hizo la observación de que un francmasón le había informado también de que había un cierto número de judíos especialmente en los más altos rangos de la masonería. Todo el siglo XIX lo ha demostrado y aún más nuestro presente. El mantenimiento secreto de sentimientos y pensamientos judíos bajo un manto cristiano es también un hecho que no se puede ignorar. El judío David Macotta[260] narra que en España viven generaciones de judíos secretos, especialmente en la Iglesia. El historiador judío Keyserling relata que un noble español le informó en 1895 que era de origen judío y que en su isla natal, Mallorca, vivían miles de judíos que, todos judíos secretos, se casaban sólo entre ellos.[261]

Del seno de la Masonería surgió, a mediados del siglo pasado, la Internacional como hija suya. Estas dos organizaciones son dos alas de un mismo movimiento. Ambas son internacionales, ambas luchan por el dominio en la batalla contra toda religión, ambas son enemigas reconocidas de toda monarquía, ambas luchan contra la propiedad y la familia. En la historia de la Masonería no es la primera vez que, dentro de su actividad, se manifiestan dos tendencias. Así pudo suceder que toda la masonería entregara efectivamente al rey de Francia a la guillotina, y que luego una

---

[259] Deschamps, op.cit., Vol. III, Apéndice.

[260] [Frederick David Macotta (1828-1905) fue un financiero y magnate anglo-judío que escribió una historia sobre Los judíos de España y Portugal y la Inquisición (Londres, 1877).

[261] *Geschichte der Juden in Navarra*, p.188.

parte dejara de ser leal a los iniciadores de la revolución y los llevara igualmente bajo la guillotina.

Esto se repitió una vez más en nuestra época en la que los "demócratas" se ven forzados al paredón por los "proletarios". Todavía no se puede decir con certeza si temporal o permanentemente. Pero en cualquier caso los proletarios son elegidos como ariete para derribar, mediante revoluciones, obstáculos que no debían ser removidos más que por la violencia. No es casualidad que sean judíos quienes dirigen las tropas de la anarquía tanto en Rusia como en Hungría y Alemania. Son los que mejor marcan las tendencias para el gobierno mundial de la masonería judaizada aliada con la Alliance Universelle Israélite.

Algo parecido ocurrió, aunque en menor medida, en 1871. En las logias se alegraron de la Comuna de París aunque tuvieran que fusilarlos juntos. El hermano Thirifoque la llama la mayor revolución que el mundo pueda admirar, el deber de la masonería es apoyarla. Muchos pensaron así, pero el asunto se desarrolló con demasiado colorido y fue interrumpido. El páramo había cumplido con su deber.[262] Pronto comenzó la dictadura del judío, y hermano, Gambetta;[263] todo el gobierno, el senado, los jefes de prensa, etc., eran casi sin excepción hermanos de la logia; entre los detentadores del poder de 1879, había 225 hombres, entre ellos Crémieux, el fundador de la Alliance Universelle Israélite. A partir de esta época comenzó también la propaganda antialemana que abarcaba el mundo entero. Los diplomáticos de la masonería trabajaron incansablemente, los propios judíos de Alemania ayudaron con entusiasmo, los masones alemanes no

---

[262] [Der Mohr hat seine Schuldigkeit getan. Der Mohr kann gehen" (El moro ha cumplido con su deber. El moro puede irse), un verso de la obra de Friedrich Schiller Die Verschwörung des Fiesco zu Genua (1783)].

[263] [Léon Gambetta (1838-1882) fue un estadista judío francés activo durante la guerra franco-prusiana. Llegó a ser presidente de la Cámara de Diputados en 1879 bajo el mandato del presidente Jules Grévy].

ofrecieron ningún obstáculo a toda la actividad (estaban en la búsqueda de la piedra filosofal) sino que coquetearon con el "hermano" occidental. Los conspiradores han dado hoy un paso considerable hacia su objetivo: "a través de la revolución mundial hacia una república mundial".

Que el exceso de entusiasmo de muchos exaltados debe ser frenado a menudo es comprensible, pero el lenguaje vicioso con el que los líderes de los "capitalistas" y los "proletarios" se consideran mutuamente es sólo para la gente estúpida.

"Por grande que sea el antagonismo entre los soldados de ambos ejércitos, los dirigentes no lo comparten, la Internacional está hasta ahora en manos de hombres que están más o menos bajo la influencia de sectas secretas", dice con razón C. Janet en la introducción a la obra mencionada de Deschamps. En efecto, los Vanderveldes [264] y los camaradas que pronuncian discursos entusiastas son, al mismo tiempo, fieles servidores de la masonería, es decir, también de la judería, mentes similares se han encontrado. La noticia de que también Lenin y Trotsky eran miembros de una logia de París no es en absoluto improbable, aunque hasta ahora, que yo sepa, no se haya aportado ninguna prueba decisiva al respecto.

Un tipo conspirativo del tipo más puro era Simon Deutsch, un hermano masón y, al mismo tiempo, junto con Marx, uno de los

---

[264] [Émile Vandervelde (1866-1938) fue un estadista socialista belga que presidió la Oficina Socialista Internacional (1900-1918) y fue Ministro de Justicia, Ministro de Asuntos Exteriores y Ministro de Sanidad entre 1918 y 1937. Fue miembro de la Comisión belga que protestó ante el Presidente Wilson por la supuesta brutalidad de los alemanes durante la guerra].

líderes de la Internacional roja.[265] Arnim[266] informa sobre esta personalidad a Bismarck (1872) que es uno de los enlaces más importantes entre la prensa democrática alemana y francesa y un peligroso informador político. Durante la guerra franco-alemana, Deutsch vivió en Viena y dirigió allí una celosa propaganda, naturalmente, a favor de los franceses. En 1871, sin embargo, emergió de nuevo en París, esta vez como uno de los miembros más activos de la Comuna y como uno de sus más importantes donantes. Tras su derrota, fue a parar a la cárcel, pero no por mucho tiempo: gracias a la intervención del cónsul austriaco, fue puesto de nuevo en libertad. Incluso la expulsión de Francia que siguió fue de corta duración: un amigo del judío Gambetta le consiguió permiso para permanecer en París. Aquí Deutsch financió la *République française* y dirigió desde allí la "Neue Freie Presse" vienesa. Pero el aventurero no permaneció mucho tiempo en la ciudad del Rey Sol. Olió el peligro y se trasladó a otro extremo de Europa para contribuir a enardecer las cosas allí.

Viajó al Bósforo, fue enviado por los francmasones al comité ejecutivo de los Jóvenes Turcos; ayudó a preparar el derrocamiento de Abdül Aziz[267] e hizo todo lo posible por iniciar la guerra entre Turquía y Rusia. En 1877, fue propuesto por periódicos sumisos como gobernador de Bosnia; y, poco después, murió. Se ve que los múltiples aspectos de la vida de este honorable peregrino no dejan nada que desear. Sería interesante averiguar qué relación tiene con él, si es que tiene alguna, el antiguo ministro judío austriaco Deutsch.

---

[265] [Simon Deutsch (1822-1877) fue un socialista revolucionario judío de la región de Moravia del Imperio de los Habsburgo. Conoció a Karl Marx en 1874 en Karlovy Vary y también a Gambetta].

[266] Harry Eduard, conde Arnim-Sockow (1824-1881) fue un diplomático prusiano que ejerció como embajador alemán en París en 1872].

[267] [Abdül Aziz (1830-1876) fue el 32º sultán del Imperio Otomano, que gobernó desde 1861 hasta 1876, cuando fue depuesto por sus ministros].

En cuanto al judío Karl Marx, él mismo suscita hasta el día de hoy un gran levantamiento, aunque hay que ver en él también a un intrigante, aunque muy autocontrolado. Socialistas de todos los matices se remiten hoy a él para justificar sus acciones. Me parece que los bolcheviques lo hacen sobre todo con razón. Hoy, cuando todas las fronteras han caído, Karl Marx habría desplegado la bandera de la guerra civil mano a mano con Karl Liebknecht y Leo Trotsky; ¡de hecho aplaudió la Comuna de París desde Londres!

Un episodio poco conocido arroja una luz significativa sobre sus propias motivaciones. Cuando la todavía joven Internacional convocó una reunión en Ginebra,[268] se planteó una cuestión que, de haberse decidido, habría podido hacer de ella un verdadero partido obrero y no un semillero de intrigantes ambiciosos. Los delegados franceses hicieron una petición para aceptar en la Internacional, que debería ser una representación corporativa de los trabajadores, sólo a obreros, trabajadores manuales en sentido estricto. De este modo podrían seguir claramente sus objetivos económicos en oposición a los muchos discursos e intrigas. Contra esta propuesta ahora Marx, apoyado especialmente por su yerno Lafargue,[269] puso toda su autoridad y elocuencia y finalmente consiguió que todas las puertas quedaran abiertas a los "intelectuales".

Las consecuencias de este hecho no pueden en modo alguno sobrestimarse. Si se hubiera aceptado la resolución anterior, el programa económico habría sido claro; las excepciones para los

---

[268] [La Primera Internacional fue la organización socialista amalgamada conocida como la Asociación Internacional de Trabajadores que duró de 1864 a 1876. Su primer Congreso se celebró en Ginebra en 1866].

[269] [Paul Lafargue (1842-1911) fue un socialista revolucionario francés que se casó en 1868 con Laura, la segunda hija de Marx].

trabajadores no manuales que sirvieran a los intereses de los trabajadores no habrían alterado el fundamento.

Pero de este modo pronto se alojaron en el movimiento obrero intrigantes de todo tipo que, con excelente demagogia, supieron utilizar a las masas trabajadoras como trampolín para sus ambiciosos planes personales. Que incluso aquí los judíos se situaban, y se sitúan, en primerísima fila apenas necesita ser subrayado de nuevo, pues nunca se ha abusado tan abiertamente del obrero como por intelectuales judíos como Trotsky, Béla Kun,[270] Leviné[271] y sus innumerables camaradas de raza.

Los trabajadores pueden agradecer a su santo judío, Karl Marx, que él -consciente o instintivamente debe seguir siendo una cuestión abierta- les haya metido en esta sopa con la que tienen que lidiar hoy y mañana. Junto a estas personalidades individuales, que son imposibles de contar (nombro sólo a los maestros de logia, P. Herz, M. Löwenhaar, W. Lewin, C. Cohn, M. Oppenheimer, B. Seligmann, M. Wertheimer, entre otros, en Alemania; Crémieux, Morin en Francia; M. Montefiore, E. Nathan, etc., en Italia), una familia se ha distinguido ahora, los Rothschild. Desde Amschel Rothschild,[272] que supo trabajar tan fructíferamente con los millones del duque de Hesse, desde

---

[270] [Béla Kun (de soltera Kohn) (1886-1938) fue un revolucionario judío húngaro que dirigió la República Soviética Húngara de 1919, que sólo duró cuatro meses. Más tarde se trasladó a Rusia, pero Stalin acabó sospechando que era trotskista y lo ejecutó].

[271] [Eugen Leviné (1883-1919) fue un socialista judío que asumió el poder en la efímera República Soviética de Baviera (1918-1919) tras el asesinato del ministro-presidente judío Kurt Eisner en febrero de 1919. Pero la República Comunista que Leviné pretendía dirigir fue a su vez desarticulada por el ejército alemán y los Freikorps en mayo de 1919 y Leviné fue detenido y ejecutado].

[272] [Mayer Amschel Rothschild (1744-1812), fundador de la dinastía bancaria Rothschild, nació en el gueto judío de Fráncfort y, al igual que su padre, obtuvo el patrocinio del príncipe heredero Guillermo de Hesse].

Nathan Rothschild,[273] el verdadero vencedor de la batalla de Waterloo, desde el Congreso de Viena, desde el Tratado de 1871 y, más que nunca, en nuestros días, los Rothschild han tejido su red de oro sobre todos los países. Son aún hoy la casa más rica de la tierra, ocupan los más altos cargos en todos los Estados donde se dignan vivir y pertenecen desde 1809 a la masonería. Esto significa que se mantienen inexpugnables, que tienen todos los medios de dinero, diplomacia a mano para suprimir todo lo que les es desagradable. Así pues, no es de extrañar que los dirigentes de la socialdemocracia, judíos o judaizantes, fueran capaces, por supuesto, de criticar la tiranía real, a Krupp,[274] y Stinners,[275] pero no se comprometieran a decir una sola palabra contra los buenos señores Rothschild. Por eso, en la época de la Comuna, muchas casas fueron efectivamente saqueadas, sólo los palacios (130) de los Rothschild permanecieron indemnes. Que esta familia, a pesar de su pertenencia a la masonería, piensa de forma estrictamente nacionalista es bastante evidente. Sus hijas se han casado con duques y barones, aunque ningún vástago varón no es judío.

Que el barón Karl von Rothschild[276] fuera elevado a comendador de la Orden de la Inmaculada Concepción de la Virgen María tampoco debería sorprendernos con la monserga que se montó ante el mundo. Un medio es tan bueno como otro.

---

[273] [Nathan Mayer Rothschild (1777-1836) era hijo de Mayer Amschel. Se trasladó a Londres en 1798 y financió con firmeza las campañas de Wellington contra Napoleón].

[274] [Gustav Krupp von Bohlen und Halbach (1870-1950) fue el jefe del conglomerado de industria pesada Friedrich Krupp AG entre 1909 y 1941. Esta empresa fue también el principal fabricante de armamento de Alemania].

[275] [Hugo Stinees (1870-1924) fue un poderoso magnate industrial que sacó gran provecho de la Primera Guerra Mundial].

[276] [Karl Mayer von Rothschild (1788-1855) era otro hijo de Mayer Amschel y fundó la casa bancaria Rothschild en Nápoles].

Las logias puramente judías trabajan mas secretamente que en la masonería real. En Nueva York fue fundada (1843) la Orden B'nai B'rith, que ahora se ha vuelto tan infame. Hace algunos años, contaba con 206 logias. ¿Cuántas puede haber hoy? Junto a ella funciona la Kesher Shel Barzel; contaba, en 1874, con unos 3300 miembros de la organización...

El objetivo de la B'nai B'rith es, naturalmente, exclusivamente judío; no es sólo desde hace poco que trabaja por la caída de los pueblos europeos. En un mensaje del Hermano Peixolto (1866) dice:

> "El Gran Maestre visita las logias miembros con la mayor frecuencia posible. Este año ha visitado las de once ciudades. Ha celebrado numerosas conferencias con el fin de instruirlas en sus deberes, reforzar los esfuerzos de la Orden, lograr el avance moral e intelectual y la completa unificación de la familia de Israel".[277]

Si ahora alguien creyera que los judíos ortodoxos se apartarían con horror de los esfuerzos ateos de la francmasonería, se equivoca enormemente. Porque, como el Dr. Ruppin nos confesó abiertamente: La ortodoxia judía no es en absoluto una religión, sino "una organización de combate para el mantenimiento del pueblo judío". Sólo desde este punto de vista se debe juzgar su actuación, todo lo demás es retórica vacía para las masas inocentes. Por supuesto, los judíos se han mantenido tan tenazmente como siempre como pueblo; sin embargo, el tiempo ha roto aquí y allá una piedra de la estructura talmúdica. Estos miembros desprendidos han fundado ahora otras organizaciones de combate o se han servido de otras asociaciones para este fin: la Alliance Universelle Israélite, la Francmasonería, la Internacional, la Anglo-Jewish Association, y muchas más.

---

[277] Archives israélites, 1866, XX, pp.885-86.

Estas diferentes tropas de asalto luchan a menudo entre sí: una insiste en su organización conservada durante mucho tiempo, la otra considera adecuado el traje antiguo y lleva, en lugar del caftán, un frac, y ante sus narices el Manifiesto Comunista en lugar del Talmud. Marchan por separado, pero todos golpean unidos contra la sociedad europea. Todo lo que la socava es constantemente promovido por toda la judería.

Sólo de esta manera se empieza a comprender plenamente la muy significativa revolución del Consejo Judío del 29 de junio de 1869 en Leipzig:

> "El Sínodo reconoce que el desarrollo y la realización de los principios modernos son las garantías más seguras para el presente y el futuro de la judería y de sus partidarios. Son las primeras condiciones vitales para el desarrollo expansivo de la judería".

La intrigante masonería y la ortodoxia van de la mano y asistimos al extraño espectáculo de que la institución más conservadora de la historia mundial, la sinagoga, abogue por la revolución en otras instituciones. Y el Gran Rabino de Frankfurt, Isidor, escribió en 1868:

> "El Mesías, ya sea un hombre o una idea, a quien el judío espera, este glorioso enemigo del Salvador cristiano, aún no ha llegado, ¡pero su día se acerca! Ya los pueblos, dirigidos por las sociedades para la regeneración del progreso y la ilustración (es decir, los francmasones), comienzan a inclinarse ante Israel.

> "Que la humanidad entera, obediente a la filosofía de la Alliance Universelle Israélite, siga al judío, que gobierna la intelectualidad de las naciones progresistas. La humanidad vuelve su mirada hacia la capital del mundo renovado; que no es Londres, ni París,

ni Roma, sino Jerusalén, que se ha levantado de sus ruinas, que es a la vez la ciudad del pasado y del futuro".[278]

El hecho de la francmasonería y el dominio judío ha sido examinado y estudiado por muchos hombres, como demuestran las observaciones anteriores; incluso los periódicos de épocas anteriores se atrevían de vez en cuando a suspirar sobre ello. Así, por ejemplo, el *Münchener historische Blätter*, en el año 1862:

> "El poder que los judíos pudieron obtener con la ayuda de la masonería ha alcanzado su cenit. Existe una sociedad secreta con formas masónicas que está sometida a dirigentes desconocidos. Los miembros de esta asociación son principalmente judíos".[279]

Pero estos y otros tímidos intentos de rebelión no sirvieron de nada. Pues, la prensa judeo-masónica tenía el monopolio y podía permitirse simplemente sofocar silenciando todos los intentos de explicación. Así se llegó a que la gente honesta haya permanecido hasta hoy totalmente en la oscura incertidumbre respecto a la actividad de sus más altos generales. Son ellos los que buscan "la piedra filosofal".

Se puede en efecto comprender que muchos masones buscadores, indignados, se guarden de los ataques a su orden; por ejemplo, Findel en su conocida historia de la Francmasonería:[280] en las obras de Eckert,[281] Barruel,[282] entre otros, ve hostilidades malévolas y sospechosas pero sin examinar más de cerca todas

---

[278] Archives israélites, XI, p.495.

[279] Citado en des Mousseaux, op.cit., p.342.

[280] [Gottfried Josef Findel (1828-1905) fue un masón que escribió varias obras sobre la masonería, de las cuales la más importante es su Geschichte der Freimaurerei von der Zeit ihres Entstehens bis auf die Gegenwart, Leipzig, 1861-1862].

[281] [Ver arriba p. 109.]

[282] [Ver arriba p.123.]

las críticas. Uno no necesita en absoluto estar totalmente de acuerdo con los investigadores mencionados pero uno debe admitir que habían previsto correctamente las tristes consecuencias necesarias de la sociedad secreta a pesar de muchos esfuerzos bien intencionados de individuos.

Findel todavía habla (en 1861) desde un punto de vista superior de la llamada "cuestión judía". Pero como hombre honesto mucho más tarde levantó la voz enérgicamente contra los judíos, obligado a ello por amargas experiencias. Entonces pensaba que el judío "considera a todos los pueblos extranjeros simplemente como objetos de explotación", exigía la exclusión de los judíos de la masonería ya que reconocía que son "nuestros opresores".

Hoy el hermano Findel se vería despojado de todas sus ilusiones. No se me ocurre, pues, negar que también hay entre los masones hombres con serios esfuerzos; sólo lamento que se dejen engañar por hombres a los que hay que contar entre los criminales de mayor calibre.

Hemos llegado a conocer brevemente a algunos hombres, corrientes y métodos de la masonería. Eran practicantes de la mentira, el engaño y el crimen legalizados a través de supuestos motivos honorables.

Esta influencia llevó a Luis XVI al cadalso; a través de la masonería se cometió el asesinato del duque de Berry, así como el de Fernando, rey de Nápoles, de Francisco José de Austria y Guillermo I de Prusia. El emperador Leopoldo II fue víctima del veneno, Gustavo III de Suecia del disparo de pistola de Ankastrom, etc.

La revolución en Portugal fue en su momento provocada por la logia (con la cooperación más activa del cardenal judío Neto, procedente de Alsacia); a instancias de la logia cayó el archiduque Fernando en Sarajevo por medio de los masones serbios, y también el hermano Jaurés (también de la Internacional Roja), cuando de repente sintió remordimientos de conciencia y ya no quiso que le refrenaran sobre la verdad. Escribió el 30 de julio de 1914:

> "Aquí en Francia trabajamos con todos los medios de violencia para una guerra que debe librarse para satisfacer el deseo repugnante y porque las bolsas de París y Londres han estado especulando..."

Ese fue su último escrito. El asesino fue absuelto.

Así, la conspiración de los hombres ambiciosos atraviesa las décadas como una pista truculenta. "Hay que frenar al pueblo". Siempre nuevas palabras, siempre nuevas promesas, nuevas mentiras son lanzadas a las masas, los periódicos sumisos las comentan en la dirección deseada, la "opinión pública" se hace. "No se revoluciona un país a través de la paz". Por eso la guerra, bajo la dirección de los poderes financieros, un paso hacia una regla superior.

En 1859, Ensentin escribió en una carta: 'G, que siempre cree en la guerra, hizo una visita de la que ha regresado esperanzado. Siempre cree en la guerra. Creo que Rothschild y Pereira pagan lo que pueden y que es esto lo que ha reavivado en él la esperanza".[283]

Ya en 1852, Eckert[284] decía en la conclusión de una de sus obras:

> "La Orden Masónica es una conspiración contra el altar, el trono y la propiedad con el propósito de un imperio socialista-teocrático de la Orden sobre el mundo entero con la sede del

---

[283] Oeuvres de S. Simon et d'Enfantin, [París, 1865-1878.][Claude Henri de Rouvroy, conde de Saint-Simon (1760-1825) fue un aristócrata francés que propuso un sistema de socialismo tecnocrático]. [Barthélmy Prosper Enfantin (1796-1894) fue uno de los líderes del movimiento socialista iniciado por el conde Saint-Simon].

[284] [Ver arriba p.109]

gobierno en Nueva Jerusalén".²⁸⁵ Eso se ha hecho literalmente realidad, ¡e incluso se está construyendo la Nueva Jerusalén! Guerra mundial, revolución mundial, república mundial, valió la pena cumplir este plan, la meta largamente deseada está a la puerta. Sólo hay un problema de prestigio de ciertas personalidades y cuestiones de disciplina dentro de la trama mundial. Las condiciones previas están ahí, los resultados vendrán después. El cardenal Manning profetizó con notable agudeza en un discurso pronunciado en Londres el 1 de octubre de 1877: :Hay algo por encima y detrás de los emperadores y príncipes; esto, más poderoso que todos ellos, se hará sentir cuando haya llegado el momento. El día en que todos los ejércitos de Europa se vean envueltos en un conflicto gigantesco, entonces, ese día, la revolución que hoy trabaja secreta y clandestinamente considerará el momento favorable para exponerse. Lo que uno vio antes en París lo volverá a tener ante sus ojos en toda Europa".

El trabajo largamente acariciado logra entonces finalmente ver a Alemania rodeada y derrotada a manos de la Francmasonería. Italia se vio arrastrada a la guerra no sólo por las fuerzas nacionales, sino por la actividad del antiguo tutor del rey y más tarde ministro de la Guerra, Ottolenghi (Ottenheimer)²⁸⁶ y del Gran Maestre Ernesto Nathan²⁸⁷ y de Sonnino.²⁸⁸ Cuando este último se convirtió en ministro de Asuntos Exteriores, la actitud de Italia fue clara. El rey de Grecia estaba sometido a la influencia

---

[285] *Der Freimaurerorden in seiner wahren Bedeutung*, p.361

[286] [Giuseppe Ottolenghi (1838-1904) fue un general judío italiano y ministro de Guerra entre 1902 y 1903].

[287] [Ernesto Nathan (1848-1921) fue un político judío italo-inglés que fue alcalde de Roma de 1907 a 1913. Fue nombrado Gran Maestre de la Gran Oriente de Italia en 1899, así como en 1917].

[288] [El barón Sidney Sonnino (1847-1922) fue un político judío italiano que ocupó el cargo de Primer Ministro en 1906 y de nuevo en 1909. En 1914, como ministro de Asuntos Exteriores, se unió a las fuerzas aliadas, tras lo cual se declaró la guerra a Austria-Hungría en 1915].

del hermano Venizelos y a la amenaza del hermano Jonnart (el delegado francés). Atenas sería hecha pedazos. Lo mismo ocurrió con Rumania; Norteamérica puso inconmensurables finanzas sólo cuando los poderes oscuros detrás de Baruch[289] y camaradas prepararon todo lo necesario para atacar en una ocasión conveniente.

Ahora bien, todos los judíos financieramente poderosos de América que Oscar Strauss, él mismo hebreo, dirige con orgullo[290], estaban a disposición de la dirección de esta guerra; eran los banqueros G. Blumenthal, E. Meyer, Isaak Seligmann, W. Salomon, Philipp Lehmann (por no hablar de Loeb, Schiff, Kahn, etc.); los grandes industriales A. Lewisohn, D. Guggenheim; los rabinos Wise, Lyons, Philipson; los profesores R. Gottheil, Holländer, Wiener; los periodistas Franklin, Stransky, Beer, Frankfurter, etc. Strauss dice al final de su carta (al embajador francés): que está "entusiasmado" por la Entente y dice que el ánimo de los judíos por la Alianza (Entente) puede describirse como casi unánime. Si al principio los judíos no estaban aún totalmente unidos, la confraternización se convirtió sin embargo en completa cuando los judíos "alemanes" de América se unieron a la Entente.

A principios de 1918 llegó la noticia, acompañada de triunfantes voces de la prensa inglesa y francesa, de que todos los alemanes de América se habían puesto del lado de la Entente para luchar por la humanidad contra el militarismo prusiano. Uno no podía

---

[289] [Bernard Baruch (1870-1965) fue un financiero y especulador judío estadounidense que asesoró tanto al presidente Wilson como al presidente Roosevelt].

[290] [Oscar Strauss (1850-1926) fue Secretario de Comercio y Trabajo de Estados Unidos de 1906 a 1909 y Embajador ante el Imperio Otomano de 1909 a 1910].

creerlo hasta que veía las firmas de la resolución: Schiff,[291] Kohn, Kahn.[292]

El "entusiasmo" del que hablaba Oscar Strauss puede entenderse doblemente bien cuando uno se imagina el discurso del judío americano Isaac Markussohn que pronunció como respuesta a un discurso de Lord Northcliffe.[293] El honorable Isaac dijo textualmente: "La guerra es una gigantesca empresa comercial en la que lo más hermoso no es el heroísmo de los soldados sino la organización empresarial, y América está orgullosa de la favorable situación comercial de que disfruta".[294] Con este "entusiasmo" entró América en la guerra por el ideal de humanidad, cubierto por el manto de mentiras de vanos demagogos. Luego otros estados siguieron el entusiasmo de América. No tengo competencia para emitir un juicio sobre las ciertamente múltiples raíces y factores motivadores de la guerra mundial, pero una raíz me parece innegable: la conspiración mundial dirigida sistemáticamente por una inconmensurable finanza judía, encubierta por asociaciones secretas, explotando con astucia satánica los afanes nacionalistas de los pueblos, para la consolidación de un imperio-mundo.

---

[291] [Jacob Schiff (1847-1920) fue un banquero judío alemán que emigró a Estados Unidos en 1865. Se incorporó a la empresa de Abraham Kuhn, Kuhn, Loeb and Co. en 1875.

[292] No pude averiguar si se trataba del mismo F. Kohn que declaró públicamente el 19 de febrero de 1918 en Nueva York que "todos los alemanes" deseaban la victoria de la Entente. [Otto Kahn (1867-1934) era un banquero de inversiones judío alemán que se trasladó de Alemania primero a Inglaterra y luego a Estados Unidos, donde se incorporó a la firma Kuhn, Loeb and Co. de Nueva York].

[293] [Alfred Harmsworth, vizconde Northcliffe (1865-1922) fue un magnate británico de la prensa y la edición que llevó a cabo una estridente campaña de propaganda contra los alemanes durante la Primera Guerra Mundial].

[294] Oficina de Información, Rotterdam, 13 de marzo de 1917. Heise, op.cit., p.162.

Sobre todo esto la colonia judía alemana no podía ser ignorante, pero ciertamente una gran parte de los judíos alemanes, especialmente los ricos, creían que un debilitamiento de Alemania bastaría para asegurar su poder para siempre; la otra parte, que no tenía que considerar la pérdida financiera personal, permitió que su odio hacia los alemanes funcionara sin obstáculos entre los mejores de la Entente y sus cómplices, y, después de un éxito suficiente de las actividades subversivas, apuñaló al ejército alemán por la espalda y, no satisfecha con eso, se puso con la ayuda de las finanzas judías de Moscú (Joffe, Radek-Sobelsohn) a la cabeza de la anarquía en todas las tierras alemanas e impidió que se tomara cualquier acción contra ellos. De esta calaña eran Luxemburg, Levien, Mühsam, Leviné, Haase, Cohn, etc.

Lo que separaba a los judíos "democráticos" y "revolucionarios" entre sí eran cuestiones de táctica y egoísmo personal; su objetivo era el mismo, es decir, el dominio judío en Alemania. En cuanto al alemán, podía ser indiferente que le chuparan poco a poco lo estrecho de sus huesos o que lo entregaran inmediatamente a la anarquía.

Este último fue el caso en muchos lugares y abrió los ojos de muchos alemanes a la naturaleza de la actividad judía, sobre la que los "demócratas" -de los que habló el Sr. Frank Cohn en Nueva York-, los mismos que influyeron más decisivamente en el destino de Alemania, hasta 1933, estaban, hasta cierto punto, escandalizados. Porque, si los ojos de Michael se abrían del todo, entonces el *"furor teutonicus"* podría quizá dirigirse, no ya contra los "pangermanistas", los "militaristas", etc., sino contra la mente extranjera que presumía de dirigir el destino alemán. (Esta conciencia llegó a Alemania a través del liderazgo de Adolf Hitler).

Tras el anuncio de las "Condiciones de paz", se oyeron de pronto tonos patrióticos en boca de estadistas judeo-alemanes, y las hojas del bosque de los periódicos judíos murmuraron un canto a la patria. Esta "indignación" no me parece apropiada, pues nuestros judíos difícilmente podrían exigir que las regiones situadas más allá del Canal de la Mancha y del gran estanque pusieran freno a su odio y tuvieran consideración con ellos, cuando el ejército alemán, con sus legendarias victorias, casi hubiera arrollado los cálculos más astutos de largos años de trabajo.

Pero ya se verán aliviados; el Sr. Warburg, "muy conocido en París", y el Sr. Melchior parecen haber sabido, siguiendo el famoso modelo de épocas anteriores, proteger con éxito a los suyos en Versalles y haber dejado generosamente el reino de los cielos para que lo cultive el alemán.[295]

Sionismo

Ahora bien, dentro de todo el ámbito de la cuestión judía internacional, destaca un factor que, especialmente en el transcurso de la guerra, ha ido cobrando cada vez más importancia: el sionismo. Ya en las últimas décadas del siglo 19, los círculos judíos contemplaban la posibilidad de transferir el dinero de sus expatriados al asentamiento en Palestina.

De este modo, varios judíos regresaron a su antigua "patria". Pero este esfuerzo permaneció sin ningún éxito a pesar de los millones de fondos de Sion recolectados. Porque los judíos no trabajaban en Palestina sino que holgazaneaban o regateaban como de costumbre.[296]

Como las parcelas recibidas subieron de precio, los especuladores de tierras se pusieron manos a la obra, los colonos vendieron sus tierras ventajosamente y regresaron a Europa. Así estaban las

---

[295] Toda la construcción posterior de la República de Noviembre fue una confirmación de este punto de vista. [La República de Weimar, que sustituyó al gobierno imperial, se estableció en Weimar en noviembre de 1919 y duró hasta la llegada de Hitler al poder en 1933].

[296] Cf. W. Rubens, *Das Talmudjudentum*, Berlín, 1893, p.69.

cosas cuando Theodore Herzl surgió como predicador del sionismo político.

Su energía logró interesar a otros círculos en el Estado judío que debía construirse, tras lo cual resumió su programa en 1897 en el primer Congreso de Basilea diciendo que debía crearse "una patria garantizada por el derecho público para el pueblo judío en Palestina". Poco después siguió, bajo el estímulo del Prof. Schapira de Heidelberg, [297] el establecimiento de un Fondo Nacional Judío. El poseedor de tierras adquiridas a través de él ya no era en adelante un colono, sino sólo un arrendatario; de este modo se eliminaba la especulación con la tierra y los campesinos, a pesar de contar con un gran apoyo financiero, se veían obligados a trabajar lo quisieran o no.

Lo más importante, sobre todo, fue que los judíos fueron designados expresamente como nación en el programa sionista. Ahora bien, siempre lo han sido, y además de forma especialmente característica, pero como al mismo tiempo eran ciudadanos de todos los Estados, les pareció bien no hacer hincapié en su conciencia nacional. Porque cada vez que se descubrían nuevas maquinaciones desagradables, siempre se escudaban detrás del "ciudadano del Estado" o de la "comunidad religiosa" y descartaban la incómoda pertenencia a la raza judía.

Ese era el viejo principio; si un judío había adquirido aunque fuera un pequeño ingreso era inmoderadamente exagerado por sus camaradas judíos como virtud judía, pero si se rastreaba el engaño masivo judío (como hoy) se decía que los judíos no podían ser responsabilizados, debían ser percibidos como

---

[297] [Zvi Hermann Schapira (1840-1898) fue un sionista que trabajó como profesor asistente de matemáticas en la Universidad de Heildelberg desde 1887. En 1884 sugirió la idea de establecer un Fondo Nacional Judío para adquirir tierras en Palestina].

ciudadanos del Estado, como miembros religiosos, pero no como una nación uniforme.

Todos los pueblos honrados cayeron en esta trampa, en sí misma verdaderamente infundada; como ciudadano del Estado, un judío podía hacer todo lo que no podía haber hecho como judío.

Así pues, era comprensible que este énfasis público en el punto de vista nacional resultara a veces doloroso para muchos judíos, tanto asimilados como ortodoxos, y previeran la aparición de leyes para extranjeros.

El rabino Blumenfeld dice en efecto: "Los intentos de desnacionalización del siglo 19 sólo han conducido a un enmascaramiento por el que los no judíos no se han dejado engañar",[298] pero eso no es correcto, ya que muchos inocentes creyeron en la amalgama de los judíos en el Estado alemán y en la conciencia nacional.

Por otra parte, el judío Dr. F. Theilhaber quizá tenga razón cuando, al final de una obra, expresa la opinión, en negrita, de que: "Incluso los dirigentes y defensores de la concepción puramente religiosa de la judeidad sienten instintivamente que hasta los factores indiferentes a la vertiente religiosa de la judeidad y todos los intereses políticos, económicos y éticos de su entorno están estrechamente relacionados con la sociedad judía a través del factor físico".[299]

Y el Dr. A. Brünn dijo en la reunión de la "Asociación central de ciudadanos alemanes de fe judía", detrás de la cual los judíos se escondían en cada oportunidad como una "religión", que los

---

[298] *Der Zionismus*, Berlín, 1913, p.9.

[299] *Der Untergang der deutschen Juden*, Múnich, 1911, p.102. [Felix Theilhaber (1884-1956) fue un dermatólogo y escritor judío que huyó en 1935 a Palestina].

judíos alemanes no pueden "tener sentimiento nacional alemán" y además: "Por conciencia nacional judía entiendo la conciencia viva de un origen común, el sentimiento de pertenencia conjunta de los judíos de todos los países y la firme voluntad de un futuro común".[300]

Sería demasiado largo ilustrar todo esto con más detalle; baste una declaración de uno de los sionistas más influyentes, el Dr. Weizmann:

> "La existencia de la nación judía es un hecho y no una cuestión sobre la que discutir".

Con esta observación no se expresa en absoluto una queja, como mucha gente cree, sino que simplemente se constata que los judíos deben ser considerados una nación, que están firmemente conectados a través de asociaciones mundiales ("Alliance Israélite", "Anglo-Jewish Association", "Jewish Congregation Union", "Agudas Israel"), en consecuencia tienen intereses comunes y, gracias a los inmensos medios de que disponen, son capaces de alcanzarlos también. Ningún hombre, ni siquiera parcialmente honesto, puede eludir ya este hecho; pero de él se sigue, con inexorable consecuencia, que el judío no puede ser ciudadano del Estado, en ningún Estado.

Cuando estalló la guerra, también los sionistas se encontraron en dos bandos hostiles. Es posible que una parte de los judíos alemanes considerara al principio que la guerra se dirigía contra el gobierno ruso antijudío, que los sionistas creyeran realmente que podían alinear sus intereses con los de la política oriental alemana, pero la imposibilidad de este punto de vista se hizo cada vez más patente.

---

[300] Informe del periódico *Im deutschen Reich*, julio/agosto de 1913.

Un alemán, Lazar Pinkus, [301] se atrevió a expresar este reconocimiento con las siguientes palabras:

> "Una comunidad judía en Palestina no puede convertirse en el punto central de los intereses *alemanes* en el Este. El fuerte sentimiento nacional del pueblo judío garantiza la completa exclusión de intereses especiales extranjeros".

Dado que Turquía era ahora aliada de Alemania, los sionistas no podían expresar en voz alta su deseo de una partición de Palestina, sino que tenían que contentarse con obtener unos derechos de colonización razonables o con eliminar la cuestión en un primer momento de los objetivos de guerra para poder plantearla después con mucho más vigor.

Todos los estadistas judíos mencionados apoyaron al imperio-mundo inglés como patrón de la judería.

Estos últimos desean asentarse en un Estado fuerte que represente una potencia en el Este lo suficientemente fuerte como para garantizar allí, a los judíos, un máximo de seguridad nacional.

Ahora Inglaterra poseía Egipto, la India, bases en el Golfo Pérsico, y sólo le faltaba una conexión por tierra entre estos países, y allí Palestina estaba colocada excelentemente como eslabón de una cadena. Turquía era, además, el enemigo, y prometer su tierra al pueblo judío como territorio estatal significaba conseguir su simpatía.

---

[301] Vor der *Gründung des Judenstaates*, Zúrich, 1918, p. 33. [Lazar Pinkus (1881-1947) fue un banquero y escritor judío. [Lazar Pinkus (1881-1947) fue un banquero y escritor judío].

Los judíos y los ingleses lo comprendieron cada vez mejor y se cumplió la afirmación del hombre de sangre caliente y al mismo tiempo político de cabeza fría, Theodore Herzl:

> "Inglaterra, la poderosa y libre Inglaterra, que con su mirada abarca el mundo, nos comprenderá a nosotros y a nuestras aspiraciones. Con Inglaterra como punto de partida podemos estar seguros de que la idea sionista será poderosa y se elevará más alto que nunca".

En Inglaterra, el Dr. Weizmann, Nahum Sokolow, [302] H. Samuel, [303] S. y W. Rotschild [304] fueron los promotores más entusiastas de la idea: los sionistas viajaron de país en país y en todas partes se les prometió apoyo. Por supuesto, muchas asociaciones judías se opusieron, por las razones antes mencionadas, al aspecto nacional-político del programa, pero la carta abierta de Rothschild en la que afirmaba que no podía entender cómo podía perjudicar ya que, obviamente, sus derechos tendrían que seguir estando garantizados para los judíos en todos los países, y también la carta de Lord Balfour a Rotschild, atrajeron nuevos adeptos al sionismo.

Esta memorable carta dice así:

---

[302] [Nahum Sokolow (1859-1936) fue un dirigente sionista polaco que vivió en Inglaterra durante la Primera Guerra Mundial. Era partidario de la Declaración Balfour de 1917 y fue presidente del Congreso Sionista Mundial de 1931 a 1935, cuando le sucedió Chaim Weizmann].

[303] [Herbert Louis, vizconde Samuel (1870-1936) fue un político británico judío que fue nombrado Alto Comisionado de Palestina de 1920 a 1925].

[304] [Lionel Walter, Barón Rothschild (1868-1937) fue un banquero y zoólogo amigo de Chaim Weizmann que ayudó a redactar la declaración de una patria judía en Palestina. La carta del secretario británico, Arthur Balfour, a Walter Rothschild en noviembre de 1917 transmitiendo el apoyo del gobierno británico a este proyecto se conoce como la Declaración Balfour].

> "El gobierno de Su Majestad ve con buenos ojos el establecimiento en Palestina de un hogar nacional para el pueblo judío, y hará todo lo posible para facilitar la consecución de este objetivo, quedando claramente entendido que no se hará nada que pueda perjudicar los derechos civiles y religiosos de las comunidades no judías existentes en Palestina, o los derechos y el estatus político de que disfrutan los judíos en cualquier otro país".[305]

En Rusia, estalló la Revolución en marzo de 1917 y el Comité Central de los Sionistas se dirigió al embajador inglés Buchanan con el siguiente discurso en el que aparecía el siguiente párrafo significativo:

> "Consideramos un golpe de suerte especialmente afortunado que en este momento histórico mundial los intereses de la nación judía sean idénticos a los de la nación británica".

Así pues, no se hablaba de los intereses estatales rusos. El gobierno ruso tuvo que tragar con esto, estaban bajo la tutela de la Entente. Los corazones de los sionistas de Alemania, que, según la evidencia de Lazar Pinkus,[306] apoyaron con entusiasmo toda la guerra con dinero a través de la asociación general, latieron con alegre excitación cuando se hizo pública la Declaración Balfour. El *Jüdische Rundschau* escribió el 10 de septiembre de 1917: "Esta declaración del Gobierno inglés es un acontecimiento de extraordinario alcance", y el 26 de noviembre de 1917

> "Debe despertar verdadera satisfacción en todos los círculos judíos serios dentro y fuera de Alemania que Inglaterra se haya decidido de forma tan clara por el reconocimiento de las reivindicaciones judías en Palestina".

---

[305] 2 de noviembre de 1917. He profundizado en los problemas individuales en mi obra posterior *Der staatsfeindliche Zionismus* [1922].

[306] *Vor der Gründung des Judenstaates*.

El *Lemberger tageblatt* escribió el 16 de noviembre de 1917 sobre la "victoria diplomática del sionismo" y sobre su simpatía por Inglaterra, etc.[307]

Ahora comenzaba una actividad centrada en Canaán pero las ofertas de Turquía no llegaban al precio que Inglaterra había fijado; sin embargo, los sionistas alemanes, que no podían exigirlo todo abiertamente, maniobraban de un lado a otro, aunque el Imperio Alemán no era tan impotente como para entregar una carta de agradecimiento a Lord Balfour como se habría permitido hacer impunemente con respecto a Buchanan en Rusia.

En cualquier caso, asistimos al drama tragicómico de que el gobierno de una nación de 70 millones de habitantes se preocupe afanosamente de tener en cuenta los deseos de una nación minúscula que vive entre ellos, y no viceversa; ¡y luego se atrevan a hablar de "ciudadanos de la fe mosaica"!

Ahora bien, cuando los ingleses conquistaron Jerusalén, el júbilo no tuvo fin. El *Jewish World*, órgano de las cuatro asociaciones judías mundiales antes mencionadas, escribió: "La caída de Jerusalén y la declaración gubernamental (de Lord Balfour) han convertido a Inglaterra en la mayor potencia de la tierra".[308] El Congreso Gigante de América expresó la misma alegría y Nathan Strauss explicó que Inglaterra había cumplido todos los deseos del pueblo judío".[309]

Ahora bien, uno pensaría que, puesto que todo el mundo judío se había declarado a favor de Inglaterra, el comité judío alemán tenía

---

[307] Pinkus, op.cit., p.29

[308] Pinkus, op.cit.

[309] Heise, op.cit., p.68.

que disolverse o tenía (como ciudadanos alemanes) que romper abierta y definitivamente con el grupo inglés; nada de eso ocurrió.

Pero para la gente de allende las fronteras el silencio temporal o la maniobra no fueron suficientes, se culpó a los sionistas alemanes de perseguir "intereses patrióticos alemanes", de permitir la "traidora asimilación judía" en Alemania, etc.,[310] y uno de los muchos judíos alemanes, el ya citado Pinkus, que no se sentía a gusto en su piel alemana, se alzó con la proclama: "Los sionistas no podemos asustarnos por el hecho de que la ofensiva germano-turca pueda expulsar de nuevo al ejército inglés de las montañas de Judea. ¡Puede ser! Un solo grito de indignación recorrerá entonces los millones del pueblo judío y no se detendrá ante las fronteras de las Potencias Centrales y de Turquía".[311]

En efecto, ¡el hombre tenía que saberlo! Otro ciudadano del Estado "alemán", el profeta del "futuro", Isidor Witkowsky,[312] secundó con entusiasmo:

> "Para millones de pobres, para cientos de miles de judíos avanzados en derechos de propiedad, la Declaración de Balfour tenía los tonos brillantes de un mensaje mesiánico largamente esperado: el día en que se escuchó la decisión de Gran Bretaña de desplegar todo el poder imperial por la causa judía sigue siendo uno que no puede borrarse de la historia del mundo".

Ahora, en muchos Estados, habían comenzado los pogromos, por lo que el Congreso Sionista de Londres decidió hacer legalmente responsables de todos los daños a todos los Estados en los que éstos tuvieron lugar y hacer pagar dinero de ayuda a las víctimas supervivientes de estas persecuciones. El gobierno imperial "alemán" que, en la preparación del Congreso de la Paz, se ocupó

---

[310] Folleto de la Asociación Theodore Herzl, Zurich.

[311] Pinkus, op.cit., p.56.

[312] [Ver arriba p.96.]

particularmente de la cuestión judía, decidió naturalmente renunciar a su propio punto de vista y aceptó plenamente los estatutos del Congreso Judío de Londres. De qué otra manera se podía haber actuado, puesto que los hombres dirigentes, Landsberg y Preuss, ¡eran ellos mismos de la tribu de Judá!

Pero lo mejor de la tragicomedia alemana fue que, entre la delegación que debía representar los intereses alemanes en Versalles, había un líder de la judería, el Sr. Melchior. ¿Eran conscientes los alemanes de lo que eso significaba? Verdaderamente la carta de homenaje de los judíos rusos era relativamente inofensiva comparada con este hecho.

Hasta allí habían llegado el Imperio alemán y el honor alemán y lo peor era que muchas personas aparentemente bastante honestas no sentían que todo eso fuera aterrador. Pero lentamente en otras cabezas empieza a despuntar la conciencia que Martín Lutero expresó poderosamente: "Sabed y no dudéis que, junto al Diablo, no tenéis enemigo más encarnizado y venenoso que el judío". (Y en 1930 los árabes se levantaron contra los judíos que afluían a Palestina bajo la protección de Inglaterra. Para su protección hubo que movilizar a diez mil soldados británicos).

¡La revolución judeo-rusa!

> "¿No os asalta el pensamiento evidente de que, si dais a los judíos, que son, independientemente de vosotros, ciudadanos de un estado que es más fuerte y poderoso que todos los vuestros, también la ciudadanía en vuestros estados, vuestros otros ciudadanos estarán totalmente bajo sus pies?".

Con estas palabras de advertencia, basadas en una profunda perspicacia histórica, Fichte se dirige a la nación alemana hace 100 años.[313] Fueron pronunciadas al viento sin tener idea del

---

[313] La obra de Ficht *Reden an die deutsche Nation* (1808) se basaba en las conferencias que pronunció a partir de 1807 en Berlín, en las que alentaba el

poder que representa una raza cerrada en sí misma; disfrazado con frases sobre la igualdad de los hombres, el dogma de la tolerancia sin límites triunfó en todos los parlamentos.

La tolerancia hacia el extranjero, el enemigo, se consideraba un logro de la humanidad superior y, sin embargo, como nos enseña la historia del siglo 19 y del presente, no era más que una rendición cada vez mayor de nosotros mismos.

El crédulo europeo había escuchado estas tentaciones, que surgieron envueltas en las seductoras palabras de libertad, igualdad, fraternidad, y los frutos de la subversión yacen hoy expuestos. Y de hecho tan desnudamente expuestos que debe ocurrírsele incluso al hombre más atrasado que no tenga ni idea de las necesarias conexiones históricas que otorgó su confianza a líderes astutos y elocuentes que no tenían en vista su bienestar sino la destrucción de toda su civilización arduamente adquirida. La prueba de lo que se ha convertido en una sangrienta realidad nos la da la Revolución Rusa, respecto a cuyo curso los periódicos liberales o judíos guardan un silencio que contrasta notablemente con sus otros aspavientos; los periódicos de derechas, sin embargo, suprimieron durante la guerra los datos que hablaban en un lenguaje tan claro para preservar el frente interno. La advertencia les llegó demasiado tarde: incluso en Alemania los judíos eran los líderes de la idea antialemana.

Volvamos a los hechos de la agitación rusa. No cabe duda de que todo el pueblo ruso anhelaba el fin del gobierno zarista. Quien fue producto de esta forma de gobierno debe reconocer que el movimiento de autoafirmación tanto en el terreno económico

---

desarrollo del sentimiento nacional alemán y esperaba un Estado nacional alemán que continuara la tradición del Sacro Imperio Romano Germánico y liberara a los alemanes de la ocupación francesa.

como en el comunal e intelectual fue frustrado muchas veces, que el gobierno de una burocracia corrupta era opresivo.

Así, toda Rusia se sintió como liberada de una pesadilla cuando la noticia del derrocamiento del zar corrió desde el mar Báltico hasta el océano Pacífico. La conciencia reprimida del ciudadano del Estado emergió por todas partes con una fuerza que nunca se había considerado posible y los dirigentes creyeron que tenían todas las bases para mirar con optimismo al futuro y esperar poder resolver de forma pacífica las cuestiones tan tensas. Pero pronto entraron en juego fuerzas centrífugas en forma de consejos de soldados.

Estos consejos de soldados, que se desarrollaron en todas las ciudades, eran, aunque preparados con mucha antelación, sin embargo en su combinación de naturaleza verdaderamente espontánea. En la confusión de las circunstancias, astutos intrigantes lograron introducirse muy rápidamente y, con su destreza demagógica, ganarse a los obreros para sus objetivos, como fieles guardaespaldas y, más tarde, como arietes del derrocamiento. El jefe del decisivo Consejo de Obreros y Soldados de Petersburgo fue al principio un antiguo miembro de la Duma, Chkheidze de Grusina. [314]

Pertenecía al ala moderada de la socialdemocracia, seguía absteniéndose de exigencias inmoderadas e irrealizables, pero, a través de su gobierno paralelo, arrojaba una llave tras otra en la rueda del gobierno, que en el sentido nacional ruso seguía exigiendo la necesaria defensa del país, y la guerra. Sin embargo, pronto empezaron a actuar fuerzas centrífugas. Como presidente del Consejo de Petersburgo surgió de repente un bolchevique

---

[314] [Nikolai Chkheidze (1864-1926) fue un aristócrata georgiano que representó a los socialdemócratas georgianos en la Duma rusa de 1907 a 1916 y apoyó a los mencheviques contra los bolcheviques].

llamado Stelov,[315] una personalidad bastante desconocida. Como en aquella época no era raro que se presentaran ante el gobierno personas a las que sólo se conocía por su nombre en clave, a este Steklov se le ordenó que mostrara su pase. Se llamaba Nakhamkes. Su portador era, lo que nadie había dudado nunca, un judío.

Nakhamkes, como personalidad indiscutible, llevó a cabo una política demogógica de tipo especial e hizo un llamamiento a la paz y la libertad, prometió ayuda a sus hermanos alemanes, pan y una feliz vuelta a casa después de todos los sinsabores de la guerra.

Todos los soldados habían jurado en marzo de 1917 llevar la guerra hasta el final victorioso y el estado de ánimo general no era, ni siquiera más tarde, abatido. Tomando nota de este estado de ánimo y con el fin de participar en todos los partidos, diferentes judíos rusos que llegaron apresuradamente de todas partes del mundo se erigieron en aparentes moderados y se convirtieron en los líderes de los partidos menos frenéticos; así, Kogan-Bernstein,[316] Lieber,[317] Dan[318] se convirtieron en los líderes de los mencheviques (como los socialistas mayoritarios alemanes)[319] . Por otra parte, sin embargo, impidieron en todo momento que el gobierno interviniera contra las maquinaciones cada vez más fuertes de los bolcheviques. El corazón de esta corriente era

---

[315] [Yuri Steklov (né Ovshey Nakhamkes) (1873-1941) fue un bolchevique judío que fue detenido durante la Gran Purga de Stalin de 1937/8 y murió en prisión].

[316] [M.I. Kogan-Bernstein]

[317] [Mark Lieber]

[318] [Fedor Dan]

[319] [El Mehrheitssozialdemokratische Partei Deutschlands (MSPD) fue el nombre no oficial del Sozialdemokratische Partei Deutschlands (SPD) entre 1917 y 1922, bajo el liderazgo de F. Ebert y P. Scheidemann].

incontestablemente el judío Leo Bronstein (Trotsky). Ya participante activo en la Revolución de 1905, huyó al extranjero, vivió en España como corresponsal del periódico socialista *Djenj*, viajó a Nueva York, donde emergió en los suburbios como predicador comunista. Inmediatamente después del estallido de la Revolución Rusa se dirigió a Rusia y pronto se convirtió en uno de los impulsores del bolchevismo que todo lo destruía.

Aquí luchó como líder el tártaro Kalmuck Lenin (Uljanow). Todo lo que pueda aparecer en el bolchevismo como idea sale de su cabeza. La confianza de tantos obreros rusos, y no precisamente los peores, le fue concedida. Sus primeros conocidos lo describen como un hombre que vivía enteramente dentro del estrecho círculo de sus dogmas y era inamovible hasta el primitivismo. Como tercero en la cúpula tricéfala funcionaba el judío Zinóviev,[320] el posterior presidente de la Internacional de Moscú de 1919. A través de la demagogia y la falta de escrúpulos de Trotsky y Zinoviev, el bolchevismo se convirtió en una empresa predominantemente judía.

Que el bolchevismo ruso era, y es, tal, no puede ponerse en duda. De 1917 a enero de 1918, viajé de Petersburgo a Crimea y debo afirmar (en esto puedo excluir mucho como coincidencia) que donde surgían bolcheviques, en universidades, reuniones callejeras, consejos obreros, 90 de cada 100 eran judíos. Además, me los he encontrado en Crimea (Crimea estaba ocupada por ellos), en hospitales militares, con el periódico *Pravda* (el órgano bolchevista) bajo el brazo, y muchas noticias apenas revelaban otra cosa que fuerzas judías de subversión. A pesar de todo, no tendría derecho a considerar estas experiencias personales como

---

[320] [Gregori Zinóviev (né Ovsei-Gershon Apfelbaum) (1883-1936) fue un bolchevique judío que, junto con Kámenev, al principio apoyó a Stalin contra Trotski, aunque después de 1926 apoyaron a Trotski contra Stalin. Finalmente, Zinóviev y Kámenev fueron detenidos en diciembre de 1934 por complicidad en el asesinato del líder del partido comunista de Leningrado, Serguéi Kírov, y ejecutados].

características del movimiento bolchevista si los hechos que de ellas se derivan no expresaran lo mismo.

En Alemania se comete el error de considerar el bolchevismo como una necesidad rusa. Ahora sería comprensible que, cuando se quita un grillete, las mociones reprimidas estallen con doble fuerza. Eso también puede ser cierto en muchos casos. Pero en general hay que decir que no existía de antemano ninguna necesidad para la siguiente masacre, a menos que el pensamiento tolstoiano genuinamente ruso de que no hay que oponerse a los malvados provocara sus consecuencias.

Aparte del gobierno paralelo de los Consejos Obreros de Petersburgo, en Kronstadt se había formado una república separada de marineros. No reconocía ninguna ley por encima de ella, el débil gobierno trataba a los amotinados como a un poder con iguales derechos, y así fue posible que en junio de 1917 muchos miles de marineros incitados y dirigidos por un estudiante judío de la Politécnica de Riga, el infame Roschal, remontaran el Neva para derrocar al gobierno. El golpe fracasó y los líderes más importantes, Bronstein (Trotsky), Rosenfeld (Kamenev), [321] Nachamkes (todos judíos) fueron encarcelados. Pero no por mucho tiempo. Gracias a la energía de Lieber, pronto fueron liberados, cuya reivindicación triunfó en nombre de la libertad, los bolcheviques, en efecto, sólo habían luchado por sus ideales y esta fe debía ser respetada. De lo que se deduce que es bueno dejar actuar a los hermanos en muchos partidos.

Kerensky, el nuevo primer ministro, no pudo salvar la situación. Se ha escrito mucho sobre su personalidad, muchos en Alemania

---

[321] [Lev Kámenev (de soltera Rosenfeld) (1883-1936) fue un revolucionario bolchevique que en 1918 fue vicepresidente del Consejo de Comisarios del Pueblo a las órdenes de Lenin y estuvo casado con Olga, la hermana de Trotski (véase también la nota anterior)].

veían en él a un judío,³²² otros a un imperialista ruso, el tercer grupo a un nuevo idealista puro. La imagen que el Prof. Freytagh Loringhoven³²³ da de Kerensky seguramente se acerca más a la verdad. Kerensky era un hombre como miles de rusos. Su padre era director de un colegio, su madre (supuestamente) hija de un general. Procedía, por tanto, del círculo de la intelectualidad y era un representante típico de una gran categoría dentro de su centro. Quien conoce *El idiota* de Dostoievski encuentra en el príncipe Myshkin una imagen asombrosa de él (aunque después de eliminar su rasgo místico-genial), a veces tímido, a veces llameante de idealismo, luego oratoriamente vanidoso, luego megalómano, tambaleándose de un lado a otro entre dos principios. Al igual que Myshkin no sabía a cuál de las dos mujeres amaba, Kerensky tampoco sabía si debía seguir su doctrina marxista o un sentimiento nacional. Después de maniobras más que ambiguas, finalmente se lanzó a una posición en la que le esperaba una fama barata como orador. Sin embargo, todos sus discursos histéricos no detuvieron la desmoralización; en octubre de 1917 se celebró un congreso de soldados que, pasando por encima del gobierno, ordenó al ejército que depusiera las armas.

La historia de este congreso es extremadamente instructiva. En él debían discutirse todas las cuestiones de carácter social y político, pero la mayoría del ejército ruso, ante la amenazadora situación militar, se negó a toda disputa política en aquel momento. Pero

---

[322] En su libro *Zertrümmert die Götzen*, el Dr. Eberle nos informa de que, según el Jüdische Rundschau de Varsovia, Kerensky procede de una familia judía de Vilna; su padre emigró a América; según el Volkstem, su madre nació Adler. He leído muchas biografías de Kerensky y no he encontrado nada de esto en ellas. [Joseph Eberle (1884-1947) fue un escritor católico conservador alemán que se trasladó a Austria en 1916, donde publicó una revista llamada "Schönere zukunft". A pesar de su antisemitismo, fue detenido y encarcelado por el nuevo gobierno nacionalsocialista por contravenir los objetivos educativos del Führer].

[323] Así me lo comunicó un miembro de la delegación alemana.

esto no disuadió en absoluto a los bolcheviques más ansiosos, arrastraron a todos sus representantes, el cadete oficial Abrahamov (Krylenko) se sentó en el sillón del presidente y, sin dotación ni autorización, emitió llamamientos y decretos en nombre del ejército ruso. Los intentos de Kerensky de reprimir esta audacia salieron lamentablemente mal; la guarnición de Petersburgo, desmoralizada por la inactividad y provista de dinero procedente de fuentes secretas (la gente estaba convencida de que era alemán, ya que el judío Fürstenberg-Ganeski de Estocolmo había transferido grandes sumas al consejo de soldados de Petersburgo, como se pudo demostrar), se puso del lado de sus donantes y, a principios de noviembre de 1917, derrocó al último gobierno ruso. También es característico que en las últimas sesiones del Preparlamento que se había formado no hablara ni un solo ruso del lado de la oposición sino, sin excepción, judíos.

Con eso la victoria de los bolcheviques estaba decidida y ahora no había freno para los judíos: se dejaron caer la visera y establecieron un gobierno ruso casi puramente judío.

Lenin era casi el único no judío entre los Comisarios del Pueblo, por así decirlo el anuncio ruso de la empresa judía; en su carácter, sin embargo, sin duda el más fuerte. ¿Quiénes eran los demás? Doy aquí los nombres que demuestran bastante claramente el dominio judío a partir de entonces innegable. Comisario de Guerra y Asuntos Exteriores era el ya mencionado Bronstein (Trotsky), el alma del Terror Rojo; Comisario de Cultura Lunacharsky, Comisario de Comercio Bronsky, Comisario de Justicia Steinberg, Comisario de Control de la Contrarrevolución el monstruo Moses Uritsky. En su cámara de investigación, en la infame Gorochovaja n° 2, miles de personas fueron llevadas y asesinadas sin juicio previo. (Más tarde fue fusilado). Comandante en jefe de todos los ejércitos, después de la gran desgracia de Krykenlo, fue el judío Posern. Jefe del Consejo de Obreros y Soldados de Petersburgo Zinoviev, del Consejo de Obreros y Soldados de Moscú Smidovich, del de Kharkov

Rosenfeld (Kamenev); la delegación de paz de Brest-Litovsk[324] estaba formada por Bronstein (Trotsky), Joffe, Karakhan (armenio), y era judía hasta el mecanógrafo.

El primer correo político a Londres (de hecho llevó buenas noticias a sus hermanos de sangre) fue el judío Sr. Holtzmann, y como representantes del gobierno soviético en todos los países surgieron judíos como hongos después de la lluvia. En Berna el embajador "ruso" se llamaba Shklovsky (fue despedido junto con todo su personal), en Christiania [325] Beitler, en Estocolmo Vorovsky, y en Berlín fue delegado el suficientemente conocido Joffe. Las negociaciones posteriores sobre los acuerdos suplementarios de Brest-Litovsk fueron dirigidas, por parte "rusa", por el mencionado Vorovsky, que tenía subordinados a él a unos doce judíos y judías y a dos o tres letones. Además de todos ellos estaban los principales agitadores de los periódicos bolchevistas, comisarios provinciales y otros altos notables.

Nombraré a los líderes judíos más importantes: Martow (seudónimo de Zederbaum), Gussev (Drapkin), Sujanov (Gimmer), Sagersky (Krachmann), Bogdanov (Silberstein), Gorev (Goldmann), Volodarsky (Cohen), Sverdlov (Jefe del Consejo Penal), Kamkov (Katz), Mieskovsky (Goldberg), Riazanov (Goldenbach), Martinov (Simbar), Chernomorsky (Chernomordkin), Piatnitsky (Sewin), Abramovich (Rein), Solntsev (Bleichmann), Sviesdich (Vonstein), Litvinov (Finkelstein, negociador de paz con la Entente), Maklakovsky (Rosenblum), Lapinsky (Löwensohn), Bobrov (Nathanson), Axelrod (ortodoxo, también "activo" en Munich), Garin (Carfeld), Glasunev (Schultze), Mrs. Lebedev (Simon),

---

[324] En su *Geschichte der russischen Revolution*, [1919]. [Axel von Freytagh Loringhoven (1878-1942) fue jurista y diputado durante la República de Weimar, a la que se opuso. Celebró la llegada de Hitler al poder y fue nombrado consejero de Estado prusiano en 1933].

[325] [Oslo]

Kamensky (Hoffmann), Naut (Ginzburg), Sagorsky (Krajmalnik), Iagoev (Goldmann), Vladimirov (Feldmann), Bunakov (Fundamenski), Larin (Lurrje), etc. En los bancos más tarde se sentaban sólo judíos y a menudo jóvenes judíos de veinte años dirigían departamentos enteros en los ministerios. Cualquiera que se viera obligado de urgencia a ir allí era recibido por hombres con nombres rusos y rostros judíos? Ha habido muchos cambios personales, pero el principio de selección siempre ha sido el mismo: asegurar para el judío una influencia incondicional y llamar a los rusos y letones (el apoyo militar más importante del Soviet) sólo en pequeña medida.[326] Un viejo líder de los revolucionarios, Burtsev, escribió una ardiente carta a los bolcheviques, donde proclama al mundo la desgracia rusa de haber dado a luz a personalidades capaces de "calumniar, robar y asesinar".[327]

Expone al obrero ruso y al campesino del mundo, que aún ven en ellos "idealistas", la traición de bandidos sin escrúpulos y castiga clara y concisamente su demagogia y mendacidad.

"Durante meses aparentaron", escribió Burtsev, "ser partidarios de la Asamblea Nacional, pero tras la primera reunión la descartaron. Han hecho campaña constantemente contra la pena de muerte, y ahora son ellos quienes la elevan al sistema. Son partidarios declarados de la justicia de linchamiento; todos sus decretos terminan con la amenaza de fusilamiento. Eran partidarios de la libertad de prensa, pero se han revelado como censores y perseguidores de la prensa con un rigor que Rusia aún

---

[326] Recientemente un corresponsal del Times, Wilton, por tanto un testigo bastante insospechado, viajó a Rusia; comprobó que entre los 384 comisarios que gobiernan Rusia 13 son rusos de nacimiento, los demás georgianos, chinos y 300 judíos. (Véase en este contexto mi discurso del día del Reichsparty, 1936: "Der entscheidende Weltkampf".

[327] V.L. Burtsev, Seid verflucht ihr Bolschewiki, [Estocolmo, 1918]. [Vladimir Burtsev (1862-1942) fue un activista ruso que se opuso tanto al bolchevismo como al nacionalsocialismo].

no ha experimentado. Eran opositores a las prisiones y son sus más ávidos proveedores. Sin investigación ni juicio han encarcelado a miles de hombres. Hablaron de paz, pero sólo trajeron la guerra, que se extendió por toda la tierra. Se enfurecieron por la diplomacia secreta, pero llevaron a cabo un secretismo en su diplomacia que no conocimos ni siquiera bajo el régimen zarista". En nombre de la fraternidad y la paz, los bolcheviques atrajeron hacia sí a hordas irreflexivas y se pusieron a trabajar inmediatamente con un odio furibundo contra todo lo "burgués" y pronto con una matanza sistemática y una guerra civil, si es que esta masacre unilateral puede llamarse así. Toda la intelectualidad rusa, que durante décadas había luchado por el pueblo ruso y había ido a la horca o se había exiliado por su bienestar, fue sencillamente asesinada dondequiera que se pudiera echar mano de ella. Kokoskin y Shingarev fueron asesinados en secreto mientras yacían gravemente enfermos en el hospital. Naturalmente, los asesinos no fueron castigados. No puedo explicarlo todo aquí, pero todos los rusos honestos conocidos fueron ejecutados.[328] Los obreros y soldados fueron presionados hasta tal punto que ya no había retorno para ellos, se convirtieron en criaturas sin voluntad del tenaz dominio judío que había quemado todos los puentes tras de sí. El verdadero núcleo del Ejército Rojo era definitivamente fiable, los demás reclutas estaban sometidos a una disciplina espantosa.

El reclutamiento se llevaba a cabo de la siguiente manera: un comisario llegaba al pueblo en cuestión y anunciaba el

---

[328] Incluso el embajador alemán Mirbach fue asesinado. El asesino fue el estudiante judío Blumkin. Huyó a Ucrania, fue entregado y luego condenado: a unos meses de prisión (más tarde recibió un alto cargo en Moscú). [Wilhelm Conde Mirbach-Harff (1871-1918) fue nombrado embajador alemán en Rusia en abril de 1918 y asesinado por un judío llamado Yakov Blumkin a petición de los Revolucionarios Socialistas de Izquierda (aliados de los bolcheviques) que esperaban incitar una nueva guerra entre rusos y alemanes tras la retirada de Rusia de la Guerra Mundial en el Tratado de Brest-Litovsk de marzo de 1918].

reclutamiento de todos los hombres de entre 20 y 40 años. Si no se seguía incondicionalmente este reclutamiento, aparecía la llamada expedición penal y fusilaba a todo el pueblo, incluidas mujeres y niños. Como a menudo esto se llevaba a cabo de forma despiadada, se presentaban todos los reclutas, hasta el último hombre. De este modo, y especialmente de este modo, se mantenía el gobierno judío, pues sabían muy bien: el odio aún impotente de la población podía llegar a ser aterrador si no se reprimía a diario. Según los números del *Pravda* (Verdad), el periódico oficial, en tres meses fueron fusilados más de 13.000 "contrarrevolucionarios". Pero se puede observar, y todas las noticias recientes coinciden en ello, que el odio contra los judíos en Rusia, a pesar de todo el Terror, se extiende cada vez más. Los rusos más tolerantes y de corazón más blando están ahora tan empapados de él como un antiguo funcionario zarista. Si el gobierno actual cae, ningún judío quedará vivo en Rusia; se puede decir eso con certeza; los que no sean asesinados serán expulsados.

III. LA MENTE JUDÍA

El Talmud

Si deseamos formarnos un juicio sobre el carácter de la mente judía, debemos necesariamente remontarnos a esa obra que es su expresión monumental y que aún hoy, como dijimos, es respetada por dos tercios de toda la judería como absoluta e intocable: el Talmud.

Ya se ha dicho algo sobre ella, es decir, se han mencionado brevemente sus leyes morales. Ahora me gustaría iluminar otras páginas. Y aunque haya que poner por escrito cosas repugnantes, eso es inevitable si se quiere ver todo lo que se puede encontrar en un "libro religioso".

Lo extraño del juicio de nuestros contemporáneos es que consideran el Talmud como un libro religioso contra el que luchar sería retrógrado e indicativo de intolerancia. Pero si uno lee los innumerables tratados, se asombra de no encontrar casi nada de religión, o al menos de la religión tal como la entendemos. Allí no surge ningún pensamiento metafísico, ninguna búsqueda de una solución al enigma de la vida, ninguna imagen que pueda ilustrarnos nuestros secretos, ninguna perspicacia, ningún misterio. Todo es evidente y claro. El mundo ha sido creado de la nada por el dios de los judíos, el pueblo que debe gobernar el mundo y al que pertenece por derecho toda cosa creada. Este es el fundamento "religioso". Junto a los absurdos moralizantes y las groserías aparecen chascarrillos de una locura casi patológica que uno se resistiría a tomar en serio si no salieran de la boca de los rabinos venerados por los judíos. Algunos ejemplos "Cuando Salomón estaba en el vientre de su madre empezó a cantar una canción como dice en *el Salmo* 103,1: 'Alabe mi alma al eterno y todo mi ser interior tu santo nombre". "Cuando mamó del pecho de su madre y observó el seno, empezó a cantar una canción, v.2[329] : 'Que mi alma alabe al eterno y no olvide todas sus buenas acciones'. Según el rabino Abahu, las palabras 'buenas acciones' significan que dios ha puesto sus pechos en el lugar de la razón o que él (Salomón), como piensa Yehuda, no mira a un lugar de vergüenza, o, según el rabino Mathna, para que no mame en un lugar de vergüenza.[330]

Gén. 2:22: "Y el dios eterno formó la costilla". Rab y Samuel tienen opiniones divergentes al respecto. Según uno, era una cara (de la que se formó algo), según el otro, era un pene. Pero es correcto según uno de ellos, ya que dice en *el Salmo* 139:5: 'Tú me has formado por delante y por detrás', pero ¿qué significará la cita según el que supone que era un pene?".[331]

Rabino Gamliel:

> "Un día todas las mujeres darán a luz diariamente, ya que en *Jer* 31:8 dice: "mujeres embarazadas y parturientas". Un día los árboles darán fruto, ya que en *Eze* 17:23 se dice: 'producirá ramas y dará fruto'". [332]

Rabino Jeremías:

> "El primer hombre tenía dos caras, *Sal.* 139:5: 'Me has formado por delante y por detrás'.[333]

---

[329] [Sal 103:2]

[330] Tratado de Berajot, fol. 10a.

[331] Berachoth, fol.61a.

[332] Shabat, fol.30a,b.

[333] Erubin, 18a.

Rabino Samuel:

> "¿Por qué se compararon las palabras de la Torá con la gacela?". "Para deciros: "Así como la gacela tiene un cuerpo esbelto y cada hora le parece a su hombre tan querida como en la primera hora, así también las palabras de la Torá son para sus guardianes como en la primera hora"".[334]

Rabí Eleazar:

> "Cuando en *Deut.* 6:5 dice: 'Amarás al Eterno, tu Dios, con toda tu alma', ¿por qué dice también 'con todos tus bienes'? Significa que hay muchos hombres para quienes su cuerpo es más querido que su dinero, por eso dice: 'con toda tu alma', y de nuevo, que hay muchos hombres para quienes su dinero es más querido que su cuerpo, por eso dice: 'con todas tus riquezas'". [335]

Que la palabra "posesiones"[336] se tome aquí en su sentido literal como dinero en efectivo es significativo, del mismo modo que tampoco se dice nada del alma que se ama más que al cuerpo y al dinero.

Rabino Papa:

> "Si uno ha comido o bebido de un plato o panera emparejados, ¿cómo se evitan las malas consecuencias? Uno agarra el pulgar de la mano derecha con la mano izquierda y el pulgar de la mano izquierda con la mano derecha y habla así: "Tú y yo somos tres". Pero si se oye decir: 'Tú y yo somos cuatro', entonces se dice: 'Tú y yo somos cinco', etc.".[337]

---

[334] Erubin, fol.54a,b.

[335] Pesajim, fol.25a,b.

[336] [La palabra alemana para "posesiones" "Vermögen" significa también "capacidades"].

[337] Pesajim, fol.110a.

"Se dice en *Jon* 2:1: 'Entonces el Eterno presentó un gran pez para que se tragara a Jonás'. Pero dice en el v.3: 'Y Jonás oró al Eterno para salir del estómago del pez y dijo: "He invocado al Señor desde mi encierro"'. No hay duda; tal vez el gran pez lo escupió y el pez pequeño se lo tragó".[338]

Rabino Meier:

"¿Por qué se puede probar que incluso los embriones en el vientre de la madre comenzaron a cantar una canción? Porque dice en el Salmo 68:27:[339] 'En las congregaciones alaben al Señor Dios, desde el vientre de Israel'".[340]

"Cuando un rasguño levanta ampollas, uno sopla el trombón el sábado. Pero hemos aprendido: Cuando se despiertan otros castigos y atacan a todos, por ejemplo, picores, saltamontes, mosquitos, uno no sopla sino que llora (reza) a Dios...". No hay duda, sólo se trata de si el picor es húmedo o seco".[341]

Rabí Jehuda dijo:

"Se coloca en el synedrium (consejo) sólo a tal hombre que es capaz de limpiar (a través de conclusiones) el gusano de la Torá".

Dijo el rabino:

"Puedo pronunciarlo limpio a través de conclusiones. Si incluso una serpiente, que mata o aumenta con ello la impureza, es limpia, ¡entonces la determinación es ciertamente válida en relación con un gusano que no mata y no aumenta la impureza!"

---

[338] Nedarim, fol.51b.
[339] [Sal.68:26].
[340] Sota, fol.30b.
[341] Baba Kamma, fol.36 y 37a.

Eso no es sostenible, ya que (la serpiente) sólo es como una espina (que puede matarnos y, sin embargo, está limpia).[342]

Y dice en Ex. 8:2: "Y la rana subió y cubrió Egipto". Según Rabí Eleazar era sólo una rana, pero se multiplicó y llenó toda la tierra de Egipto. Pero los tanaítas[343] tienen una opinión totalmente diferente al respecto.

Rabí Akiba dice:

> "Era sólo una rana y ésta llenó toda la tierra de Egipto". Entonces Rabí Eleazar ben Azaria le dijo: "Akiba, ¿qué tienes que ver con el Haggadath?[344] Sólo había una rana, pero silbó a las demás y todas se acercaron".[345]

Me abstengo de estas ingeniosas sutilezas, pues bastan para demostrar palpablemente su vaciedad intelectual. Pero un punto debe ser enfatizado. En todos sus discursos ocupan un gran espacio las cuestiones sexuales, ya hemos visto algunos ejemplos. Pero la forma en que se tratan es característica. No con una sensualidad natural, ni siquiera con la neutralidad objetiva de un higienista, sino con la repulsiva lascivia de los viejos calvos que no dan abasto en la imaginación de las actividades sexuales. La pluma vacila en escribir tal queja de haber cometido una injusticia.

Rabino Chama:

---

[342] Sanedrín.

[343] [Doctores que repetían la Ley, de ahí el término "Mishná", que significa "repetición de la Ley"].

[344] [La Hagadá es un texto judío que se lee en la Pascua para conmemorar la liberación de la esclavitud en Egipto].

[345] Sanedrín, fol.67a,b.

> "El que establece su lecho entre el norte y el sur obtiene hijos del sexo masculino, como dice el Salmo 17:14: 'Y con tu 'tesoro'[346] llenas sus vientres, tendrán abundancia de hijos'".[347]

Tres cosas ilustran el mundo futuro: el sábado, el sol y el servicio. ¿De qué tipo? Si se referían al servicio de la cama (relaciones sexuales), seguramente se debilita. Sólo se refiere al servicio de la apertura de la mujer.[348]

La mujer es un tubo lleno de vituperio cuya boca está llena de sangre.[349] Rabino Jochanan:

> "Toda mujer que invita a su marido a mantener relaciones sexuales obtiene hijos de una clase que no existía ni en la época de Moisés".[350]

Las esposas de los incultos son alimañas y de sus hijas se dice *Deut.* 27:21: "Maldito el que yace con una vaca"

Quien trata de la Torá en presencia de una persona inculta es considerado como si yaciera con su prometida.[351]

Los rabinos han enseñado:

> "El que tiene relaciones sexuales en una cama donde duerme un niño, tiene niños epilépticos".[352]

---

[346] [pene]

[347] Berachoth, fol.67a,b.

[348] Ibídem, fol.57b.

[349] Shabat, fol.152a.

[350] Erubin, fol.100b.

[351] Pesajim, fol.49b.

[352] Pesajim, fol.112b.

A Ben Soma se le planteó la pregunta:

> "¿Puede el sumo sacerdote tomar a una virgen que ha quedado encinta o es que no se tiene en cuenta lo que dijo Samuel: 'Puedo acostarme con muchas vírgenes sin sangre' o es que no ocurre lo que dijo Samuel? Él les respondió: "Claro que no ocurre lo que dijo Samuel pero es de temer que se haya quedado embarazada en un baño. Pero Samuel dijo en efecto: 'Todo aquel que tiene relaciones sexuales cuya semilla no sale disparada como una flecha no fecunda'. Entonces debía de estar preparado como una flecha que dispara".[353]

Los ancianos dijeron:

> "A los que emiten esputo, a los leprosos y a las personas cercanas a las mujeres menstruantes se les permite leer el Pentateuco, los Profetas y la Hagiografía, sólo está prohibido emitir semillas".[354]

Elia:

> "¿Por qué no viene el mesías? Mira, ahora es el día de la reconciliación, puedo acostarme con tales y cuales mujeres". Entonces el rabino Jehuda le preguntó: "¿Qué dice el Santo entonces?" El respondió: "Dice en *Gen.* 4:6: 'El pecado está a la puerta'". "¿Y qué dice Satanás?" Y respondió: "Satanás no tiene poder en el día de la reconciliación".[355]

Rabino Simeón:

> "Una prosélita de menos de tres años y un día es apta para el sacerdocio (es decir, el sacerdote puede acostarse con ella)", pues dice *Núm* 13:18: 'Y todas las niñas que no se hayan acostado con

---

[353] Chagia, fol.14b.

[354] Mo 'ed-Katan, fol.15a.

[355] Yoma, fol.19b y 20a.

un hombre, que vivan para vosotros'".³⁵⁶ "Un 'vaso' es hermoso para una mujer, dos feo, con tres lo exige (sin castigar) con la boca, con cuatro lleva el burro al mercado (para su satisfacción)".³⁵⁷

Rabí Johanan:

"Los niños tullidos nacen porque sus padres dan la vuelta a la tortilla (su posición en el coito); los niños mudos nacen porque besan ese lugar (los genitales); los niños sordomudos nacen porque parlotean durante el coito; por último, los niños ciegos nacen porque miran a ese lugar".³⁵⁸

Rabino Jochanan:

"El pene del rabino Ismael era tan grande como un tubo de seis kabs". ³⁵⁹

Rabino Papa:

"El pene de Rabí Jochanan era tan grande como un tubo de cinco kabs, según otros de tres kabs. El pene de Rabí Papa era tan grande como las cestas de los habitantes de Harpania³⁶⁰ .³⁶¹ Cada criminal (simri) yacía en este día con la mujer medianita 424 veces, y Pinchas esperó a una tanto tiempo que su poder se debilitó. Pinchas no sabía que el rey fuerte (Dios) estaba con él.

---

[356] Yemabot, fol.66b.

[357] Ketubot, fol.65a.

[358] Nedarim, fol.20a.

[359] [Un 'kab' es una antigua medida hebrea equivalente a 4 pintas].

[360] [Una rica ciudad agrícola en el distrito de Mesene al sur de Babilonia.]

[361] Baba Mezia, fol.84a.

Así lo indica una Boraitha:

"Se acostó con ella 60 veces hasta que él quedó como un huevo podrido y ella como un lecho lleno de agua".[362]

Estos ejemplos pueden bastar para recordar vívidamente la extrañeza de la mente judía. ¿Cómo era posible que productos de tal naturaleza, heredados, discutidos y celosamente guardados durante miles de años, pudieran ser señalados como un libro religioso y moral?

Aquí debe determinarse de una vez por todas que todo lo que está escrito en el Talmud deriva de un espíritu que nos es hostil. Es una característica específicamente judía.

"Una cosa está ciertamente clara", dice el judío Dr. Bernfeld, "que la enseñanza oral está más íntimamente ligada a la raza judía, es hueso de sus huesos, carne de su carne".[363]

Y el historiador judío M. Keyserling se eleva a un elogio al calificar el Talmud de "la obra más grande admirada desde hace miles de años, y cuya semejanza no se encuentra en ninguna literatura".[364] Así piensan todos los hebreos.

Difícilmente ha habido un hombre más tolerante, difícilmente uno tan inclinado a desdibujar y negar las diferencias individuales en el carácter de los pueblos, que Tolstoi. Con interminables repeticiones predicó (es decir, en sus cartas) la similitud de pensamiento en China, India, Judea, Europa.

---

[362] Sanedrín, fol.14b.

[363] [S. Bernfeld], Der Talmud [sein Wesen, seine Bedeutung und seine Geschichte], Berlín, 1900, p. 16. [Simon Bernfeld (1860-1939) fue rabino y publicista en Berlín].

[364] Sephardim, Leipzig, 1859, p.86.

Pero después de abandonar su airoso castillo construido sobre el dogma de la igualdad de los hombres, y observar más de cerca las obras del hombre, el gran hombre llegó sin embargo a otros resultados. En el estudio del Nuevo Testamento, relata, se sintió como un pescador de perlas que lanza su red en busca de mejillones preciosos, pero saca con ellos al mismo tiempo limo y suciedad de los que primero tiene que liberar a los primeros.

> "Y así encontré junto a un espíritu cristiano puro un sucio espíritu judío ajeno".[365]

Schiller sentía una gran reverencia por muchas figuras del Antiguo Testamento, es decir, por la personalidad de Moisés, pero ya diferencia con un instinto seguro (sin un conocimiento más cercano de los contextos reales) entre la "indignidad y represibilidad de la nación" y el "mérito de sus legisladores". Califica al judío de "vasija impura y vil" en la que, sin embargo, se conservaba algo precioso que más tarde podría madurar "en mentes más brillantes", un "canal impuro" por el que se conducía la más noble de nuestras posesiones, la verdad, que, sin embargo, se rompió una vez que hubo cumplido lo que tenía que cumplir".[366]

Goethe dijo que el contraste entre los judíos actuales y sus "antepasados nos molesta". Por tanto, ambos grandes hombres tienen una actitud marcadamente contradictoria hacia el pasado judío.

Pero esto debe disiparse cuando, como sabemos hoy, los grandes hombres del pasado hebreo no fueron en absoluto los antepasados

---

[365] *Kurze Darlegung des Evangelliums* [Breve exposición del Evangelio, 1881].

[366] Die Sendung Moses, [La conferencia de Schiller sobre los orígenes de la religión judía fue pronunciada en la Universidad de Jena en 1789 y publicada en la revista de Schiller Thalia en 1790].

de los judíos actuales, que el judaísmo es un producto muy tardío.[367] Incluso Moisés (ni siquiera el nombre es hebreo) es, según las representaciones egipcias, un sacerdote egipcio fugitivo llamado Osarsiph.[368]

No, el judío no se ha "roto", el canal se completó en su formación desde el Exilio y de hecho ya antes, sólo se ha hecho más fuerte y más pronunciada.

Esta aversión instintiva de Tolstoi, Schiller y Goethe, por nombrar sólo a algunos grandes hombres, debe sentirla toda persona que se haya acercado a los productos intelectuales judíos y haya conservado aún su sentimiento natural: los ejemplos anteriores del Talmud deberían incitarle a ello. El judío nos describirá como "filisteos totales", lo que nosotros, según Abraham Geiger, somos completamente,[369] entonces somos tildados además por los discípulos de Graetz como el "más limitado de todos los pueblos",[370] pero eso no puede perturbarnos.

La mente técnica

Investiguemos brevemente la estructura técnica de la mente judía.

Es realmente vergonzoso, pero no por ello menos cierto, que el concepto de cultura siga teniendo una connotación muy indefinida en los grandes círculos y se transfiera a casi todos los

---

[367] A este respecto, véanse [Julius] Wellhausen y [Houston Stewart] Chamberlain. [Julius Wellhausen (1844-1918) fue un biblista orientalista alemán].

[368] Más detalles sobre esta personalidad en Deussen, Die Philosophie der Bibel. [Esta obra constituye el tomo II, 2, i de la *Allgemeine Geschichte der Philosophie* de Deussen (véase más arriba p. 39)].

[369] *Nachgelassene Schriften*, Vol. II, p.242.

[370] *Geschichte der Juden*, Vol. VII, p.367.

fenómenos de la vida de forma acrítica. Hoy pertenecen a la cultura los ferrocarriles y la poesía, los aviones y la filosofía, la calefacción por agua caliente y la filosofía; aquí se impone una diferenciación metódica.

Con la palabra "cultura" se deben designar únicamente las expresiones del hombre que son el producto (ya sea sentido o pensado) de una concepción del mundo. A ella pertenecen la religión, la filosofía, la moral, el arte y la ciencia en la medida en que no sean puramente técnicas. El resto es el comercio, la economía y la industria, que me gustaría designar como la técnica de la vida. Ahora bien, me parece una visión importante de la esencia de la mente judía cuando la denomino mente predominantemente técnica. En todos los campos que he considerado como pertenecientes a la técnica de la vida, ha estado siempre activa, como hemos visto, con una energía tenaz y con gran éxito. Pero incluso allí de donde brota la cultura, sólo ha dejado su impronta o ha poseído su lado técnico externo en sus diferentes formas.[371] Esto requiere una explicación.

La moral, por ejemplo, se basa en un sentimiento que yace en lo más profundo de nosotros, en la "voz ligeramente audible", en palabras de Goethe, sobre "lo que se debe hacer y lo que se debe evitar". En la sociedad humana, se expresa como preceptos morales y leyes estatales; éstas son la técnica de la moralidad. Cuanto más clara y definitivamente esté arraigado en un pueblo el sentimiento de justicia e injusticia, menos necesitará una complicada técnica jurídica, y tanta más cultura espiritual poseerá. Así pues, es un juicio totalmente engañoso ver en la minuciosa enumeración de las actividades permitidas y

---

[371] Isaías lo había percibido cuando dijo: "Porque este pueblo sólo me respeta externamente, la sabiduría de sus sabios se desvanecerá y el discernimiento de sus hombres razonables se perderá" [Isa 29:13-14].

prohibidas de la vida cotidiana una expresión derivada de un ethos superior.

Todo lo contrario: es una señal de que el foco principal de la moralidad no reside en el interior del hombre, sino que ésta se determina meramente en el exterior, donde la recompensa y el castigo por su observación son decisivos. Y aquí es característico de la mente judía que la simple moralidad del bien y del mal haya dado lugar a una maraña de leyes y a un comentario sobre las mismas que dura cientos de años. Sólo para el Sabbath hay 39 párrafos de actividades prohibidas, se dice que Moisés recibió 365 prohibiciones y 248 leyes en el Monte Sinaí.

Pero, sobre esta base, la ley judía se establece primero con miles de medidas de conducta que deben seguirse estrictamente. Aquí ya no se trata de la expresión de un sentimiento moral, sino de un mero conocimiento y dominio de reglas técnicas. "El que conoce la ley es virtuoso", dice Jesús Eclesiástico.[372] Y Bernhard Stade, a pesar de ser un erudito bien dispuesto hacia los judíos, informa:

> "Falta el pensamiento de medir las acciones según su contenido o la convicción de la que surgen... Las acciones se juzgan sobre todo de forma diferente según se hayan cometido en Canaán o no, según se limiten a israelitas o a extranjeros".[373]

Aquí tenemos los comienzos del Talmud posterior, que, desde este punto de vista, no es más que un complicadísimo aparato técnico con cuya ayuda deben resolverse todas las cuestiones. Pero como el dominio de este instrumento exigía mucho tiempo, los hombres, incluso entre los judíos, que tenían a mano a cada paso de la vida (tanto si tenía que ver con la sinagoga como con

---

[372] [Jesús ben Sirach (principios del siglo II a.C.) fue el autor de una obra llamada Sirach (o Eclesiástico) que se considera apócrifa y no ha sido aceptada en la Biblia hebrea.

[373] *Geschichte des Volkes Israel*, Vol. I, p.510.

el retrete) una cita de Moisés o del Talmud no eran muy numerosos. Estos expertos en la ley eran también las personas más respetadas que dominaban el aprendizaje por sí mismas, y sus nombres se extendieron por todos los países habitados por judíos.

Tan grande era la estima del conocimiento en sí mismo que incluso un gentil erudito era a veces considerado como un hombre. Aunque el padre Samuel prohibía al hombre (es decir, a un judío) tener comunidad con el gentil,[374] y el rabino Meir decían: "El hombre debe tener diariamente tres palabras de bendición, es decir, que Dios no me ha hecho un gentil, una mujer y un tonto", aún así se explicaba que era posible tener relaciones con un gentil erudito.

Pero hay que señalar una diferencia fundamental entre saber y conocimiento. En efecto, es fácil observar que incluso los indios tenían un conocimiento acumulado que sólo podían dominar mediante un trabajo de décadas, por lo que también tenían una mente similar a la judía.

Pero entonces hay que observar que el conocimiento de los indios surgió del anhelo de la interconexión del universo y condujo a un conocimiento purificado y simbólico, que en esto fue este conocimiento sirvió sólo como un medio para un objetivo que va más allá de la misma. El judío ha mostrado a lo largo de su historia una búsqueda del conocimiento en sí mismo, evitaba toda metafísica como una enfermedad infecciosa, e instintivamente perseguía a las pocas excepciones que coqueteaban con la filosofía. El conocimiento de la Ley era para el judío una meta en sí misma.[375]

---

[374] Bejorot, fol.26.

[375] Pero cuando el conocimiento no era un fin en sí mismo, se consideraba un medio no para comprender, sino para poder y enriquecerse. Significa, entre

Esta mente técnica, que hizo del sentimiento moral un sistema de prohibiciones y preceptos, que no tiene igual en la literatura mundial en su monstruosa confusión y en su boxeo de sombras sin espíritu, es necesariamente antimetafísica, no podría haber existido de otro modo. Una mente dirigida al mundo externo debe tener una respuesta para todo, ya que internamente no siente nada que sea profundo e interminable. Pero incluso a esta imagen del mundo, entonces necesariamente estrecha, pertenecía un poder formativo. Y a eso la mente judía no ha contribuido mucho aparte de la eterna tautología, Dios id dios.

En países extranjeros el judío experimentó por primera vez algo de dios como creador del universo, de los mitos de esta creación, de la Caída por el pecado, de los principios del bien y del mal, de la inmortalidad del alma.

Aquí, en su contacto con ideas extranjeras, la mente judía se mostró en su rareza característica. Las imágenes y los mitos se convirtieron en sus manos en anécdotas, el intento de ilustrar una experiencia interior se interpretó como un hecho histórico material. La Caída del hombre, el símbolo sumerio-acadio de un acontecimiento espiritual, se convirtió en una narración histórica, la serpiente no era en realidad más que una serpiente, la manzana realmente una manzana, todo el asunto un acontecimiento cotidiano. Cuando los judíos oyeron hablar de la inmortalidad del alma humana por primera vez a los prusianos, cuando oyeron hablar de un mesías, un Saoshyant, que liberaría al mundo del poder del principio maligno para establecer un reino celestial en el que entrarían no sólo los santos sino también finalmente, tras un severo castigo, todos los innumerables pecadores penitentes, entendieron de este principio de un amor liberador del mundo sólo la idea de un mesías gobernante del mundo.

---

otras cosas: "Tan pronto como la sabiduría entra en el hombre, también entra en él la astucia" (Sota, fol.21b.).

El reino de dios se convirtió en un estado esclavista en el que los judíos gobernarían como tiranos. El mito de la creación del universo se convirtió para los judíos en el alfa y omega de su posterior visión del mundo, cerró en el tiempo, de una vez por todas, su imagen del universo. Su contribución fue que fue creado de la nada. De todos modos, los judíos tenían ahora un conocimiento amplio: el dios judío creó un día el universo de la nada, se espera que nos proteja y nos dará en el reino venidero el gobierno sobre todos los pueblos. Se ve que el cuadro es completo, la visión lógica.

En un antiguo himno indio dice:

> Mis oídos se abren para oír, mis ojos para verle;
> La luz que alberga en mi espíritu se ensancha,
> Lejos vaga mi mente cuyos pensamientos están en la distancia.
> ¿Qué hablaré, qué imaginaré ahora?[376]

¿No es como si un ala del infinito ejecutara en estas palabras del cantor indio un nuevo aleteo y se elevara de todo confinamiento terrenal? O, cuando el sabio al final de una de las obras filosóficas más antiguas sobre la creación del universo termina así:

> Él el primer origen de esta creación,
> ya sea que él lo formó todo o no lo formó,
> ... él lo sabe verdaderamente, o tal vez no lo sabe.[377]

De nuevo termina con una pregunta. Estas intuiciones hacia la eternidad son la salida de una mente "que habita como una maravilla potencial en el hombre", de "la sabia mente sin edad".[378] El indio siente en sí mismo algo eterno, se contempla ante un

---

[376] Glender y Kaegi, *70 Lieder des Rgveda* [Rgveda, VI,9,6, he utilizado la traducción de R.T.H. Griffith, *The Hymns of the Rgveda*, Londres, 1889].

[377] [Rgveda X, 129, 7, tr. R.T.H. Griffith]

[378] Traducción de Deussen: *Allgemeine Geschichte der Philosophie*, Vol. I.

infinito, no puede cerrarse a sí mismo todas las puertas de la mente. Pero la mente judía se pone nerviosa ante tales imaginaciones, si se le ocurren. El Antiguo Testamento es prueba de ello. Y Judah Halevi, tal vez la personalidad más simpática que ha producido el judaísmo, se expresa, internamente congelado, en poesía de la siguiente manera:

> No te dejes tentar por la sabiduría griega,
> que no da frutos, sólo florece a lo sumo,
> ¿Y su contenido? "El universo no creado,
> Allí desde el principio, envuelto en mitos",
> Escucha con avidez sus palabras, Vuelves
> Con charlatanería en la boca, el corazón vacío,
> insatisfecho,
> Así que busco canciones en la calle de Dios,
> Y he evitado la señal de la falsa sabiduría.[379]

El judío no puede trabajar con mitos y símbolos, y si los adopta se convierte en la magia más seca (véase el Zohar, la Cábala), por eso Cristo y su enseñanza del reino celestial que está "dentro de nosotros" le repugna, aquí siente el asalto más fuerte a su ser.

Ya hemos visto cómo el Talmud habla de Jesús, pero es importante subrayar que incluso los escritores judíos que no piensan de forma estrictamente talmúdica no tienen opiniones diferentes sobre este punto.

Por supuesto que no siempre se encuentra uno con odio, en todo caso no destacado, pero siempre con una total incomprensión respecto a la personalidad de Jesús.

Todos adoptan el punto de vista de que Cristo no es en absoluto el portador de una nueva moral, sino que sólo ha retomado las

---

[379] Divan [des Castiliers Abu'l Hassan Juda Ha-levi], tr.A. Geiger [Breslau, 1851]. [Judah Halevi (1075-1141) fue un médico, poeta y filósofo judío español].

doctrinas del gran Sanedrín, concretamente las de Hillel,[380] de sus líderes; las diferencias entre él y los fariseos son historias malévolas posteriores, etc. Todas las reservas de la erudición judía se ponen al servicio de este objetivo.

Algunos ejemplos de la vasta literatura. El rabino Josef Eschelbacher opina:

> "Por lo que respecta a la doctrina de Dios, así como a los preceptos de justicia, moralidad y amor al prójimo, la fuente básica del cristianismo fue y ha seguido siendo el Antiguo Testamento".[381]

Desgraciadamente, así ha sido, pero Cristo no es responsable de ello. Él se opone conscientemente a lo que ha sido tradicionalmente aceptado:

> "Habéis oído que se dijo a los Ancianos, pero yo os digo..."[382]
> "Hijos del Diablo, cría de serpientes y víboras".[383]

Ya el hecho del odio milenario a Cristo es la prueba más inequívoca de que la esencia judía está muy alejada de la personalidad de Cristo. ¿Pero debemos seguir enarbolando la bandera del Antiguo Testamento? No, mientras nuestros hijos tengan que seguir respetando como documentos religiosos las historias asépticas de las archi-estafas de Jacob, Labán, Judá, mientras el espíritu del Pentateuco y de Ezequiel siga soplando en

---

[380] [El Sanedrín era el tribunal supremo o "consejo" del antiguo Israel. Hillel el Viejo (ca. 110 a.C.-10 d.C.) fue un importante líder religioso judío cuyos descendientes sirvieron tradicionalmente como jefes (Nasi) del Sanedrín].

[381] *Das Judentum* und *Wesen des Christentums*, Berlín, 1905, p. 92. [Josef Eschelbacher (1848-1916) fue rabino en Baden y Berlín]. [Josef Eschelbacher (1848-1916) fue rabino en Baden y Berlín].

[382] [Véase Mateo 5:21-24.]

[383] [Véase Juan 8:44; Mateo 23:33].

nuestras iglesias, mientras no nazca una religión adaptada a nosotros. "El Evangelio ni siquiera es una doctrina religiosa independiente y encerrada en sí misma", dice el mismo rabino,

> "Jesús no podía ni quería ofrecer una religión así. Un cristianismo sin una base sólida en el Antiguo Testamento flota en el viento y se disuelve en nubes que cambian constantemente de forma".[384]

He aquí de nuevo la angustia judía ante una forma que no está atada con botas españolas, y he aquí de nuevo que no se habla de religión como imagen de la psique humana, sino de leyes técnicas, principios, etc.

Según el rabino Bäck, no hay ninguna característica que no haya sido anunciada por un judío como su profeta; él ha sido el predicador de la reverencia, la idea del deber, la lealtad y la humanidad derivan de él, la actitud desinteresada, la tolerancia con respecto a los de diferente mentalidad siempre han sido nativas de los judíos...". Todo esto se afirma con ribetes de citas del Talmud que suenan bien sacadas de contexto: el judío aparece en gran gloria. Según Bäck, el poder de Jesús descansa especialmente en el hecho de que sólo apeló a los judíos.[385] Por lo demás, el sabio rabino piensa que no es necesario mencionar a Cristo. Si se examina su obra más de cerca, se observa que Kant y Goethe, a medias, fueron la fuerza que lo impulsó, y sus pensamientos fueron atribuidos a los judíos según un método probado. Pero cómo ya Goethe advertía contra otro rabino (Mendelssohn): "¡Oh tú, pobre Cristo! Qué mal te irá cuando haya girado lentamente alrededor de tus pequeñas alas zumbonas". Para Abraham Geiger, una de las mayores autoridades del judaísmo liberal, tampoco es bueno hablar bien del cristianismo:

---

[384] Ibídem, p.9.

[385] *Wesen des Judentums*, Berlín, 1905, p.52.

> "Los pensamientos y sentimientos del cristianismo son de una gran indistinción, se oponen a todas las tradiciones populares de tal forma que no pueden arraigar en ellas, mentes simples que niegan la vida real, sueñan con una vida imaginaria sin carne, ensanchan la brecha entre el espíritu y el cuerpo para poder vislumbrar la bienaventuranza en su destrucción". [386]

Hay que leer atentamente esta cita, que contiene en pocas palabras toda la visión judía del mundo. Como el cristianismo es detestado por los judíos, se dice que "se opone a todas las tradiciones populares".

Así se comprende que el hombre de Galilea, "el vivero fructífero del entusiasmo supersticioso" aparezca ante el Sr. Geiger bajo una luz extraña.

> "No podemos negar a Cristo una profunda interioridad, pero de nuevos pensamientos... de una gran obra de reforma no hay ni rastro. En Jesús había una extraña mezcla de claridad de entendimiento, ofuscación de mente y entusiasmo, como a menudo encontramos en hombres de esta clase, y depende meramente de las circunstancias que, de la aparición de tales hombres, se desarrolle una secta que desaparece o una asociación religiosa duradera".[387]

Así que Cristo realmente pertenecía a un sanatorio.

Más claro y honesto es Hirsch Graetz, que ve en Jesús "renacimiento con máscara de muerte"; eso ya recuerda un poco al lenguaje del Talmud. Y el talmudista de hoy no deja nada que desear en la claridad de su manera de expresarse. El Dr. Lippe, cuyos escritos deben leerse como los de "los sabios españoles" (según el Dr. Bursin), escribió también en 1897:

---

[386] *Nachgelassene Schriften*, Vol.II, P.38.

[387] Op.cit., p.116.

"Hace casi 1900 años que un gobernador romano de origen alemán llamado Poncio Pilato asesinó a miles de judíos, entre los cuales al parecer había uno al que los pueblos arios ascendieron a dios mucho tiempo después de su ejecución. Por el asesinato de este dios-hombre los arios han derramado desde entonces numerosos torrentes de sangre judía sin haberlo expiado después de 60 generaciones... la Iglesia cuida de que el símbolo del crucifijo no se aleje de su significado original (asesinato)".[388]

Estas diversas gradaciones en las expresiones de los eruditos judíos demuestran un malentendido tan abismal que uno no debería cansarse de señalar de nuevo el peligro que una mente judía necesariamente trae consigo, voluntariamente o no, cuando se le permite operar dentro de una comunidad cristiana. (Por no hablar del entorno germánico, mucho más extraño). Zunz[389] llamó al judaísmo "el capricho de mi alma". Ahora bien, el judío nunca podrá liberarse de este "capricho", aunque haya sido bautizado diez veces, y la consecuencia necesaria de su influencia será siempre y en todas partes la misma: desespiritualización, descristianización, materialización.

Esa es la idea que uno se lleva a casa de la historia de la mente judía. De la religión y la filosofía surgen compendios técnicos; incluso los más grandes no son una excepción. Uno puede tomarse la molestia de leer el *Moreh Nebukim de Maimónides*,[390] una obra gigantesca de enorme erudición y, sin embargo, tan desprovista de toda verdadera grandeza de espíritu y mente. Muchos mencionarán entonces a Spinoza. Pero, según Jowett, ya no cabe duda de que Spinoza debe todo su verdadero pensamiento a la mente de dos hombres: Descartes y Giordano Bruno. Como

---

[388] *Rabbinisch-wissentschaftliche Vorträge*, pp.58,83.

[389] [Leopold Zunz (1794-1886) fue un rabino reformista alemán, uno de los fundadores de los "estudios judíos" académicos].

[390] Véase la traducción de Munk, *Le guide des égarées*, París, 1856. [Véase más arriba, p. 28].

auténtico técnico judío, logró la proeza de llevar estos opuestos a un denominador común y combinarlos en un ingenioso "sistema". Que pudiera hacerlo demuestra que no entendía a ninguno de los dos.

Pero el hecho de que Spinoza coqueteara con el antiguo panteísmo ario le atrajo naturalmente la más encarnizada enemistad de los judíos de la época. En su manipulación del mismo, sin embargo, era tan judío como cualquier rabino. Asegura francamente que todo puede explicarse de la manera más conveniente sin que haya que suponer un misterio o un secreto.

J. Freudenthal también lo reivindica con razón para la judería, al igual que el Dr. Spiegler.[391] Caracteriza al filósofo como un "judío asimilado" e intenta argumentar que debemos agradecer a los judíos todo el conocimiento. Así, Spinoza es "el más grande de todos los filósofos",[392] "el mayor héroe de la filosofía de la era moderna",[393] Mendelssohn "ennobleció la lengua alemana e hizo popular la filosofía a través de su obra, por la que ésta se desarrolló en florecimientos hasta entonces inimaginados",[394] él "formó a través de su elevada dirección a la nación alemana en una filosófica",[395] etc. Si se examina más de cerca este Gallimathias[396], se aprende más de él que de muchas obras antisemitas.

Exactamente igual que en la moral y la religión, la mente judía se expresa también en la ciencia y el arte. Los judíos se enorgullecen

---

[391] En su *Geschichte der Philosophie des Judentums* [1890]. [Julius Samuel Spiegler (1838-?) fue un historiador húngaro de la filosofía].

[392] [Op.cit.], p.316.

[393] [Ibídem, p. 317.

[394] [Ibídem, p. 353.

[395] [Ibídem, p. 8.

[396] [gebberish]

de haber presentado, en todas las épocas de la ciencia, un gran número de hombres sobresalientes, especialmente en el campo de la medicina. Dicen que casi todos los reyes tenían un médico judío en quien podían confiar más que en sus colegas cristianos.

Ahora bien, si es incontestable que la influencia natural que un médico ejerce sobre un enfermo fue por parte de los judíos una fuerte motivación hacia esta profesión y abrió un amplio campo a la especulación y fue también en toda su extensión explotada, queremos sin embargo suponer que la medicina tenía para los judíos algún otro interés. Entonces habría que esperar que hubieran sido los primeros en fundar la anatomía científica.

Pero eso está muy lejos de la realidad. El libre impulso a la investigación que animaba a un Leonardo, que le obligó, a riesgo de su vida, a estudiar la milagrosa estructura del cuerpo humano y a dar cuenta de sus funciones, mediante dibujos de fenomenal exactitud que no han sido superados ni siquiera hoy, su visión magistral, las ideas creadoras de Descartes y Copérnico, todo eso no encuentra contrapartida entre los investigadores judíos. Desde Kant diferenciamos precisamente entre entendimiento y razón. Por el primero entendemos la capacidad de recoger los datos proporcionados por la experiencia sensorial en una imagen y conectarla con la forma de la causalidad, por la segunda la capacidad de combinar todos los juicios del entendimiento en una unidad.

El entendimiento produce conocimiento, la razón ciencia, conocimiento formado. Pero cuando la razón también por su parte recoge datos, es sin embargo espontáneamente activa en el sentido de que, como audaz idea directora, extiende los tanteos hacia nuevos descubrimientos. La idea del átomo, la ley de la conservación de la energía, la teoría del éter, no son en verdad pensamientos que se le puedan ocurrir a cualquier tonto, y que no se pueden demostrar fácilmente de forma lógica y empírica. Son intentos de la razón creadora, de "la imaginación empírica exacta", como la llamó Goethe, que avanza a tientas. Iba de la mano de una sólida investigación empírica.

Ahora no es difícil delinear la esfera de la mente judía con total rigor. Siempre ha dominado ese campo de la ciencia que sólo se posee a través del entendimiento. La falta de imaginación y búsqueda interior, que condenó al judío a la esterilidad en la religión y la filosofía, emerge también en la ciencia. Ni una sola idea científica creativa surgió de una mente judía, en ninguna parte ha señalado nuevos caminos.

Sin duda, los talmudistas defienden aún hoy a los antiguos rabinos y sostienen que éstos "ya hace miles de años" se habían aplicado a las ciencias y anticipado muchos descubrimientos modernos. El Dr. Lippe, por ejemplo, declara que, en el Tractate Berachot, se dice que quien coloca su lecho nupcial en dirección corto-sur produce hijos varones. Ha leído lo mismo en una nueva obra médica. En el Talmud se declara además que ya habían vivido cientos de generaciones antes de Adán; y que eso lo ha demostrado ahora la antropología moderna.

Ante tales carencias uno se rasca entonces la cabeza. Adán no es la encarnación del primer hombre en general, sino una personalidad indudablemente histórica. Y oímos además que los descubrimientos modernos han demostrado que un hombre que se ocupa de una sola ciencia padece enfermedades abdominales, pero uno, en cambio, que se dedica a muchas se pone nervioso. Incluso eso lo sabían los antiguos rabinos. Pues dice:

> "La mayoría de los eruditos mueren de enfermedades abdominales. Cuando el erudito se excita (se pone nervioso) es su iluminación (inteligencia) la que le excita. Ben Soma y Ben Asai se ocuparon tanto de la doctrina jurídica como de la ciencia filosófica y ambos se pusieron nerviosos"

Otro ávido talmudista, el Med. Dr. Kornfeld, ha demostrado "estrictamente científicamente" que "la circuncisión altera el organismo humano de tal manera que sólo la persona circuncidada es capaz de emprender estudios". ¡Tales cosas son enseñadas, impresas y creídas por dos tercios de un pueblo que quisiera engañar al mundo actual sobre su indispensabilidad! Si estos son los resultados del "genio" de la mente erudita judía, uno no puede resistirse a sonreír ante tanta ingenuidad.

Cuando la despierta mente europea promovió el libre pensamiento y la investigación desde el norte de Italia hasta Inglaterra, desde España hasta Polonia, y cuando los hombres creativos enseñaron a cuestionar la Naturaleza con ideas rompedoras, todavía no había allí campo de actividad para el judío. Y cuando los navegantes del mundo se dirigieron valientemente a tierras lejanas, cuando los descubridores del mundo inventaron asombrosos aparatos para estudiar los cielos estrellados y desentrañar las leyes del cosmos, el judío estaba ocupado, como en tiempos de Salomón, con el comercio de caballos, la usura y, en el mejor de los casos, con argucias lógicas, desde Inglaterra hasta Austria. Nunca se pudo detectar en él la disposición mental que investiga lejos y profundo, que Balzac caracterizó más tarde tan finamente cuando la llamó un poder que obliga a un erudito alemán a correr cientos de millas para enfrentarse directamente a una verdad que le desafía.

El siglo 19

Pero la esencia de la investigación científica cambia en el siglo 19. Si, gracias a los esfuerzos de hombres abnegados, la ciencia había llegado tan lejos como para seguir la pista de las leyes fundamentales del cosmos, ahora surgía un factor que no podía ser fácilmente anterior: el tratamiento técnico de los conocimientos recogidos que favorece su utilidad inmediata.

El hombre empezó a convertirse cada vez más en esclavo de su creación, de la máquina, la técnica de la vida se estableció cada vez más. ¡Y eso significó la brecha por la que el judío se precipitó en nuestra cultura! Goethe lo había sospechado cuando hizo decir a Wilhelm Meister:

> "La vida mecánica que se impone me inquieta, rueda hacia nosotros como una tormenta, despacio, despacio, pero ha tomado su dirección, vendrá y golpeará".

Y ha dado justo en el corazón. Hoy en día estamos ya tan bestializados que el valor de una idea se juzga únicamente por su utilidad práctica. A partir de ahí se efectúa la evaluación de la personalidad.

Si ya en el siglo 19 trabajaban mentes de genio (quién podría negarlo en el caso de Faraday y Meyer), ahora cooperan en el campo de la ciencia hordas de hábiles trabajadores tenaces. Schiller dedica a Kant y a sus seguidores el siguiente dicho:

> ¡Como un solo rico alimenta a tantos mendigos!
> Cuando los reyes construyen, los jornaleros tienen algo que hacer

Los reyes que construyeron fueron Kant,[397] Goethe,[398] Mayer,[399] Cuvier,[400] Müller,[401] Baer[402] y muchos otros, y entre ellos no había ni un solo judío. En cuanto a los jornaleros, se han multiplicado tanto y han adquirido tanta influencia gracias a su prensa que saben suprimir a todo rey. Son, en efecto, comunistas en todas partes. Si un profesor Ehrlich[403] fue ensalzado ante los alemanes por los periódicos judíos (¿y qué periódicos no lo fueron hasta 1933?) como un nuevo salvador, más grande que Cristo, proclamado como el mayor genio del siglo, eso es -junto con una incapacidad orgánica para distinguir lo grande de lo pequeño-

---

[397] [Immanuel Kant (1724-1804) inició su carrera filosófica con importantes publicaciones sobre ciencias naturales, como *Gedanken von wahren Schätzung der lebendigen Kräfte* (1746) y *Allgemeine Naturgeschichte und Theorie des Himmels* (1755). En 1775 publicó la obra *Über die verschiedenen Rassen der Menchen*].

[398] [Johann Wolfgang von Goethe (1749-1832) no sólo fue un literato, sino también un científico natural que realizó importantes aportaciones a la metamorfosis de las plantas (*Versuch die Metamorphose der Pflanzen zu erklären*, 1790) y a la óptica (*Farbenlehre*, 1810).

[399] [Julius Robert von Mayer (1814-1878) fue un físico alemán, uno de los fundadores de la termodinámica].

[400] [Goerges Cuvier (1769-1832) fue un naturalista y zoólogo francés fundador de la anatomía comparada y la paleontología. Cuvier se opuso a las teorías de Lamarck sobre la evolución gradual y sostuvo que una forma fósil típica aparece de forma abrupta y persiste sin cambios hasta su extinción (un fenómeno que ahora se denomina "equilibrio puntuado'). Creía en el poligenismo racial y sostenía que la caucásica es la más elevada de las tres razas humanas distintas].

[401] [Johannes Müller (1801-1858) fue un fisiólogo y anatomista comparativo alemán cuya obra principal fue su *Handbuch der Physiologie des Menschen für Vorlesungen* (1837-1840). Sobre su importancia como psicólogo vitalista, véase A. Jacob, *De Naturae Natura*, Arktos, 2011, cap. V].

[402] [Karl Ernst von Baer (1792-1869) fue un zoólogo alemán y uno de los fundadores de la embriología que descubrió el óvulo humano. También hizo importantes aportaciones a la geología y emprendió expediciones científicas a la costa septentrional de Rusia y Escandinavia].

[403] [Paul Ehrlich (1854-1915) fue un inmunólogo judío alemán].

propaganda para objetivos nacionales. Incluso un profesor Jacques Loeb,[404] que ha investigado con mucha industria la enfermedad del amor a la patria, para descifrarla como una hiperestimulación de los nervios, pertenece con todos los demás de su raza y los influenciados por la mente judía a los que nos son eternamente ajenos. Incluso aquí se tiende a hacer de un principio de investigación (la mecánica) un rígido dogma del materialismo. Este objetivo casi se ha alcanzado.

Que no se me malinterprete. No sostengo en absoluto que el judío sea el único culpable de la materialización bestial de nuestra vida, sino que constato el hecho de que puso todas sus fuerzas de energía y dinero al servicio de una tendencia que hace que todo sea comercializable, y que tuvo que hacerlo además necesariamente de acuerdo con toda su raza secular. La mente alemana, abandonada a sí misma, habría establecido pronto su propio equilibrio, pero el poder judío en la prensa, el teatro, el comercio y la ciencia se lo hizo casi imposible.

Nosotros mismos tuvimos la culpa; porque no debimos emancipar a los judíos, sino crear leyes excepcionales insuperables para el judío, como Goethe, Fichte, Herder[405] habían exigido en vano. Uno no deja el veneno por ahí sin vigilancia, no le da la misma importancia que a los antídotos, sino que lo conserva cuidadosamente en armarios negros. Eso es lo que ha ocurrido finalmente -después de 2000 años- en el Reich nacionalsocialista.

En el campo del arte cabe decir lo mismo que en los demás ámbitos de nuestra vida. La tendencia a lo externo de nuestro tiempo también ha dejado su impronta en él. Incluso el gentil

---

[404] [Jacques Loeb (1859-1915) fue un biólogo judío alemán que se trasladó a Estados Unidos en 1892].

[405] [Johann Gottfried Herder (1744-1803) fue un teólogo e historiador que contribuyó al desarrollo del nacionalismo volkish en Alemania].

Wackenroder tuvo un presentimiento de este espíritu cuando escribió:

> "Los modernos parecen no desear en absoluto que uno participe de lo que ellos nos representan; trabajan para señores elegantes que no desean ser ennoblecidos y conmovidos por el arte, sino, en el mejor de los casos, ser deslumbrados y excitados por él".[406]

Este deslumbramiento y excitación es ahora el grito de guerra, y detrás de él se encuentra una falange oculta, la mente judía. El marchante de arte judío de hoy sólo pide obras que puedan excitar los sentidos, el director de teatro judío lo mismo y el editor aún más. Hoy nuestros críticos judíos no buscan un esfuerzo serio por la forma, sino por la técnica, por la estructura de una obra.

En consecuencia, los artistas judíos disponen de un canal favorable, ya que, cuando el estándar es externo, allí pueden dejarse ver. Hace 300 años, por ejemplo, el tan alabado Max Liebermann[407] nunca habría gozado de un reconocimiento como ahora. El hombre ocupa un lugar en la historia del arte como vendedor ambulante del arte francés, y ahí se agota su importancia. La técnica de sus cuadros puede a lo sumo asombrar, pero no ocultar el vacío interior. Cuanto mayor se hacía Liebermann, más superficiales se volvían sus cuadros, más conscientemente llenos de efectos. Los jóvenes judíos se sitúan mayoritariamente en el campo del bolchevismo artístico, del futurismo. Que los representantes de esta crudeza fueran capaces

---

[406] Herzensergießungen [eines kunstliebenden Klosterbruders (1797)]. [Wilhelm Heinrich Wackenroder (1773-1798) fue, junto con Ludwig Tieck, uno de los fundadores del Romanticismo alemán. Sus Herzensergießungen (Elogios de un fraile amante del arte) fueron un panegírico del arte y la literatura medievales y renacentistas].

[407] [Max Liebermann (1847-1953) fue un pintor judío alemán que propagó el impresionismo en Alemania].

de hablar del alma y de las inexpresables experiencias interiores forma parte de la locura de nuestros días hasta 1933.

Un ejemplo típico del espíritu artístico judío son los virtuosos que viajan por toda Europa. Cantantes, violinistas, pianistas dominan su instrumento con la mayor bravura, los actores interpretan sus papeles con gran ampulosidad, los directores de teatro judíos dominan la técnica teatral con un refinamiento difícilmente superable. Pero entonces, todos estos prodigios judíos, todos estos virtuosos, ¿se han convertido en artistas creativos? Han intentado contener la calidad a través de la cantidad y hacer arte con todos los medios que operan sobre los sentidos. Mahler imaginó como ideal una orquesta de mil músicos,[408] Reinhardt[409] inauguró un circo teatral con cientos y cientos de artistas. Había que ponerlo todo en escena para abrumar al público. A un nivel más profundo, otros trabajaban en sus operetas y "éxitos", en la edición de novelas sensacionales, y así *ad infinitum*.

Un artista que aún no he mencionado y cuyo nombre puede haber pasado por la mente de muchos, Heinrich Heine.[410] Hay que reconocer que Heine fue uno de los judíos más inteligentes que, gracias a su "orientación intelectual helenística", tuvo que ser calificado como ningún otro para hacer justicia al alma europea.

---

[408] [Gustav Mahler (1860-1911) fue un músico judío alemán del Romanticismo tardío cuya Octava Sinfonía se estrenó en Múnich con el nombre de "Sinfonía de los Mil", debido a sus enormes efectivos instrumentales y corales].

[409] [Max Reinhardt (de soltera Maximilian Goldmann) (1873-1943) fue un director de teatro judío austriaco muy activo en Alemania y Austria antes de verse obligado a emigrar a Estados Unidos en 1937. En 1919 abrió un gran teatro en el renovado Circo Schumann de Berlín, que empezó a llamarse Circo Reinhardt].

[410] [Heinrich Heine (1797-1856) fue un poeta y crítico literario judío alemán, muchos de cuyos poemas fueron musicados por Mendelssohn, Schulmann y Schubert. En 1831, tras la Revolución de Julio de 1830, se trasladó a Francia, donde, junto con Ludwig Börne, formó el núcleo del movimiento literario revolucionario llamado "Junges Deutschland" (Joven Alemania).

Pero, lo que he dicho en general, que es lo externo lo único que se puede comprender y en lo único que se pone el acento, se nos aclara de forma simbólica igualmente en Heine.

Aparte del *Buch der Lieder*, es posible que sus obras hayan caído en el olvido, pero sería bueno considerarlas seriamente por una vez; no para obtener placer, sino para observar cómo el sentimiento y el pensamiento europeos y específicamente judíos se reflejaban en la mente de un judío de talento, que, nacido en la alegre Renania, absorbió los cuentos de hadas y las sagas alemanas con la leche de su madre.

Este hombre creció, se graduó en un colegio y una universidad alemanes, estudió la historia intelectual y la filosofía de Europa y plasmó sus opiniones al respecto en numerosos escritos. [411]Lo primero que constituye una espina clavada en el ojo de H. Heine es el cristianismo. Puede que seamos muy librepensadores, pero nunca un gran europeo ha hablado de la encarnación de Cristo con insolente desprecio. El cristianismo sólo es "un billete de entrada a la cultura europea", por lo demás "una extravagante idea estudiantil", "la humanidad está harta de todas las hostias de comunión" y pantalón para "pan fresco y buena carne", "grandes víctimas penitenciales deben ser sacrificadas por la Materia", pues el cristianismo "incapaz de destruir la Materia, la ha debilitado por todas partes". Debemos vestir a nuestras mujeres con nuevas blusas y pensamientos, como después de una plaga que ha sido vencida".[412]

De este modo se difunde en la inteligencia judía la idea de la alteridad. Se puede, en efecto, tener opiniones diferentes sobre la esencia del cristianismo, pero la forma y el modo en que se

---

[411] *Religion und Philosophie in Deutschland, Geständnisse, Nachlass*, etc.

[412] *Religion und Philosophie in Deutschland, Kampe Verlag*, p.70. [El ensayo de Heine *Zur Geschichte der Religion und Philosophie in Deutschland* se publicó en su colección *Der Salon II* en 1835].

expresa Heine nos muestra una disposición intelectual totalmente diferente de la de los europeos. Es el espíritu de la Ley del Antiguo Testamento. De forma parecida habla Heine de la filosofía alemana.

Elude la vida de Kant con una ocurrencia: "Su vida-historia es difícil de describir, pues no tuvo ni vida ni historia". La vida exterior de estricta sencillez es, para Heine, incomprensible, el deber cumplido en silencio, la reserva que no lava sus trapos sucios en público, como le gustaba hacer a Heine, es para él un enigma. La concepción que Heine tiene del hombre Kant se limita al soltero con bastón, cuya obra pretende entender como la realización de una revolución intelectual.

Que el ingenioso Heine ataca el estilo de Kant huelga decirlo: "En este sentido Kant merece una crítica mayor que cualquier otro filósofo...", opina y añade benévolamente que sin embargo tuvo antes "un estilo a menudo ingenioso". Heine sólo puede explicarse a sí mismo la forma escolástica a través de la posibilidad de que Kant haya temido que de otro modo la ciencia pudiera perder algo de su valor. Por supuesto se le ocurre pensar que el proceso de pensamiento de Kant exige un lenguaje mesurado, pero no, Kant era un "filisteo". "Sólo un genio tiene un lenguaje nuevo para un pensamiento nuevo, pero Immanuel Kant no era un genio".

Que el genio consista sobre todo en el pensamiento creativo tampoco parece ocurrírsele a Heine, para él genio y desliz exterior son equivalentes. No hay mucho que añadir a esta opinión, un genio como el que Heine imagina no habría permitido a Kant realizar ningún trabajo serio.

Que Kant había probado y demostrado la naturaleza indemostrable de dios, que la razón teórica debe limitarse únicamente al campo de la ciencia exacta, que la creencia en dios sólo se determina a través de la experiencia interior, en eso ve Heine una "farsa". "Debo renunciar al conocimiento para dejar sitio a la fe", dijo Kant.

Y esta fe pura, no judía y ahistórica, nacida de la experiencia interior, a eso apuntaba Kant. Que Heine no entendiera a Kant no es ninguna vergüenza, les ha ocurrido a los más grandes que él, pero cómo lo malinterpretó y cómo se atrevió, sin ninguna base erudita profunda, a expresarse, a entregarse sobre todo a ocurrencias, eso es lo que parece característico.

No podemos profundizar en ello aquí, pero una vez que se toma conciencia de ello, uno se topa por todas partes con el "cosmopolitismo filosófico", como lo llama Heine, la superficialidad, la tecnicidad y las representaciones efectistas, como podríamos llamarlo. El mismo espíritu sopla incluso en el "Buch der Lieder" y el "Romanzero"[413] mimados por nuestras damas de tocador. Un sentimentalismo efusivo unido a un humor obsceno, una representación relacionada sólo consigo mismo, un intento constante de representarse lo más alto posible.

Si uno ha comprendido este espíritu, no se dejará deslumbrar por la docena de poemas formalmente logrados. Las imitaciones que Heine hace de Goethe y de las canciones populares alemanas quizá habrían caído en el olvido si uno de los más grandes artistas, Robert Schumann, no hubiera insuflado un alma inmortal al andamiaje vacío.

En cuanto a la amada "Lorelei", debe observarse que es una interpretación casi literal del poema de un conde alemán (Loeben).[414] Cómo Heine se imaginaba la vida y el espíritu

---

[413] [Esta fue su tercera y última colección de poemas, publicada en 1851].

[414] [Otto Heinrich, conde Loeben (1786-1825) fue un escritor romántico cuyo poema "Der Lureleyfels", que sirve de introducción a su obra en prosa "Loreley: Eine Sage vom Rhein" (1821), fue quizá la fuente de "Lorelei" (1822) de Heine].

alemanes se ve en su poema "Deutschland",[415] quien desee saber cómo en aquella época todavía era posible que un francés se convirtiera en alemán puede leer Chamisso:[416]

> Tú, mi querida patria alemana
> dado la razón por la que luché y mucho más.
> No tengo nada que pedirte, nada de que quejarme,
> sólo darte las gracias desde un corazón piadoso.[417]

No puedo presentar en detalle todas las transformaciones que sufrió la mente de Heine en el proceso del pensamiento europeo: a veces se presenta como protestante, luego como ateo, arremete de la forma más mezquina contra todas las mentes que piensan de forma diferente y finalmente abandona la filosofía europea como algo esencialmente ajeno e incomprensible para volver conscientemente al judaísmo. A pesar de toda la aparente ciudadanía mundial, el carácter era más fuerte que toda la influencia y el poder de las ideas europeas de cultura.

En su lecho de muerte, Heine dijo: "No necesito volver al judaísmo, ya que nunca lo he abandonado". Y sobre los judíos juzga como cualquier rabino:

> "Moisés tomó una pobre tribu de pastores y creó a partir de ella un pueblo grande, eterno, santo, un pueblo de Dios, que pudiera servir a todos los demás pueblos como modelo, es más, a toda la humanidad como prototipo: ¡creó a Israel!".

---

[415] *Deutschland: Ein Wintermärchen* era una epopeya en verso que narraba un viaje imaginario por Alemania y que se publicó en 1844. Ese mismo año fue prohibida por las autoridades alemanas.

[416] [Adelbert von Chamisso (1781-1838) fue un aristócrata francés cuya familia huyó a Alemania tras la Revolución Francesa. Alcanzó la fama como poeta y como botánico].

[417] Berlín, 1831. [Este poema se titula "Berlin, im Jahr 1831"].

Y además:

> "Uno pensaba que conocía al judío cuando le veía la barba, pero no se supo más y, como en la Edad Media, también en la Edad Moderna son un misterio andante. Puede que se resuelva el día del que predijo el profeta, que entonces sólo habrá un pastor y un rebaño y el justo que se preocupa por la salvación de la humanidad recibirá su glorioso reconocimiento".

Son palabras de las que todo europeo debería tomar nota, especialmente en una época en que la ola judía ha alcanzado una altura sin precedentes y amenaza con arrollarlo todo. En ellas vive de nuevo el espíritu del Talmud y de la Ley del Antiguo Testamento que dice:

> "Sólo de tus padres se complació Dios en amarlos, y después de ellos sólo a tu descendencia ha elegido entre todos los pueblos".[418]

Pero no puedo dejar de señalar también la relación de Heine con Goethe. Es similar a las que tiene con el cristianismo y con Kant: por un lado, finge estar lleno de reverencia y ve en él a un gran maestro, pero entre sus elogios esparce los comentarios más superficiales y los que distorsionan la imagen de Goethe de la forma más grosera.

Cuando Goethe trató fríamente a los románticos y más tarde los rechazó bruscamente, Heine opina:

> "Aunque Goethe quisiera sentirse superior a ellos, tuvo que agradecerles la mayor parte de su reputación". "Se oía hablar de Goethe sólo y siempre, pero surgieron poetas que no eran muy inferiores a él en poder e imaginación".

---

[418] *Deut* X:15.

Y aquí resuena en prosa lo conocido:

> "Y si hubiera que nombrar los mejores nombres también se nombraría el mío".

El hecho de que Heine, que sí se consideraba un verdadero poeta, se atreviera a compararse con Goethe ya demuestra con sorprendente claridad que, sin embargo, no tenía ni idea de que la poesía es algo más que soltar versos.

"Goethe temía", escribe además, "a todo escritor original independiente y alababa y ensalzaba a todas las mentes insignificantes y mezquinas: de hecho, lo llevó tan lejos que ser alabado por Goethe equivalía a un certificado de mediocridad.

Además, reprocha a Goethe su indiferentismo religioso, que no comprendiera o no quisiera comprender el entusiasmo filosófico para no ser arrancado de su "tranquilidad de espíritu", que tuviera miedo de expresar sus convicciones, que "se ocupara de juguetes artísticos, de anatomía, de la teoría de los colores, de botánica, de observaciones de las nubes, en lugar de ocuparse de los más altos intereses humanos". Más adelante Heine opina de manera profunda: "La aversión de Goethe a ceder al entusiasmo es tan repugnante como infantil". De "Fausto" entiende que Goethe había percibido la insuficiencia del espíritu en que, en Fausto, puso el deseo de "los placeres materiales y de la carne", el "West-östliche Divan" es un abrazo al sensualismo, la última fase del arte poético de Goethe, etc. Así continúa, con su sombrero devotamente en la mano.

El enemigo más acérrimo de Goethe no podría haber concebido una imagen más distorsionada, y es superfluo contradecir a Heine.

Si el gran Balzac había admirado al mismo tiempo con respeto, si Carlyle había recibido a Goethe con amor, si Taine había nombrado a Goethe la mente más cultivada que jamás haya existido,[419] y Dostoievski puso en boca de Goethe una oración en la que expresa su gran reverencia,[420] ese no es el caso de Heine y no podría serlo.

había mantenido Schiller:

> "Según mi íntima convicción, ningún otro poeta se le acerca (a Goethe) ni siquiera de lejos en profundidad y ternura de sentimientos, en naturaleza y verdad, y al mismo tiempo en mérito artístico... Pero no son las ventajas de su mente las que me unen a él. Si no tuviera para mí el mayor valor de todos los que he encontrado personalmente como hombre, admiraría su genio sólo en su forma... Tenía una gran verdad y honestidad en su naturaleza y la mayor seriedad por la justicia y el bien, por eso los chismosos e hipócritas y sofistas siempre se encontraban mal en su compañía".

A gente de este último tipo pertenecía también Heine, que por descuido abre demasiado los cauces de su superficialidad. Uno puede imaginarse vívidamente cómo se sintió Heine cuando visitó a Goethe. A la pregunta de Goethe sobre sus actividades, Heine respondió de forma importante que también estaba escribiendo un "Fausto". Parece que Heine no superó en toda su vida la gélida respuesta de Goethe: "¿No tiene nada más que hacer en Weimar?", y ésta, junto con su incapacidad orgánica, puede haber sido una de las razones de su ansioso desprestigio de Goethe. Sin embargo, sería demasiado largo profundizar en el carácter de Heine.

---

[419] Taine, *Voyage en Italie*. [1866]. [Hippolyte Taine (1828-93) fue un historiador intelectual francés que destacó la importancia de "race, milieu et moment" en los escritos de cualquier autor].

[420] *Diario de un autor* [1873-1881]. [Fiódor Dostoyevski (1821-1881), el célebre novelista ruso, era un nacionalista eslavófilo y monárquico. Su *Diario de un autor* era una colección de artículos que abarcaban los años 1873-1881 y que había publicado originalmente en una revista que él mismo producía].

Sé que me desvío un poco de una estricta adhesión a mi tema, pero en tales detalles se revela la esencia de un sentimiento y de un pensamiento. Si los representantes de todas las naciones de Europa ven en Goethe al más grande poeta y hombre, dos judíos, y dos de los judíos más inteligentes, hacen todo lo posible por distorsionar esta imagen del hombre. Uno, Heinrich Heine, se eleva incluso a una queja de cobardía moral, el otro, Ludwig Börne, dice, cuando Goethe murió: "¡Ahora por fin tendremos libertad!" ¿Puede uno pasar por alto tales hechos sin decir una palabra cuando se dice que el más grande de todos los alemanes es un cobarde moral y un obstáculo para la verdadera libertad? ¿No deberían estas palabras hacer pensar a todos los alemanes que la ciudad natal de Goethe, Fráncfort del Meno, erigió no hace mucho un monumento precisamente a este Ludwig Börne?

No, eso es símbolo de una tendencia consciente o instintiva. Pero esta tendencia significa la lucha contra toda "profundidad de sentimientos y ternura", como lo elogió Schiller en Goethe, cuyas palabras expresan finamente también la esencia del alma europea. Y aquí me gustaría añadir una palabra de advertencia de Goethe a todos aquellos que todavía conceden algún valor a nuestra cultura: "No toleramos a ningún judío entre nosotros, pues ¿cómo habríamos de concederle una participación en nuestra cultura más elevada, cuyo origen y costumbres repudia?".[421]

El carácter judío- La energía judía

La desventaja de un escritor es que sólo puede hablar consecutivamente de cosas que, cuando emergen, forman una unidad. La dirección y el tipo de la mente corresponden siempre al resorte principal del carácter y están condicionados por este

---

[421] *Wilhelm Meisters Wanderjahre*. [La segunda novela de Goethe, después de *Die Leiden des jungen Werthers* (1774), constaba de dos partes, *Wilhelm Meisters Lehrjahre* [1795-1796] y *Wilhelm Meisters Wanderjahre* (1821/1829)].

último. Ahora bien, un carácter no puede describirse. "En vano", dice Goethe, "nos esforzamos por describir a un hombre, pero, si uno pone por escrito sus hechos, entonces nos vendrá una imagen del carácter".[422] Todo lo anterior ha descrito tales hechos de la mente judía; aquí se han de extraer las consecuencias de los mismos y se ha de ver entonces si lo que se manifestaba de la naturaleza de los judíos ha surgido también en la esfera de su autocomprensión. Goethe dijo: "Carácter judío: energía, la base de todo". Con esto Goethe, con maravillosa agudeza, da en el clavo. La historia de los judíos, que he intentado delinear en breves trazos, muestra una tenacidad de carácter como casi nunca hemos tenido oportunidad de observar en ningún otro pueblo.

Los hombres del siglo 20 viven una vida en la que los cambios, los inventos, las noticias, etc. se precipitan; la multiplicidad y el cambio son los factores que determinan nuestra vida pública y también dan una orientación a nuestro pensamiento. En efecto, nos inclinamos fácilmente a sonreír cuando se nos habla de algo rígido, sin cambio; la vida actual ha traído consigo el resultado de que el tiempo de ocio se midió tan corto que faltó la posibilidad de poder ver la unidad en lo múltiple, y que la capacidad de estudiar y comprender los complejos mayores se hizo cada vez más pequeña.

El hombre práctico, que sólo conocía el presente y evaluaba éste junto con el pasado y el futuro desde la perspectiva de experiencias personales accidentales, marcaba la pauta y nos resulta difícil llamar la atención de un hombre así sobre otros puntos de vista. Y, sin embargo, debemos decirnos a nosotros mismos que hay fuerzas que, a pesar del carácter fugaz de nuestro presente, cambian efectivamente de aspecto pero siguen siendo

---

[422] Introducción a Farbenlehre. [La obra de Goethe sobre el color, Zur Farbenlehre, apareció en 1810/1820].

esencialmente las mismas. A estas fuerzas pertenece la voluntad judía semítica.

No podemos explicar el fenómeno de la energía judía, pero debemos asumirlo como un hecho históricamente probado. Dispersa por todos los países, la voluntad de su vida nacional exclusivamente de todo ales ha permanecido constantemente igual; hoy los judíos son significativamente más numerosos que en cualquier época de la antigüedad. Lo que Schopenhauer discernió como la ciega Voluntad incondicionada[423] constituye el carácter judío; en torno a este instinto dirigido a todas las cosas mundanas de manera unilateral se agrupan todas sus capacidades y debilidades. Dotado de una comprensión práctica, este instinto fue capaz de forjar todos los instrumentos de su dominio. El mito milenario del oro como símbolo del poder mundial adquirió forma en el pueblo judío;[424] el objetivo del judío se dirigía siempre a este oro como a un medio que le sirviera para satisfacer su voluntad de poder. Tuvo que renunciar a la imaginación divina así como a la creación del arte más elevado, fue incapaz de concebir una idea cósmica de dios (el dios judío es incluso hoy un dios nacional), fue incapaz de moldear ideas científicas y fue incapaz de amar. "Sólo quien renuncia al amor adquiere el poder", dice Wagner. A este amor tuvo que renunciar desde que se lanzó a la subyugación. La base de su carácter: el instinto desenfrenado, su objetivo: la dominación del mundo, sus medios: el astuto sentido utilitario y la energía.

El judío debe entenderse a partir de estos tres puntos. Sus leyes morales, su falta de escrúpulos, su falta de imaginación, su

---

[423] [Arthur Schopenhauer (1788-1860) expuso su doctrina de la Wille zum Leben (voluntad de vivir) como motor de toda vida en su obra cumbre, *Die Welt als Wille und Vorstellung* (1818/1844)].

[424] [Rosenberg alude aquí al significado simbólico central del oro del Rin en la tetralogía de Richard Wagner *Der Ring des Nibelungen* (*El anillo del Nibelungo*, 1876)].

insaciabilidad, su astucia, su pericia técnica, su influencia política, etc., todo puede remontarse a ellos.

Hemos seguido esto históricamente en Portugal y Francia, y vimos de hecho este carácter del judío emerger siempre y en todas partes, lo observamos en el Talmud, lo encontramos hasta en sus trucos en la Francmasonería, e intrigante en la Internacional con su revolución lunática y el desencadenamiento de todos los instintos.

En ese momento el judío se elevó a lo más alto entre todos los pueblos; y esto necesariamente. Ya lo dije antes: el principio libre de la moral humana pone en todos los pueblos un obstáculo en el camino del instinto incondicionado, el judío sin embargo recibe un impulso de poder especial de sus doctrinas morales, que aplauden el ejercicio de este instinto con respecto a todos los no judíos. En tiempos de anarquía, los más inescrupulosos deben llegar a la cima, especialmente cuando todas las capacidades están hechas a su medida. Por eso el judío es siempre y en todas partes el portador de la idea de destrucción.[425] Ahora bien, la energía del judío es un rasgo de carácter específicamente semita. Los semitas han sabido imponer el fanatismo que se deriva de este rasgo a pueblos subyugados o atrapados por la palabra o la espada. Bajo el poder de su estéril pero enorme voluntad han cambiado el carácter de los pueblos.

Esta herencia de la sangre judía ya ha atravesado muchas veces los países como una tempestad. En Arabia, llamada a la acción por Mahoma, sometió a Persia y la forzó con brutal violencia bajo su dominio; echando por tierra todo lo que se le ponía por delante, se trasladó al norte de África, cruzó las columnas de Hércules, barrió España y finalmente se topó con una contraofensiva concluyente. El día en que Carlos Martel obtuvo la victoria en el

---

[425] La ley y la justicia viven como una "enfermedad eterna", dice su amigo Mefisto.

sur de Francia,[426] la primera batalla contra el fanatismo religioso, la intolerancia religiosa fue vencida, aunque, por supuesto, sólo en el terreno político. Obligado a retroceder, el Islam se volvió hacia el sur. A lo largo de todo el borde del Sáhara, lentamente y encontrando una resistencia cada vez más fuerte, fue subyugando a una tribu tras otra. Y si uno se pregunta cómo ha operado esta voluntad semítica, escuchemos al líder de la expedición alemana de investigación del África interior, Leo Frobenius.[427] Una vez que el Islam fue fuertemente golpeado militarmente, ya no pudo irrumpir violentamente "sino que se introdujo con las zapatillas de una sedada vida mercantil en las trastiendas de los palacios de Sudán". Durante mucho tiempo se creyó a los escritores árabes, se vio la historia árabe "a través de las gafas grises del Islam" y se la consideró como algo difusor de la cultura. Pero no es así. "En todo Sudán, el Islam se ha apuntalado sobre culturas más antiguas", afirma el erudito antes mencionado.

Los representantes del Islam conquistaron por asalto países con poco poder político, los de fuerte voluntad vital, pero siguiendo la vieja receta probada de "por el camino de la paz", es decir, sembraron el conflicto y la discordia entre dinastías. Unas veces apoyaron a una y otras a otra para finalmente plantar su bandera en los tambaleantes muros. Y de qué manera: ella misma improductiva, después de que el Islam hubo ahorcado a todos los "cabecillas", obligó violentamente a todas las potencias a ponerse a su servicio, a la más amarga esclavitud. Sobre esto dice Frobenius:

> "Los romanos alcanzaron su apogeo en las empresas coloniales dando a los pueblos sometidos trabajo forzado en el sentido de

---

[426] [Carlos Martel ("el Martillo") (686-741) fue un general franco famoso por su victoria contra los moros en la batalla de Tours (732)].

[427] *Und Afrika sprach* [3vols., 1912-13]. [Leo Frobenius (1873-1938) fue un etnógrafo prusiano especializado en la cultura africana y prehistórica].

oportunidades de trabajo. El romano sólo recaudaba impuestos, pero el árabe robaba todo el capital, todo el 'yo de una persona'".

Una vez fue el resultado, el fanatismo (a mediados del siglo 19), la segunda entró a finales del siglo 19, cuando una oleada árabe, esta vez procedente del este, se abalanzó sobre todo Sudán, subyugó a todos los pueblos que vivían allí dedicados a la agricultura, convirtió literalmente la tierra en un desierto y, viviendo ellos mismos en tiendas de seda, los transformó en crueles devoradores de hombres.

Este poder de la energía semítica y del fanatismo semítico, que no ha sido visto en todo su alcance, también se encuentra en la idea judía, la idea de la santa raza judía, comparada con la cual todas las demás son impuras, y de la fe judía, comparada con la cual todas las demás son paganas.

Esta breve digresión debería sacudir el ingenuo pensamiento de que la idea judía es un asunto insignificante, de hecho como si ni siquiera estuviera presente. Su conquista es "pacífica", es decir, hay que agravar las disputas previamente existentes, hay que frustrar la reconciliación para finalmente enarbolar sobre los muros tambaleantes la "esperanza histórica": el gobierno mundial del imperio judío, el imperio del Mesías.

La regla mundial judía

Sin duda, muchos pueblos han surgido como conquistadores, muchas personalidades se han alzado como gobernantes. Este afán de poder no es en absoluto condenable incondicionalmente, y a menudo es incluso una necesidad moral; la antigua Roma, por ejemplo, se vio en medio de una mezcla de pueblos; para proteger a su familia, a su Estado, el romano tuvo que rodearse de un sólido baluarte. Llevó las leyes, el orden y las costumbres a las tierras conquistadas, y sólo cuando nuevas tribus inundaron Roma, cuando sirios, africanos, emperadores soldados degenerados tomaron el control, la voluntad justificada de poder se convirtió en codicia desenfrenada de poder, y Roma perdió así su fuerza.

Incluso en Bismarck y Napoleón existía una enorme voluntad de poder, pero mientras que en el primero estaba controlada y ennoblecida por una idea elevada, en el otro la voluntad de poder corría sin límites por toda Europa. Yo, al contrario que todos los pacifistas, no veo ningún crimen en la voluntad de poder en sí misma, lo único decisivo es el carácter del pueblo o de la personalidad que está detrás de ella. A veces puede realizarse así una idea social, civilizatoria, cultural, otras veces países y pueblos saqueados son la consecuencia de una ramificación del poder. Ahora bien, en todas partes donde ha actuado el carácter judío, lo vemos, incluso en el más alto desarrollo de su poder, marcado por una esterilidad total. Nunca un pueblo ha mostrado tal avidez de poder como el judío, no esforzándose por alcanzar algunos logros sino simplemente porque se consideraba a sí mismo como "elegido", pero nunca un pueblo ha sido capaz de hacer tan poco con el poder adquirido como, de nuevo, el judío. El sentimiento de esclavo que es, en efecto, el evangelio característico judío con respecto a dios (no el sentimiento de un niño, como entre los indoeuropeos) penetra al judío profundamente en su sangre; pero que el esclavo exija después con mayor avidez hacer de señor, que el esclavo que se ha convertido en caballero monte sin embargo su caballo hasta la muerte, son ambas cosas fáciles de comprender.

El instinto de poder de los judíos es, por tanto, de un tipo diferente al de los antiguos romanos, Alejandro, Bismarck, Napoleón. No exige como un señor respeto y obediencia naturalmente, el judío como personalidad no se para abiertamente ante su trabajo, sino que sigue su camino a través de la intriga, la mentira, el engaño y el asesinato, se para como un ayudante secreto sintiéndose como un comunista detrás de todos los pasillos del trabajo destructivo. Toda la historia judía ofrece pruebas de ello. [428]

Así hemos esbozado con precisión el tipo y la manera del carácter judío. Ahora bien, es evidente que este carácter se expresa no sólo instintivamente, sino que también encuentra su impronta consciente en la escritura. Ya se ha escrito bastante sobre la literatura de los tiempos antiguos, sólo quisiera señalar brevemente la promesa de que podrán devorar a todos los pueblos que Dios entregará a los judíos,[429] que las princesas serían sus nodrizas,[430] que toda la plata y el oro les pertenecerían un día, que todos caerían a sus pies para lamer su polvo, y que el judío mamaría la leche de los paganos y los pechos de las reinas lo amamantarían.[431] No deseo profundizar en todo eso.

Pero estos viejos pensamientos nunca se olvidaron. Una y otra vez emerge la codicia desenfrenada por gobernar este mundo como una pretensión "legítima" de principio. El Santo se dirigió a los israelitas: "Vosotros me habéis convertido en el único gobernante del mundo, así que yo os convertiré en los únicos gobernantes de este mundo".[432]

Si en algún país los judíos alcanzaban posiciones influyentes, si la posición de la comunidad judía en consecuencia se desarrollaba de una manera brillante, este poder era visto a menudo como el primer signo de la llegada del gobierno mundial.

---

[428] Cómo y por qué comunismo y anarquismo van juntos y se unen entre los judíos es una interesante cuestión psicológica que no puedo tratar aquí y a la que volveré en otro trabajo.

[429] *Deut* 7:10.

[430] *Isaías* 19:7.

[431] *Isaías* 60:9.

[432] *Talmud de Babilonia, Tractate Chagigah*, fol.3a,b.

Así, por ejemplo, vivieron los judíos bajo León X[433] en tal embriaguez que preguntaron en Jerusalén si no se manifestaban los signos de una inminente salvación. Así, un tal David Reubeni[434] se presentó en Roma con la excitante noticia de que, bajo el mando de su hermano, se había reunido un gran ejército que ya sólo necesitaba armamento para conquistar Tierra Santa. Traicionó con sus discursos no sólo a los judíos sino también al Papa que le proporcionó recomendaciones.

David viajó por Italia celebrado como un rey. Luego viajó a Alemania, donde fue capturado y más tarde tuvo un final ignominioso. Un tipo similar de persona fue Sabbatai Zevi[435] quien prometió al mundo deponer al Sultán y luego liberar a Palestina del dominio turco. Viajó a Constantinopla, fue capturado y se convirtió en mahometano. Aventureros de este tipo que parecen totalmente patológicos el judaísmo ha dado a luz en gran número.

En el Zohar,[436] la notoria obra maestra de la Cábala, la esperanza judía encuentra la siguiente expresión: "Cuando el año 60 y el 66 hayan cruzado el umbral del primer milenio del mundo (65060/66, es decir 1300/1306) aparecerá el Mesías, pero aún

---

[433] [Giovanni di Lorenzo de Medici (1475-1521) se convirtió en el Papa León X en 1513].

[434] [David Reubeni (1490-1535/1541) fue un místico judío con pretensiones mesiánicas que probablemente nació en Afganistán y viajó a Europa con promesas de una alianza de los judíos de Oriente contra el Imperio Otomano. Pero fue detenido por la Inquisición hacia 1532 y condenado a muerte].

[435] [Sabbatai Zevi (1626-1676) fue un rabino y cabalista nacido en Esmirna (Izmir) que, a partir de 1648, afirmó ser el Mesías. A pesar de contar con un considerable número de seguidores "sabateanos", fue obligado por el sultán otomano Mehmet IV a convertirse al islam en 1666].

[436] [El *Zohar* es el texto fundamental de la Cábala judía. Consiste en un comentario místico sobre la Torá, así como en discusiones sobre cosmología y psicología. Fue publicado por primera vez en España en el siglo 13 por Moisés de León, quien atribuyó la obra a un rabino del 2nd d.C., Shimon bar Yochai].

transcurrirá algún tiempo antes de que todos los pueblos sean conquistados e Israel se reúna". [437] Cuando un tal Mordejai ascendió en Persia hasta convertirse en un alto notable del Estado, el pueblo acuñó el siguiente versículo:

> Mordejai es un príncipe brillante,
> poderoso en el gobierno, amado por el rey y gran hombre,
> Su nombre está en boca de grandes y pequeños,
> Dios otorgó el gobierno sobre el pueblo santo en su nombre.

Estos procesos de pensamiento vuelven una y otra vez. Ya oímos hablar a algunos masones judíos en el siglo 19, también al poeta "alemán" Heinrich Heine. Él sabía lo que decía cuando escribió la historia de un pastor y su rebaño.

Y en sus obras póstumas se encuentra una confesión significativa de la que todo alemán debe tomar nota: "¿Ha terminado la misión de los judíos? Creo que cuando venga el Mesías mundano: Industria, Trabajo, Alegría. El Mesías mundano vendrá en un tren. Michael[438] le construye el camino". (Desde 1933 Miguel por fin ha despertado). No quisiera despedirme de las expresiones del pasado judío sin mencionar para concluir a una personalidad que me parece en todos los aspectos la encarnación de todo lo que puede caracterizar al judaísmo: Isaac Orobio de Castro (1616-1627),[439] indiscutiblemente uno de los judíos más significativos de su tiempo. Primero fue profesor de filosofía en Salamanca, luego fue entregado al tribunal inquisitorial, viajó a Francia tras su liberación, donde llegó a ser profesor de medicina en Toulouse.

Más tarde viajó a Amsterdam, donde terminó sus días. En la visión del mundo de este hombre se nos revelan la limitación

---

[437] Graetz, *Geschichte der Juden*, vol. VII, p. 228.

[438] ["Der deutsche Michel" (el Miguel alemán) es un nombre peyorativo para un alemán, considerado típicamente simplón].

[439] [Ver arriba p.92.]

característica de la mente judía y la voluntad implacable del carácter judío, trabajando juntas para producir una unidad característica.

Esta visión del mundo se basa en las columnas de apoyo típicamente judías de un dogma inmutable (en este caso la ley del Sinaí), el odio a los cristianos y el gobierno mundial judío.

Con instinto seguro, repudia el absolutismo de los profetas (que, en efecto, se esforzaron en vano por reformar a la obstinada judería).

> "El reconocimiento del Dios verdadero no depende en absoluto de las revelaciones proféticas. Dios ordenó a su pueblo el culto con el que debían servirle, y este culto es independiente de lo que los profetas tuvieran que anunciarles más adelante".
>
> "Los profetas, que son el oráculo del cristianismo, y sin los cuales los cristianos no habrían podido hacerse un Mesías, han seguido las leyes a conciencia, sus profecías sólo están llenas de advertencias a los hijos de Israel para que se aseguren de cumplir la ley dada por Moisés. ¿Y cuáles no serán éstas contra los que la descuiden?
>
> Si es Dios quien ha hecho la ley, si ha sido escrita por su mano, si ha sido declarada por su boca, entonces es intocable y nada puede cambiarse en ella sin que deje de existir".[440]
>
> "No se puede creer que Dios haya retenido tanto tiempo a su pueblo en el cumplimiento de su ley, que dio en el monte Sinaí y luego repitió palabra por palabra en el monte Horeb, si ésta fuera imperfecta".

Este proceso de pensamiento regresa con gran obstinación en muchos lugares. Tal estrechez de miras se trasladó al principio

---

[440] *Israél venge*, París, 1845, p.111. [Esta obra fue publicada por primera vez en Londres en 1770 por un judío llamado Henríquez, quien afirmó que era una traducción francesa de una obra original española de de Castro].

católico romano, donde la voluntad del Antiguo Testamento logró una victoria sobre el librepensamiento. Pero Origen[441] todavía podía escribir:

> "Si nos atuviéramos a la letra y entendiéramos lo que estaba escrito en la ley a la manera de la gente común, tendría que sonrojarme reconocer que fue Dios quien dio estas leyes. Entonces las leyes de los hombres, por ejemplo, los romanos, los atenienses, los espartanos, serían más excelentes y razonables".

Orígenes era ciertamente un hombre libre, pero el punto de vista de la "gente común" ha ganado, hasta hoy, cuando una segunda Reforma está a la puerta para eliminar por completo la mente judía y liberar finalmente al Nuevo Testamento del grillete del Antiguo.

De Castro no puede satisfacerse, y con razón, aportando pruebas de que Cristo nunca jamás pudo ser el Mesías prometido a los judíos.

> "¿Qué ha cumplido de las profecías? ¿Tuvo alguna vez poder sobre los israelitas? No se sentó en el trono de David, no mantuvo a su pueblo en la verdad, su familia era de las más comunes, y sus hechos demuestran que no era el Mesías legítimo".

Si dice que en el tiempo del Mesías se reunirían todos los justos de su pueblo, todos los refugiados de Israel de las cuatro partes del mundo, la mente cautivada por la religión cristiana debe admitir que Cristo no hizo eso.

> "¿Quiénes son los pobres del mundo a los que ha juzgado con justicia? ¿Poseía algún sanedrín digno al que sólo Dios ha dado el derecho de juzgar?"

---

[441] [Orígenes (ca. 184-ca.253) fue un teólogo cristiano platonizante de Alejandría que distinguió entre la Iglesia ideal de Cristo y la Iglesia empírica que ofrecía refugio a los "pecadores"].

Cristo se equivocó y, por la falta de respeto que manifestó hacia las leyes de los padres, obligó al Sanedrín a condenarlo a muerte. Si la sentencia no hubiera sido justa, se habría encontrado a alguien que lo defendiera, pero a pesar de la invitación a hacerlo, nadie se presentó para ello.

Sin embargo, sí que hay que conceder a los judíos la capacidad de conocer su ley, aunque la hayan formado desde su propia mente, y también hay que concederles el derecho a combatir reinterpretaciones como las que siempre fueron populares.

Ahora bien, durante casi dos mil años han calificado de ajeno y hostil el espíritu de Cristo sobre la base de su ley, es decir, de su sentimiento y pensamiento, con una claridad inequívoca; eso es decisivo, independientemente de lo que queramos leer en el Pentateuco y los Profetas.

Aquí se enfrentan dos tipos de alma como el fuego y el agua. Por eso de Castro, uno con toda la judería, ve en Cristo un "engañador" ... "que tiene una similitud fatal con la serpiente que sedujo a Eva al haber instituido la misma calamidad en el mundo."

Cristo deshilachaba las orejas en sábado, comía carne prohibida, "es imposible perdonar nada de lo que dijo porque Dios, previendo que un día surgiría un hombre para seducir a su pueblo, había ordenado por medio de su santa escritura que estuvieran en guardia, y les había prohibido todo lo que Jesucristo quería introducir".[442] Apenas se dio a conocer, Cristo dio pruebas claras de su falta de respeto a la ley divina, y sólo después de una investigación absolutamente precisa e imparcial, que demostró

---

[442] *Op. cit.*, p.91.

que su doctrina y su moral contradecían la voluntad de Dios, fue condenado a muerte".[443]

De boca de todos los judíos oímos esta declaración, aunque aún prevalece la pretensión de un posible acercamiento. Y desde lo más profundo de su corazón de Castro clama:

> "La dependencia en que vivían los judíos cuando comenzó a introducirse la religión cristiana les impidió destruirla hasta sus raíces". Si los judíos no hubieran estado bajo el yugo de los romanos, si hubieran tenido poder como en los tiempos de David y Salomón, esta idolatría habría terminado inmediatamente después de su comienzo".

Eso es bastante contundente, y la misma forma de pensar tiene el ya mencionado Dr. Lippe cuando, en relación con la narración de Caín y Abel, dice:

> "La diferencia en la expresión de la conciencia religiosa llega hasta el fratricidio. Qué verdad tan profunda!"

Junto con la mentalidad rígida y el odio a Cristo (que naturalmente supera con creces la hostilidad a la sangre alemana) va la comprensible exigencia de dominio sobre otros pueblos.

Vuelve a menudo: no apela a la capacidad, a los logros, sino únicamente a la promesa de Moisés y los profetas.

> "Dios ha prometido a su pueblo la felicidad en esta vida y toda la bienaventuranza en la otra. Les ha dicho que todas sus persecuciones a manos de las naciones tendrán un fin definitivo, que gobernará sobre ellas, que tendrá a su disposición abundancia de plata y oro en lugar de plomo y hierro..."[444]

---

[443] *[Ibídem*, p. 180.

[444] *Op. cit.*, p.35. Para más detalles sobre estas ideas, véase Weber, *System der synagogalen Theologie*. [El *System der alt-synagogalen-palästinischen*

Debo contentarme con estos indicios, pero incluso ellos muestran con inequívoca claridad una estructura esencial inmóvil y cerrada en sí misma. Según Ezequiel, los judíos tienen "cabezas duras",[445] al leer escritos judíos uno puede desesperarse respecto a su dureza de cabeza y, en casos de gran erudición, su fanatismo. Pero si su influencia llega a las masas, entonces la desesperación es real y general. Un triste ejemplo: el presente.

Incluso el presente, con el dominio incondicional del carácter judío, ha sido lentamente determinado de antemano, como se ha demostrado, fruto de fuerzas que ya actuaban en el pasado. Ya había señalado el funcionamiento de la máquina que preparó el terreno para la materialización de las fuerzas judías.

A través de la expansión creciente de estas fuerzas, a través de la especialización que se hacía cada vez más necesaria, el obrero se veía condenado a una actividad cada vez más sin objeto; sin objeto para él porque veía salir de una fábrica un producto cuya construcción y efecto le eran incomprensibles. Mientras que el agricultor se veía obligado por su trabajo a preocuparse por el futuro, a pensar en los medios con los que asegurarlo, al obrero le faltaba esto, realizaba un trabajo puramente mecánico. Se convirtió, como diría Goethe, en un arruinado por el "trabajo incondicional". En las masas así dispuestas cayó la semilla envenenada de la doctrina marxista.

El socialismo, tal como Marx lo desarrolló en forma de sistema, es naturalmente no sólo una lucha por las cuestiones mundanas, sino una concepción del mundo en general. Dos factores se han convertido en su doctrina en hitos: la brutal lucha de clases y el internacionalismo.

Theologie aus Targum, Midrasch und Talmud de Ferdinand Weber *se publicó póstumamente* en 1880].

[445] [*Ez* 3:7]

Sin profundizar en la ciencia "burguesa" de la etnología, se explicaba que todos los hombres eran iguales por el poder extremo de un fanático; se decía que lo que los hace aparentemente desiguales son sólo las injusticias sociales, y las batallas y acontecimientos religiosos y políticos resultan ser luchas de clases de grupos sociales. Sería realmente interesante iluminar la historia desde este punto de vista y, naturalmente, nadie debería subestimar los efectos de las estructuras sociales, pero es característico que esta idea seminal pudiera convertirse en un dogma fundamental para toda una vida. Reducirlo todo a un principio abstracto e imponerlo con fanatismo, ésa es de nuevo la misma mente y el mismo carácter que ha erigido contra todo el pensamiento de la India y Europa sólo "Dios id Dios y nosotros somos su pueblo".

En este pensamiento debemos vislumbrar un peligro para toda nuestra cultura, una tea lanzada a cada comunidad nacional: se espera que se intente trabajar, no unos con otros, sino unos contra otros. Si la lucha de intereses es un hecho preexistente, sigue marcando una poderosa diferencia si en todas partes se apela al principio de la brutalidad o al de la cooperación mutua. Decisiva es la orientación del pensamiento y no los acontecimientos ocasionales; y la orientación del pensamiento que se transmitió a las masas trabajadoras fue la tendencia que corroyó toda la vida alemana.

Si un Thomas Moore deseaba excluir a los hombres irreligiosos de su Utopía,[446] si incluso los revolucionarios franceses tenían el deseo de aproximarse a un símbolo, si un Karl Ernst v. Baer[447] en efecto no deseaba oír hablar de una ciencia que pudiera matar el sentimiento religioso, la mente de Marx se sitúa en un punto de vista antirreligioso, puramente materialista. Toda ciencia e

---

[446] [La obra en latín de Tomás Moro sobre la república ideal de la isla de Utopía se publicó en 1516].

[447] [Véanse pp.5, 165.]

historia es materialismo, toda religión es la regla de los sacerdotes, todo trabajo es cantidad. En todo su sentimiento, pensamiento y acción falta la comprensión de la calidad y de la personalidad como fundamento de éstas, es la ya mencionada comprensión técnica.

La visión marxista del mundo barre a las masas como una escoba rígida que iguala a todos. Si los trabajadores se unen, si defienden sus intereses con firmeza, si los alemanes de los grupos luchan entre sí, el carácter del propio pueblo producirá algo fructífero; por otra parte, cuando una mente ajena desea imponerse en términos de cosmovisión o en el terreno social, y lo hace con una intolerancia que rechaza fanáticamente todo lo demás, todo hombre serio debe preguntarse si eso no significa un gran peligro. Además, el internacionalismo que se predica es antinacional, y eso significa en principio la guerra civil en todas las naciones y la caída de naciones europeas cultas enteras. Werner Sombart, por ejemplo, dice expresamente que las uniones internacionales burguesas se apoyan en el suelo nacional, pero el internacionalismo proletario es, y debe ser, marcadamente antinacional.[448] La oposición de intereses había tomado en los últimos años, gracias a la prudente dirección de algunos socialistas alemanes, una forma que rechazaba la dictadura del proletariado y esperaba el gobierno del socialismo a partir de un cambio en las formas de pensamiento. Pero en la época actual, cuando la disciplina y la resistencia moral se relajan, son en todas partes los judíos quienes la predican en su forma más brutal.

Y esta rigidez dogmática que nada puede perturbar -enseñada por la energía, cultivada durante mil años, de una parte de la población que vivía en circunstancias difíciles, de una masa que

---

[448] *Sozialismus und sociale Bewegung* [1896]. [Werner Sombart (1863-1941) fue un economista y sociólogo famoso por su obra *Die Juden und das Wirtschaftsleben* (1911), una réplica a *Die protestantische Ethik und der Geist des Kapitalismus* (1904/5) de Max Weber].

no sabía nada de historia, que apenas conocía el valor y el sello de su propia alma racial- tenía que echar raíces. La doctrina que situaba el descontento con los empresarios en una visión del mundo que debía establecerse de manera histórica, que proclamaba la lucha de clases como único factor de la historia del mundo, tenía que encontrar adeptos. El movimiento que no fue capaz de jadear la meta que tenía al alcance de la mano se propuso inmediatamente, como un niño que no sabe nada, una meta completamente inalcanzable, la humanidad entera.

Muchos hombres honrados adoptaron el socialismo, pero la mayoría de los europeos formaron enérgicamente un frente contra el internacionalismo en el sentido de antinacionalismo y contra la revolución. Incluso un tal August Bebel[449] opinaba en su vejez,[450] que ni siquiera se sabe aún con certeza a quién pertenece la patria, si a los ricos o a los pobres, y el que pronunciaba esas palabras era sin embargo el que había protestado contra la anexión de Elsaß-Lothringen hasta el punto de querer tomar piedras de pedernal si era necesario para defender la patria. Pero él y otros hombres habían percibido el valor insustituible de la nación, habían reconocido también la catástrofe que conjuraba una revolución y no deseaban participar en ella.[451]

Pero cada cual debe preguntarse primero: ¿cómo es posible que la llamada al internacionalismo, más precisamente al caos nacional, surja cada vez con más fuerza en medio de un pueblo que durante miles de años había preservado su carácter en la más rígida cohesión nacional y mantenido su tradición? *La respuesta es la siguiente: ¡El llamamiento al internacionalismo en el sentido de antinacionalismo es el llamamiento de la judería*

---

[449] [August Bebel (1840-1913) fue un socialista alemán, uno de los fundadores del Partido Socialdemócrata de Alemania (SPD)].

[450] Estas líneas fueron escritas en 1919, antes de la fundación del NSDAP.

[451] Discurso parlamentario, 1904.

nacionalista, el llamamiento a la lucha de clases en el sentido de guerra civil es el llamamiento del explotador que no conoce clases!

El significado de toda democracia entendida a la manera judía, de todo socialismo entendido a la manera judía, de toda libertad entendida a la manera judía, es el sometimiento de todas las demás naciones, de todos los demás derechos, tal como la ley judía lo exigía hace dos mil años, y debe exigirlo hoy y en el futuro.

Si fuéramos capaces de averiguar el carácter del judío a través de una observación de la historia judía, si tuviéramos que invocar nuestra herencia espiritual como contrapeso contra la operación de la mente judía, entonces, no la tolerancia humana, sino la estatal, debe detenerse en el borramiento de la espantosa necesidad con la que el carácter judío se afirma, secretamente o cuando ha llegado al poder.

Todo europeo debe tomar conciencia de que se trata de todo lo que nuestra mente, nuestro carácter nos ha transmitido como una tradición heredada que hay que fomentar y administrar y que aquí la tolerancia humanitaria frente a la hostilidad agresiva significa un simple suicidio.

Nos vendría bien tomar nota de las enjundiosas palabras de J.H. Voh:

> "Se exige audazmente que la verdadera tolerancia sea tolerante incluso con la intolerancia. De ninguna manera. La intolerancia es siempre activa y eficaz, sólo puede ser controlada mediante la acción y el efecto intolerantes."

Consecuencias

Estoy llegando al final. Para evaluar el peligro judaizante tuvimos que seguir la pista del judío, tuvimos que observar la forma de su sentir, de su pensar, de su actuar e ilustrar lo esencial y lo siempre recurrente en él. Sólo a partir de este conocimiento y del cuidado consciente de nuestro carácter es posible afrontar el peligro de la judaización. Antes, cuando se privaba al judío de sus derechos civiles, se le privaba también de sus derechos humanos.

Estos dos conceptos deben permanecer separados. Fichte dice:

> "Deben tener derechos humanos, aunque éstos no les pertenezcan como a nosotros... pero para darles derechos civiles no veo otro medio, al menos, que cortarles una noche todas las cabezas y colocarles otras en las que no haya ni una sola idea judía. Para protegernos de ellos no veo otro medio que conquistarles su ensalzada tierra y enviarlos a todos allí".[452]

Lo que Fichte entendía por derechos humanos se desprende de las siguientes palabras: "Si sólo tienes pan para hoy, dáselo al judío que tiene hambre a tu lado". Lo mismo debemos pensar nosotros. Debemos practicar la protección de la vida con respecto al judío como con respecto a cualquier otro hombre, pero debemos proteger legalmente nuestra cultura nacional, ser capaces de mantenerla y purificarla en su carácter específico sin que una mente judía extranjera y necesariamente hostil pueda lograr una influencia.

Los objetivos están claros, ahora brevemente los medios. Económicamente el judío ha adquirido poder a través del interés, la usura, el dinero. Antes directamente, ahora a través de bancos y bolsas. La ruptura de la esclavitud financiera, un medio que no ha tenido éxito durante tanto tiempo, vuelve a sonar hoy como grito de guerra. Si esto pudiera lograrse, aunque sólo fuera

---

[452] [Estas observaciones proceden del folleto de Fichte de 1793 "Beitrag zur Berichtigung der Urtheile des Publicums über die französische Revolution: (Una contribución a la corrección de la opinión pública sobre la Revolución Francesa)".

parcialmente, el hacha habría sido clavada en el árbol de la vida del judío.

En términos de política nacional debe determinarse que:

1. Los judíos son reconocidos como una nación que vive en Alemania. La fe religiosa o la falta de ella no desempeñan ningún papel.
2. Judío es aquel cuyos padres, padre o madre, son judíos según esta nacionalidad; judío es en adelante aquel que tiene un cónyuge judío.
3. Los judíos no tienen derecho a participar en la política alemana de palabra, por escrito o con acciones.
4. Los judíos no tienen derecho a ocupar cargos estatales ni a servir en el ejército como soldados u oficiales. En este caso, su rendimiento laboral queda en entredicho.
5. Los judíos no tienen derecho a dirigir las instituciones culturales estatales y comunales (teatros, galerías, etc.) ni a ocupar puestos profesionales y docentes en las escuelas y universidades alemanas.
6. Los judíos no tienen derecho a trabajar en comisiones estatales o comunales de control de exámenes, censura, etc., tampoco tienen derecho a estar representados en las direcciones de bancos estatales e instituciones de crédito comunales.
7. Los judíos extranjeros no tienen derecho a establecerse permanentemente en Alemania. La aceptación en la federación estatal alemana debe prohibírseles bajo cualquier circunstancia.
8. Hay que apoyar activamente el sionismo para transportar anualmente a Palestina o, en general, a través de las fronteras, a un cierto número de judíos alemanes.[453]

---

[453] Véanse en este contexto las Leyes de Nuremberg de 1935.

Desde el punto de vista político-cultural, las instituciones, ahora claramente alemanas, tienen que procurar, mediante el nombramiento de los artistas alemanes más significativos, que no se siga transmitiendo tal veneno al pueblo como ocurre hoy a través de editores, directores de teatro, propietarios de cines, que se elija preferentemente a maestros alemanes. [454] Lo más importante, sin embargo, que no se puede conseguir mediante ningún decreto: una cultura alemana. Las leyes sólo pueden eliminar todas las restricciones, después debe hablar el propio pueblo. Y quien tenga oídos para oír, escuchará el anhelo de miles de personas.

Muchos de los mejores se quedan sin vincularse a ninguna iglesia, se han alejado del dogma, pero aún no han encontrado una fe; otros se construyen un mundo en solitario. Pero la religión, si quiere ser dispensadora de cultura para todo un pueblo, debe tener un punto en común. El individuo aislado necesita la fuerza de un todo, no hay muchos que puedan prescindir de eso sin sufrir daño. Ya es hora de que los relatos de Abraham y Jacob, de Labán, José, Judá y otros archirrufianes dejen de hacer de las suyas en iglesias y escuelas. Es una desgracia y una vergüenza que estas encarnaciones de una mente completamente mendaz y engañosa se nos representen como modelos religiosos, de hecho como los antepasados espirituales de Jesús.

Hay que separar el espíritu cristiano del "sucio espíritu judío"; hay que dividir la Biblia en cristiana y anticristiana. Debe surgir la verdad de que hombres individuales del pasado israelita (Amós, Oseas) lucharon en vano contra el espíritu judío que se hacía cada vez más fuerte, y que este espíritu que siempre había estado

---

[454] En la temporada de invierno de 1918/1919, en el Teatro de Berlín, entonces bajo dirección judía, se representó una vez Goethe con Clavigo, Schiller con Maria Stuart; por lo demás, sólo se promocionó a judíos y extranjeros.

presente triunfó, que consideraba al cristiano como su enemigo mortal, y era sentido por éste también como su adversario.

En lugar de las antiguas historias judías vale la pena, por fin, levantar los tesoros del pensamiento indogermánico, los modelos que se distorsionaron en el espejo judío. Que se despierten los mitos indios de la creación, el canto del Uno de Dhirgatamas,[455] las maravillosas narraciones de los Upanishads, los dichos de épocas posteriores. Que se narren los dramas cósmicos de los persas, la batalla de la Luz con las Tinieblas y la victoria del salvador del mundo.[456] Contemos también la sabiduría griega y alemana, la creencia en la inmortalidad y el simbolismo de la Naturaleza. Entonces la época alcanzará un gran renacimiento; tal vez esté más cerca de lo que pensamos.

> "Dentro de la mente se oye resonar
> El nacimiento del nuevo día",[457]

El día del pensamiento alemán.

---

[455] [Dhirgatamas fue uno de los Sabios que compusieron el Rgveda].

[456] [Saoshyant, en la escatología zoroástrica, es el salvador que llevará a cabo la renovación final del mundo cuando los muertos resuciten y sus almas se reúnan con la divinidad Ahura Mazda].

[457] [Estas líneas son de *Fausto II* de Goethe, Acto I.]

Otros títulos

OMNIA VERITAS

Omnia Veritas Ltd presenta:

**HISTORIA PROSCRITA
I
LOS BANQUEROS Y LAS REVOLUCIONES**

POR

VICTORIA FORNER

Los procesos revolucionarios necesitan agentes, organización y, sobre todo, financiación, dinero.

LAS COSAS NO SON A VECES LO QUE APARENTAN...

OMNIA VERITAS

Omnia Veritas Ltd presenta:

**HISTORIA PROSCRITA
II
LA HISTORIA SILENCIADA DE ENTREGUERRAS**

POR

VICTORIA FORNER

"El verdadero crimen es acabar una guerra con el fin de hacer inevitable la próxima."

EL TRATADO DE VERSALLES FUE "UN DICTADO DE ODIO Y DE LATROCINIO"

OMNIA VERITAS

Omnia Veritas Ltd presenta:

**HISTORIA PROSCRITA
III
LA II GUERRA MUNDIAL Y LA POSGUERRA**

POR

VICTORIA FORNER

Distintas fuerzas trabajaban para la guerra en los países europeos

MUCHOS AGENTES SERVÍAN INTERESES DE UN PARTIDO BELICISTA TRANSNACIONAL

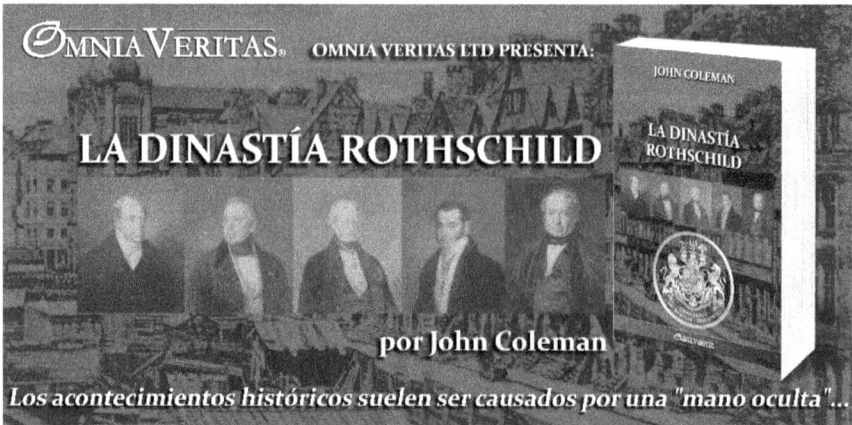

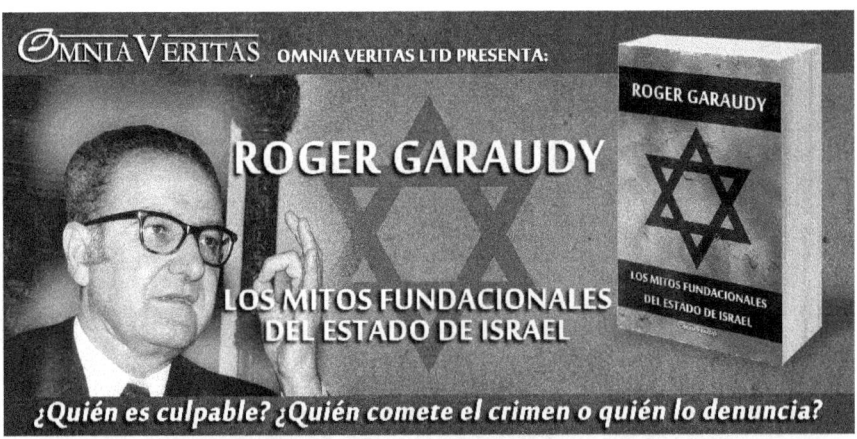

www.ingramcontent.com/pod-product-compliance
Lightning Source LLC
Chambersburg PA
CBHW050133170426
43197CB00011B/1820